法学专业
课程思政建设成果集

理论·方法·实践

米新丽 主编

首都经济贸易大学出版社
Capital University of Economics and Business Press
·北京·

图书在版编目（CIP）数据

法学专业课程思政建设成果集：理论·方法·实践 / 米新丽主编 .-- 北京：首都经济贸易大学出版社，2021.12
ISBN 978-7-5638-3325-2

Ⅰ.①法… Ⅱ.①米… Ⅲ.①思想政治教育—教案（教育）—高等学校 Ⅳ.① G641

中国版本图书馆 CIP 数据核字（2021）第 274660 号

法学专业课程思政建设成果集——理论、方法、实践
米新丽 主编
FAXUE ZHUANYE KECHENG SIZHENG JIANSHE CHENGGUOJI:
LILUN FANGFA SHIJIAN

责任编辑	潘飞
封面设计	风得信·阿东 FondesyDesign
出版发行	首都经济贸易大学出版社
地　　址	北京市朝阳区红庙（邮编100026）
电　　话	（010）65976483　65065761　65071505（传真）
网　　址	http：//www.sjmcb.com
E - mail	publish@cueb.edu.cn
经　　销	全国新华书店
照　　排	北京砚祥志远激光照排技术有限公司
印　　刷	北京建宏印刷有限公司
成品尺寸	170 毫米 ×240 毫米　1/16
字　　数	242 千字
印　　张	12
版　　次	2021 年 12 月第 1 版　2021 年 12 月第 1 次印刷
书　　号	ISBN 978-7-5638-3325-2
定　　价	49.00 元

图书印装若有质量问题，本社负责调换
版权所有　侵权必究

德法兼修共话思政　育人育心润物无声
（代序）

　　2016年12月，在全国高校思想政治工作会议上，习近平总书记强调，所有课堂都有育人功能，不能把思想政治工作只当作是思想政治理论课的事情，其他各门课要守好一段渠、种好责任田；要把做人做事的基本道理、把社会主义核心价值观的要求、把实现民族复兴的理想和责任融入各类课程教学之中，使各类课程与思想政治理论课同向同行，形成协同效应。总书记的讲话，代表了一种新的教育理念。随后，教育部党组制定了《高校思想政治工作质量提升工程实施纲要》（教党〔2017〕62号），要求统筹推进课程育人，充分挖掘和运用各门课程蕴含的思想政治教育元素，作为教材讲义必要章节、课堂讲授重要内容和学生考核关键知识。将课程育人作为教师思想政治工作的重要环节。自此，各高校逐渐开始了将思想政治教育融入专业课程教学的探索，即"课程思政"。2020年5月28日，教育部印发了《高等学校课程思政建设指导纲要》（教高〔2020〕3号），进一步明确了课程思政建设的重要意义、目标要求、内容重点等，为高等学校课程思政建设指明了方向。

　　首都经济贸易大学法学院在学校党委的正确领导下，将"课程思政"建设作为落实立德树人根本任务、培养德法兼修时代新人的重要抓手。作为学校第一批"课程思政"试点学院，法学院党委凝聚共识、精心组织，利用法学类课程天然蕴含丰富思政元素的优势，引领教师扎实进行"课程思政"的研究和探索。通过"课程思政"示范课程建设、教改立项、教学设计大赛等措施，推动"课程思政"向全体专业课教师辐射，取得了显著成效。经过近三年的实践，广大教师已经将"课程思政"作为一种行动自觉，初步形成了"课程门门有思政　教师人人讲育人"

的良好氛围。

本成果集收录了法学院部分教师在"课程思政"方面的思考和探索，分为"理论思考""方法探索""课程实践"三个板块，记录了教师实施"课程思政"的所思所想、教学设计、实施方法以及效果反馈等，以期与各位同仁进行交流互鉴。需要说明的是，我们的探索是初步的，还有一些不成熟的地方，希望各位同仁、各位读者多提宝贵意见。

"课程思政"建设只有进行时，没有完成时。我们将不断努力，持续推进，为培养"德法兼修"高素质法治人才贡献力量。

首都经济贸易大学法学院

目　　录

第一章　理论思考

探寻社会主义核心价值观融入法学专业教学的连接点
　　——首都经济贸易大学法学院的思考与实践
　　　　　　　　　　　　　　　　张世君　陶　盈 / 003
民法典与社会主义核心价值观　　　　　　郑文科 / 013
通过"课程思政"建设培养德法兼修法治人才的探索
　　——以首都经济贸易大学法学院为例　尹少成 / 030
法学实践"金课"打造的社会维度探讨　　孙明春 / 038
论高校教师党支部在课程思政建设中的作用　李璐玲 / 049
法理学课程思政建设若干问题的思考　　　陈寒非 / 054
习近平法治思想融入财经类大学生课程体系研究　褚睿刚 / 059

第二章　方法探索

法学专业案例教学课程思政建设的路径探索　　陶　盈 / 073
课程思政融入国际法课程的教学探索与实践　　魏庆坡 / 081
民法学挖掘课程思政元素的三个维度　　　　　刘亚东 / 093
以"社会主义伦理精神"为核心的婚姻家庭法课程思政教学探索
　　　　　　　　　　　　　　　　　　　　　李晓娟 / 104
沉浸式教学在法学专业课程思政建设中的运用
　　——以知识产权法课程教学为例　　　　　季冬梅 / 110

涉外法治人才培养中探索课程思政的路径与方法探究　　张　建 / 119

第三章　课程实践

合同法课程思政建设的初步探索　　米新丽 / 133
国际法课程思政案例设计　　谢海霞 / 140
民事诉讼法课程思政元素的抓取与法科生程序正义观的形塑
　　　　　　　　　　　　　　　　　　　　　　陈　磊 / 149
行政法与行政诉讼法课程思政教学设计　　兰燕卓 / 158
劳动与社会保障法课程思政教学设计　　孙天承 / 164
国际投资争端解决课程思政教学设计　　张金矜 / 175

第一章　理论思考

探寻社会主义核心价值观融入法学专业教学的连接点
——首都经济贸易大学法学院的思考与实践

张世君　陶　盈*

【摘要】 立德树人是高校工作的中心环节，法学院的使命是培养德法兼修的高素质法治人才。首都经济贸易大学法学院积极进行教学改革研究，通过探索"连接点"，即那些能够联通社会主义核心价值观与具体法律专业知识，蕴含着民主、自由、平等、公正、法治、诚信等价值理念的法条、案例、人物、事件、图片等形式各异的法律素材，融思政教育与专业教育为一体。其效果是人才培养更加全面，专业建设水平不断提升，有力地满足了社会对法学高等教育的客观需求。

【关键词】 社会主义核心价值观　思政教育　专业教育　连接点

一、引言

首都经济贸易大学法学专业以习近平新时代中国特色社会主义思想为指引，根据国家及北京市经济社会发展客观需要，结合学校定位，坚持立德树人，充分利用和发挥地处首都的人才优势，在第一课堂专业课程教学过程中，自觉加强学生的思想政治教育。通过对各类法律理论、法律制度、法律实践中所蕴含的民主、自由、平等、公正、法治、诚信等诸多理念的挖掘与传授，探寻社会主义核心价值观融入法学专业教学的连接点，探索专业学习与思想政治教育有机结合的途径，实现当代大学生在专业学习过程中自觉提高对社会主义核心价值观的认同，并创

---

* 张世君，法学博士，首都经济贸易大学法学院院长、教授、博士生导师；陶盈，法学博士，首都经济贸易大学教务处副处长、法学院副教授、硕士生导师。本文系2019年北京市级教学改革研究项目"德法兼修——新时代思政教育深度融合于法治人才培养的探索与创新"的阶段性成果。

新地方财经院校育人工作思路，为社会培养德法兼修的高素质法治人才。

二、法学院的使命：培养德法兼修的高素质法治人才

本科教育是我国高等教育的重要组成部分，如何做好我国的本科生培养工作是每一位高等教育管理者和教学工作者必须思考的问题。自党的十八大特别是全国高校思想政治工作会议召开以来，学校党委科学设计思想政治工作体系，将立德树人作为中心环节，强调要把思想政治工作贯穿教育教学全过程。在这一时代背景下，法学院充分认识到，应当加深对财经类大学法学专业建设中思想政治教育的理论认识水平，在法学院全体师生中牢固树立立德树人的基本理念。通过坚持立德树人，探索如何培养德法兼修、德才兼备的学生，应当是新时代法学院的历史使命。

首都经济贸易大学法学院一直重视高素质法治人才的培养，早在1984年就开始招收本科专业学生，是全国财经院校中第一批获准设立经济法学专业的院系之一。经过30多年的建设，首都经济贸易大学法学院于2015年成为北京市属高校法学专业群建设牵头单位；2019年，在教育部"双一万"建设中，顺利入选北京市一流专业；2020年，成功获批教育部国家一流专业建设点。首都经济贸易大学法学院历史上拥有一批著名法学专家和学者，他们淡泊名利，恪守师德，为"崇德尚能、经世济民"校风的形成，为推进"德法兼修""德才兼备"法律学子的培养，奠定了厚重的历史基础。30多年的薪火相传，"立德树人"已成为法学院人才培养工作的基本精神。

为落实习近平总书记在全国教育工作大会、中央全面依法治国工作会议上的系列讲话精神和视察北京师范大学、中国政法大学时的讲话精神，并结合教育部印发的《高等学校课程思政建设指导纲要》，以及北京市印发的《北京市深化新时代学校思想政治理论课改革创新行动计划》，首都经济贸易大学法学院决定在课程思政领域进行更为深入的探索和实践。近几年来，首都经济贸易大学法学院结合自身办学基础和以往成功经验，经过充分研讨和论证，从着手研究探索，到选取部分课程试点，再到全面推进建设，已形成系列成果并取得良好成效，其中一项颇具创新性的工作就是积极探寻并梳理、整理社会主义核心价值观融入法学专业建设的连接点。

三、使命担当的途径探索：寻找专业学习与思政教育的连接点

（一）"连接点"的提出及其释义

通过课程思政培养高素质的法治人才，其意义不言自明，但难点在于如何在

法学专业课程的学习中润物细无声地完成思政教育，克服单纯理论说教容易流于形式的弊端，帮助学生主动接受社会主义核心价值观，实现立德树人的初心。首都经济贸易大学法学院恪守大学教育"立德树人"的初心，依托首都院校的人才优势，结合法学专业的特点，以"课程思政元素的挖掘和提炼"为目的，探寻"社会主义核心价值观融入法学专业课程教学的连接点"，并以此为途径实现社会主义核心价值观在当代大学生群体中的入脑入心，完成法学专业学习与思想政治教育的有机结合，满足社会各界对"德法兼修"法律人才的急切需求。

首都经济贸易大学法学院组建课题组，在纷繁复杂的法律世界中，通过对海量法律现象的梳理，探寻客观存在的课程思政"连接点"，即那些能够联通社会主义核心价值观与具体法律专业知识，蕴含着民主、自由、平等、公正、法治、诚信等价值理念的法条、案例、人物、事件、图片、实物等形式各样的法律素材。在专业课程讲授过程中自然表达、天然融入、悄然体现，与专业知识讲授浑然一体而非简单说教，最终完成抽象价值理念的具体化，成功实现专业课程中的思政教育。通过探寻连接点，有效地解决了以下三个方面的问题。

首先，解决了财经院校人才培养的功利化倾向问题。财经类大学多开设经管等热门专业，注重培养学生的实践能力，学生在学习中易出现功利化倾向。通过连接点的探寻与实践，在专业教育中提高学生的思政修养，抑制"精致的利己主义"现象，为学生的可持续发展奠定基础。

其次，解决了德法兼修人才培养途径单一的问题。通过连接点的提炼与表达，完成了"思政课程"向"课程思政"的转变，克服了立德树人过程中仅依靠传统思政课进行思想政治教育的问题，实现了专业学习过程中融入思政元素，丰富了人才培养的途径与手段。

最后，解决了法学专业服务社会需求升级的问题，实现了法学专业教育与思想政治教育的内在结合，有利于培养德法兼修的高素质法治人才，满足国家和地方经济社会发展对法治人才不断提升的道德品质与专业技能的客观需求，解决了法律专业服务社会升级的问题。

（二）探寻"连接点"的做法及具体示例

课程思政建设之难，就在于专业课程教师并非专业思政教师，如不能有效架起思政教育与专业教育的桥梁，课程思政就会成为"两张皮"，无法实现真正的融合。要架起这座桥梁，就要找到相关专业知识点上所蕴含的思政元素，并以合适的载体对其加以表达阐释。首都经济贸易大学法学院通过反复实践积累，在连接点的寻找中总结出"厘清脉络—确定价值—寻找连接点—讲好故事—得出结论"的基本方法，不仅探索出了提炼课程思政元素的具体路径，而且在其他专业课程中推广适用，取得了积极的成效。

课题组成员通过对大量法律现象的梳理，探寻能够联通社会主义核心价值观与具体的法律专业知识，蕴含正确理念的各种法律素材，帮助专业教师在授课过程中结合具体知识点完成思政教育。目前，已经初步形成一系列内容丰富的课程思政素材，包括法条、案例、人物、事件、图片，等等。

以课题组成员陶盈副教授梳理的社会主义核心价值观与民法专业教学的连接点为例，它能帮助教师在专业知识讲授过程中润物细无声地实现价值引领与塑造。下面就我国民法典（以下称"民法典"）与社会主义核心价值观的关系加以介绍。

1. 民法典与社会主义核心价值观的关系

民法典是一个国家和民族精神的立法表达。"为了保护民事主体的合法权益……弘扬社会主义核心价值观，根据宪法，制定本法。"民法典总则编第1条开宗明义，旗帜鲜明地将社会主义核心价值观融入法治中国建设，民法典规定的平等原则、自愿原则、公平原则、诚信原则、守法原则等则是社会主义核心价值观的直观体现。可以说，民法典将社会主义核心价值观融会贯通，融入规范社会生活的各个方面。

2. 民法中的"公平、平等原则"与社会主义核心价值观中的"公正、平等"

公平原则是民法的一项基本原则，它要求当事人在民事活动中应以社会正义、公平的观念指导自己的行为，平衡各方的利益，要求以社会正义、公平的观念来处理当事人之间的纠纷。平等原则是民法中最基础、最本原的原则，是民法体系的价值基石，在民事活动中，民事主体的法律地位一律平等，具有民事主体资格的双方在民事活动中的行为均应遵循这样的准则。社会主义核心价值观中的"公正"即社会公平和正义，它以人的解放、人的自由平等权利的获得为前提，是国家、社会应然的根本价值理念。社会主义核心价值观中的"平等"是社会主义的本质要求，在中国特色社会主义进程中具有特殊的价值意义。社会主义制度为实现平等奠定了制度基础，提供了有利条件；社会主义社会应当比资本主义社会更高地举起平等的旗帜，将平等作为自己的价值目标和价值追求。

3. 民法中的"诚实信用原则"与社会主义核心价值观中的"诚信"

诚实信用原则被誉为民法中的"帝王条款"，对民法中权利义务关系调整的重要性不言而喻。诚实信用原则是指当事人在从事民事活动时，应该诚实守信，以善意的方式履行义务，不得滥用权利及规避法律或合同规定、约定的义务。社会主义核心价值观中的"诚信"是中华民族的传统美德，是中华传统道德文化的精华。诚信是人类的普遍道德要求。诚信在人际关系、社会秩序、治国理政等诸多领域发挥着重要作用，是文明社会道德和法律的根基。当今社会，从普遍的道德要求出发，诚信包括诚实劳动、恪守承诺、真诚待人三个方面。

4. 民法中的"意思自治"与社会主义核心价值观中的"自由"

民法中的"意思自治"是指民事主体可依自己的自由意志从事民事活动。意思自治包含自主参与、自主选择、自己责任等基本内容。民法的基本原则是民事立法、民事司法和民事活动的指导思想和价值准则，法无明文禁止即为自由，因此，民事主体在法定的范围内享有广泛的自由——只要不违反法律、法规的强制性规定和公序良俗。社会主义核心价值观中的"自由"是指人的意志自由、存在和发展自由，是人类社会的美好向往，也是马克思主义追求的社会价值目标。

5.民法中的"容忍义务"与社会主义核心价值观中的"和谐、友善"

民法中的容忍义务作为对民事权利的特别限制，是对权利人权利保护和他人行为自由权衡过程中的重要立法价值判断问题。民法典主要在邻地使用关系这一相邻权角度阐述容忍义务，学理上主要围绕容忍义务的"合理限度"进行讨论。社会主义核心价值观中的"和谐、友善"，要求人与人之间要互相尊重、互相关心、互相帮助、和睦友好，努力构建新型的价值理念和人际关系。

6.民商法中的"忠实义务"与社会主义核心价值观中的"敬业"

民商法中的代理人有很多义务，除来自代理合同约定之外，一般还应当履行以下义务：一是勤勉履行其代理职责；二是对委托人诚信、忠实；三是保守秘密；四是及时向委托人汇报所代理工作的进程并听取委托人的具体指示。社会主义核心价值观中的"敬业"是针对公民职业道德方面的核心要求。敬业的内涵包括爱岗、尽责、专注、钻研和奉献。之所以要敬业，是因为国家的发展与社会的进步、团队事业的成功与组织目标的实现、个人作为与价值的实现等，都有赖于此。

7.民法典人格权编独立成编与社会主义核心价值观中的"平等、法治"

民法典将人格权独立成编，强化了对人格的全面保护，成为民法典编纂中最大的创新和亮点之一，是世界民法典的首创。民法典人格权编用了40多个条文规定了生命健康权、名誉权、隐私权等重要权利，充分回应了社会大众对这些权利保护的关切，是对社会主义核心价值观中"平等、法治"理念的积极回应。

8.民法典人格权编"生命权、身体权、健康权"与社会主义核心价值观中的"自由"

民法典人格权编中关于生命权、身体权和健康权的具体规定回应了社会热点问题。一是为促进医疗卫生事业的发展，鼓励遗体捐献的善行义举，吸收行政法规的相关规定，确定器官捐献的基本规则。二是为规范与人体基因、人体胚胎等有关的医学和科研活动，明确从事此类活动应遵守的规则。三是针对近年来性骚扰问题引起社会的广泛关注，在总结既有立法和司法实践经验的基础上，规定了性骚扰的认定标准，以及机关、企业、学校等单位防止和制止性骚扰的义务。

9.民法典人格权编"姓名权、名称权"与社会主义核心价值观中的"自由、法治"

姓名权是公民的一项重要的人身权利。民事主体对姓名和名称的设定是遵循意思自治的,民事主体是自由的,但随着社会经济的发展和文化的进步,对姓名权和名称权也在法律上进行了一定的限制。也就是说,总体上公民的这项基本人格权是自由的,但同时也应受到法律及道德伦理的必要限制。

10. 民法典中的英雄烈士名誉权与社会主义核心价值观

民法典第185条规定,侵害英雄烈士等的姓名、肖像、名誉、荣誉,损害社会公共利益的,应当承担民事责任。发布不当言论亵渎英雄烈士的事迹和精神,丑化英雄烈士的形象,贬损英雄烈士名誉的行为,超出了言论自由的范围,不仅侵害了英雄烈士的个人人格尊严,而且伤害了社会公众的感情,损害了社会公共利益,依法应当承担相应的民事法律责任,情节严重构成犯罪的,甚至要承担刑事责任。

11. 民法典中的公序良俗与社会主义核心价值观

民法典第8条规定,民事主体从事民事活动,不得违反法律,不得违背公序良俗。我国民法典强调对良好秩序与善良风俗的维护,鲜明地体现了时代特点,反映了时代风貌,是将社会主义核心价值观融入其中,丰富了公序良俗原则的时代内涵。

12. 民法典对见义勇为的规定与社会主义核心价值观

民法典第183条规定,因保护他人民事权益使自己受到损害的,由侵权人承担民事责任,受益人可以给予适当补偿。没有侵权人、侵权人逃逸或者无力承担民事责任,受害人请求补偿的,受益人应当给予适当补偿。这条规定是对见义勇为人的保护。民法典鼓励见义勇为的行为,不让见义勇为者"流血又流泪",彰显了社会主义核心价值观。

13. 民法典人格权编对"虚拟财产和个人信息保护"的规定与社会主义核心价值观中的"富强、法治"

在信息时代,个人信息安全问题日益突出,"人肉搜索"和因个人信息泄露导致的网络电信诈骗频发,应该加强对个人信息安全的保护。民法典中强调,个人信息的取得必须依法,安全必须确保,并对个人信息保护作出了制度安排。回应了社会问题,这是民事立法的一个进步。随着数据、网络虚拟财产的种类越来越多、数量越来越大,对其加以保护的呼声也越来越高。民法典保持了开放性,明确法律对这些财产的保护是有规定的,为将来的立法预留空间,也为数据、网络虚拟财产的保护提供了上位法依据。

14. 民法典侵权责任编对高空抛物、环境侵权的规定与社会主义核心价值观中的"文明"

民法典增加了"禁止从建筑物中抛掷物品"的一般性禁止规定,明确表明高空抛物、坠物行为不仅是不文明行为,更是违法行为。明确了如果能证明具体侵权行为人的,则只由侵权行为人承担责任;难以确定侵权人的,则由可能加害的建筑物使用人进行补偿,但能证明自己为非侵权人的除外。

15.民法典侵权责任编中的动物侵权相关规定与社会主义核心价值观中的"文明"

民法典对饲养动物损害责任的一般规定为:饲养的动物造成他人损害的,动物饲养人或者管理人应当承担侵权责任;但是,能够证明损害是因被侵权人故意或者重大过失造成的,可以不承担或者减轻责任。民法典关于动物侵权责任的规定有助于规范公民从事文明行为,是社会主义核心价值观中"文明"的体现。

16.民法典侵权责任编中的产品责任规定与社会主义核心价值观中的"诚信"

民法典第1202条规定,因产品存在缺陷造成他人损害的,生产者应当承担侵权责任。民法典对产品责任的规定体现了民法是调整市场关系的基本法,各行为主体在市场经济交往过程中应恪守公平、诚信的理念,不得"以假充真、以次充好",应当"重合同、守义务"。

17.民法典物权编中的物权法定原则与社会主义核心价值观中的"法治"

物权法定,是物权法体现的具体原则,指物权的种类和物权的内容(即权能)应由法律直接规定,不得由当事人基于自由意志而协商创设或者确定。民法典对物权法定原则的规定是国家法治文明的鲜明标识,彰显了以人为本的价值理念。有恒产者有恒心,物权是民事主体依法享有的重要财产权,民法典按照中共中央提出的完善产权保护制度,健全归属清晰、权责明确、保护严格、流转顺畅的现代产权制度的要求,进一步完善了物权制度。

18.民法典婚姻家庭编中的夫妻忠诚义务与社会主义核心价值观中的"和谐"

民法典婚姻家庭编中的夫妻忠实义务是指夫妻双方在共同生活中应该维护婚姻关系的专一性和排他性。夫妻忠实义务是保护被侵权者的利益,夫妻必须感情忠诚,互相忠实于对方。社会主义核心价值观中的"和谐"要求公民弘扬传统美德,共建和谐家风,其中重要的一环正是夫妻关系的和谐。

19.民法典继承编与社会主义核心价值观中的"富强"

过去的继承法深受计划经济的影响,与当今市场经济飞速发展的国情已不相匹配。近些年来,相关学者为此曾多次提出修改继承法。如今的民法典为了适应经济发展和科学技术发展的需要,扩大了遗产的范围,增加了打印、录像等新的遗嘱形式,这是国家富强在法治建设中的集中体现。

20.民法典侵权责任编中的自甘风险与社会主义核心价值观中的"文明、法治"

自甘风险,是指被侵权人可以预见某种损害发生的可能性而仍自愿承担该风险时,如该风险实际发生并造成损害,免除造成损害的行为人的责任的制度。自甘风险所调整的是社会生活中所包含的无法完全避免的风险问题。在某些社活动中,可能造成参加者损害的风险是现实存在且无法避免的,甚至有时风险本身就是这种活动的组成部分。

四、创新意义:探寻连接点的溢出效应与应用效果

(一)探寻核心价值观融入法学专业教学连接点的溢出效应

1. 按照当今时代对大学教育的新要求,培养符合社会发展所需的"德法兼修"高级法律人才

当前,党和政府正在大力推进市场经济体制改革,塑造一个更加充满活力的创新型国家。我们每一个人都深深地嵌于这个时代之内,汇聚在民族复兴的历史洪流之中。社会的发展对法学专业人才提出了更高的要求,要求我们的毕业生不仅要系统掌握法学基本理论和方法,熟悉国内和国际法律规则,形成完整的法律专业知识体系,具备良好的法律技能,更要坚守社会主义核心价值观,树立正确的思想政治立场,形成良好的职业道德操守,"德才兼备"方能担当民族复兴大任。首都经济贸易大学法学院致力于引导教师占领专业课堂教学主阵地,润物细无声地实现法学课程和思政课程的双重教育功能,为培养"德法兼修"的卓越法律人才作出贡献。

2. 建构"师资团队+工作方法+案例库"的课程思政机制,推进法学专业教育与思政教育的深度融合

法学是研究维护社会正义的科学,法学教育本身就是对意识形态领域的塑造和引领。本机制为首都经济贸易大学法学院打造出了一支年轻富有活力、政治立场坚定、教学专业技能娴熟的课程思政团队,占领了思政教育的主渠道,团队成员均已经成为法学院的骨干青年教师。通过"课程思政元素的挖掘和提炼",探寻"社会主义核心价值观融入法学核心专业课程教学的连接点",形成了理念先进、操作可行的工作方法,使当代大学生乐于接纳法律知识传授与法律价值引领。特别是通过对法律现象的梳理,整理出形式各异的法律素材,并以此为基础进行拓展延伸,形成案例库,产生更广泛的社会影响。

3. 总结课程思政元素提炼的"五步法",梳理数以百计的专业课程思政素材,具有良好的适用性和推广价值

经反复讨论与实践,形成了专业教学中课程思政元素挖掘与提炼的"五步法",即"厘清脉络—确定价值—寻找连接点—讲好故事—得出结论"。通过"五步法",课程思政教育从理论说教走向现实生活,从枯燥法条走向丰富人生,让学生在专业学习中真实地感受法与情的冲突、法律与道德的平衡、公益与私益的保护、契约精神与权利意识的养成、诚实信用与公序良俗的价值、婚姻关系与家庭责任的

重要性等，从而形成正确的人生观、价值观和世界观。经此所整理出的课程思政素材，形式丰富多样，基本涵盖了法学核心课程，帮助学生理解法律与现实生活的密切关系，激发学习法律的积极性，在提高法学素养和实践能力之余实现社会主义核心价值观入脑入心，有力地提高了思想政治教育的针对性和实效性，具有较好的适用性和推广价值。

（二）探寻社会主义核心价值观融入法学专业教学连接点的应用效果

1. 法学人才培养更加全面，成就显著

通过上述成果的应用，首都经济贸易大学的法学人才培养更加全面，学生德、智、体、美全面发展，成为树立社会主义核心价值观，掌握中国特色社会主义理论体系，具有牢固的法学专业知识、良好的法律职业素养和法律职业技能的高级专门人才。近年来，法学专业毕业生的深造率不断提升，达到了30%以上，就业率保持在90%以上，毕业生满意度居全校各院系之首。

在专业技能提升之余，学生的社会责任感、职业责任感也持续增强，以专业知识服务社会的意识不断提高。以法学院毕业生为主体创办的"校友法律援助计划"项目，在2017—2019年三年间已经无偿为学生提供法律咨询1 000余人次，得到学生的高度评价。以公益法制宣传为内容的"青春船长，法治启航"青少年法制宣传教育主题活动荣获北京市二等奖。经过持续的课程思政建设，法学专业学生的思政表现令人惊喜，学生的国家安全观、文化价值观、职业伦理观在正确的道路上不断前进。在首都系列重大活动中，如建国70周年、五四运动100周年、建党100周年、冬奥会筹备等，全院学生均表现出了良好的精神面貌，展现出首都经济贸易大学法学专业学子的风采。

2. 入选国家一流专业建设点，发挥专业引领作用

法学专业的人才培养得到了北京市教育管理机关的高度肯定。如，在北京市教委高等教育综合改革工作中，首都经济贸易大学法学专业被确定为"双培生"招生专业。2019年底，法学专业获批北京市一流专业，成为市属高校法学专业首批入选单位。同年，加入北京市教委牵头的卓越法律人才培养联盟，成为该联盟理事。2020年，法学专业入选国家一流专业建设点。

根据2017—2021年上海软科的中国最好学科排名榜，首都经济贸易大学法学学科在全国法学学科中的排名保持在第60位左右，社会认可度明显提升。在2021年的上海软科排名中，法学院位列300余所法学院校中的第64位，排在"B+"类的第二名。2019年，法学院成功加入亚洲法律学会，国际影响力得到进一步提升。近年来，先后有美国、英国、意大利、澳大利亚、波兰及中国台湾地区的近20所高校来访并表达合作意向。天津财经大学、兰州财经大学、四川师范大学、曲阜师范大学、山东财经大学、太原科技大学、云南财经大学等多所兄弟高校也

前来交流，这些都体现出首都经济贸易大学法学学科专业影响力的持续增强。

3. 专业办学得到社会广泛认可，影响日益深远

"立德树人""德法兼修"的培养模式也得到社会各界的广泛认可，课程思政建设所取得的社会影响也在不断扩大。课题组成员张世君教授在教学科研中格外注重价值引领，积极传播先进理论。他同时担任北京市习近平新时代中国特色社会主义思想研究中心研究员，曾在《人民日报》《光明日报》发表多篇理论性文章，阐释习近平总书记的重要讲话精神，传播习近平新时代中国特色社会主义思想，并荣获"北京市习近平新时代中国特色社会主义思想研究中心优秀研究员"荣誉称号。

课题组成员李璐玲副教授作为法学院第一党支部负责人，履行双带头人的职责，在教学的同时坚持开展思政工作，所领导的教师第一党支部 2019 年被教育部思想政治工作司遴选为全国党建工作样板党支部建设项目。课题组成员陶盈副教授受邀赴中国人民大学马克思主义学院，参加思想道德修养与法律基础教研部举办的集体备课会，共话专业课与思政课进一步融合的方法。陈皓副教授主讲的课程——法律图像的密码，通过对艺术作品的解读，阐释其中的法律理念，在中国大学慕课平台备受欢迎。张鹏老师主讲课程"走进国粹——京剧艺术欣赏"，亦登录中国大学慕课平台，选修人数众多，为提升当代大学生的人文素养作出了积极贡献。

五、结语

在探索课程思政建设、培养德法兼修高素质人才的历史征程中，首都经济贸易大学法学院虽然已经取得了一些成绩，但仍有不足之处。例如，在如何科学设计课程思政教学体系，如何深入挖掘思想政治教育资源，如何规划课程思政建设的实施步骤等诸多问题上，有待更为深入的思考。未来，首都经济贸易大学法学院拟开展系列活动，全面深入研讨教学内容改革，进一步挖掘课程思政元素，将其有机融入课程教学，为立德树人，培养德才兼备、德法兼修的社会主义事业接班人贡献新的力量。

民法典与社会主义核心价值观

郑文科*

【摘要】弘扬社会主义核心价值观是我国民法典（以下称"民法典"）的基本宗旨之一，这是宪法实施的要求，也是民法典与社会主义核心价值观在育人价值上一致性的要求。民法是社会生活的百科全书，民法的实施十分有利于社会主义核心价值观的实践。在民法典中，直接反映了六个核心价值观的内容，其他价值观在相关规范中也得到了表达。在民法总论课程中，需要从静态、动态两方面将社会主义核心价值观融入课堂并辅以必要案例，从而强化学生法学专业知识与社会主义核心价值观的同步理解、同步实践。

【关键词】民法典　社会主义核心价值观　弘扬　融入

一、弘扬社会主义核心价值观是我国民法典的基本宗旨之一

社会主义核心价值观是我们国家、民族的共同价值追求，也是我们国家、民族不断向前发展的精神动力，还是我国法治建设的道德基础，特别是在我们坚持"依法治国和以德治国相结合"的治国方略下更具有实践意义。离开了道德为基础的法治是无情的，离开了法治为基础的道德是无力的，这二者绝对分离的现象在中华民族的发展历史中从未出现过。

2012年11月，党的十八大正式提出，"倡导富强、民主、文明、和谐，倡导自由、平等、公正、法治，倡导爱国、敬业、诚信、友善，积极培育社会主义核心价值观"，分别从国家、社会和个人三个层面高度概括和凝练出社会主义核心价值观的基本内容。2018年3月，第十三届全国人民代表大会第一次会议通过《中华人民共和国宪法修正案》，将"国家提倡爱祖国、爱人民、爱劳动、爱科学、爱社会主义的公德"修改为"国家倡导社会主义核心价值观，提倡爱祖国、

---

* 郑文科，法学博士，首都经济贸易大学法学院副院长、副教授、硕士生导师。本文系作者承担的首都经济贸易大学法学院"民法总论"课程思政建设项目的阶段性成果。

爱人民、爱劳动、爱科学、爱社会主义的公德"。从此，社会主义核心价值观在宪法中得以确立其重要地位，这也是社会主义核心价值观融入其他部门法律的根本法源。2020年5月，第十三届全国人民代表大会第三次会议通过的《中华人民共和国民法典》（以下简称"民法典"）第1条中明确规定，"为了保护民事主体的合法权益，调整民事关系，维护社会和经济秩序，适应中国特色社会主义发展要求，弘扬社会主义核心价值观，根据宪法，制定本法"。民法典中将弘扬社会主义核心价值观作为其重要的立法宗旨之一，既是推进社会主义核心价值观入法，完善、弘扬社会主义核心价值观的法律政策体系的重要举措，又是确保社会主义核心价值观在社会生活中得以实践的重要保障，具有极强的示范价值和鲜明的引领作用。

（一）民法典弘扬社会主义核心价值观是确保宪法实施的要求

社会主义核心价值观是宪法中的重要内容。我国宪法第24条规定，"国家通过普及理想教育、道德教育、文化教育、纪律和法制教育，通过在城乡不同范围的群众中制定和执行各种守则、公约，加强社会主义精神文明的建设。国家倡导社会主义核心价值观，提倡爱祖国、爱人民、爱劳动、爱科学、爱社会主义的公德，在人民中进行爱国主义、集体主义和国际主义、共产主义的教育，进行辩证唯物主义和历史唯物主义的教育，反对资本主义的、封建主义的和其他的腐朽思想"。宪法是一个国家的根本大法，具有最高的效力，是其他法律制定的基础，任何其他法律均不能与宪法的内容相冲突。我国宪法在序言中明确规定："本宪法以法律的形式确认了中国各族人民奋斗的成果，规定了国家的根本制度和根本任务，是国家的根本法，具有最高的法律效力。"但是基于宪法自身的特点，其中的条文多数为不完全法律条文，即不包含行为的后果，仅具有宣示性，故其通常不能成为司法裁判的直接依据。对宪法中的宣示性要求，只有通过其他法律规范，以完全法律条文的形式进行规范，才能使宪法的要求得以实践。宪法中虽然指出"国家倡导社会主义核心价值观"，但这并不是像一般的社会生活中对某件事件的提倡那样完全由社会主体自觉实践，否则就有损宪法的权威和尊严。宪法中的倡导性内容在社会生活中也必须得以实现，这是宪法作为根本大法的基本要求。因此，在民法典中将"弘扬社会主义核心价值观"作为其立法宗旨之一，就是对宪法中相关要求的落实，是确保宪法实施的重要举措之一。

（二）民法典与社会主义核心价值观具有共同的价值追求

民法典是中华民族五千年来优秀文化和传统美德的集中体现，是民族精神的集中体现，而社会主义核心价值观恰恰凝聚了中华民族五千年来的价值观精华，二者具有高度的可融合性。中华民族在五千年的文明发展历史中，形成了自己独特的民族文化，培育了自己独特的民族精神，从爱国、爱家、忠孝、和睦、善良、见义勇为、舍生取义、诚实守信到坚持不懈、严于律己、宽以待人、自强自立、尊老爱幼、勤俭节约等，其内容博大精深，涵盖国家、社会、家庭和个人生活的方方面面。社会主义核心价值观是中华民族精神中最具有时代特色、最具有生命力和发展力的部分，是中华民族历经千难险阻仍能一往直前的强大精神动力，坚持并实践这些核心价值观对实现中华民族的伟大复兴具有思想上的支撑作用。而在民法典中，社会主义核心价值观的体现比比皆是，如民法典第4条中"民事主体在民事活动中的法律地位一律平等"就是平等价值观的体现；第6条中"民事主体从事民事活动，应当遵循公平原则，合理确定各方的权利和义务"就是公平价值观的体现；第7条中"民事主体从事民事活动，应当遵循诚信原则，秉持诚实，恪守承诺"就是诚信价值观的体现等。如民法典第1090条规定，"离婚时，如果一方生活困难，有负担能力的另一方应当给予适当帮助。具体办法由双方协议；协议不成的，由人民法院判决"。在婚姻关系终止后为什么当一方生活困难时，有负担能力的另一方还应给予适当帮助？这就是中华民族历史上所形成的互帮互助价值观的体现，即在自己力所能及的范围内帮助他人是中华民族的传统美德之一，而这些也体现在"和谐、友善"等社会主义核心价值观中。

（三）民法典有利于促进社会主义核心价值观的践行

民法是调整平等主体的自然人、法人和非法人组织之间的人身关系和财产关系的法律规范的总称，平等主体之间的人身关系和财产关系是民法的调整对象。从自然人的角度来说，民法典的调整对象涉及个人活动、家庭生活和社会生活，具有普遍实施的空间，民法典就是关于社会大众生活的基本规则，因此我们常说民法典是社会生活的百科全书。例如，对于民事主体，民法典（第4~7条）要求"民事主体在民事活动中的法律地位一律平等；民事主体从事民事活动，应当遵循自愿原则，按照自己的意思设立、变更、终止民事法律关系；民事主体从事民事活动，应当遵循公平原则，合理确定各方的权利和义务。民事主体从事民事活动，应当遵循诚信原则，秉持诚实，恪守承诺；民事主体从事民事活动，不得违反法律，不得违背公序良俗"。对于家庭，民法典（第1043条）要求"家庭应当树立优良家风，弘扬家庭美德，重视家庭文明建设。夫妻应当互相忠实，互相尊重，互相关爱；家庭成员应当敬老爱幼，互相帮助，维护平等、和睦、文明的婚姻家庭关系"。

民法虽然是私法，但它并未放弃对国家利益和社会公共利益的保护，如民法典第185条规定，"侵害英雄烈士等的姓名、肖像、名誉、荣誉，损害社会公共利益的，应当承担民事责任"。对有益于提升社会公共利益的行为，民法典也给予了充分的鼓励，如第184条规定，"因自愿实施紧急救助行为造成受助人损害的，救助人不承担民事责任"。通过该规定，消除了行为人承担民事责任的后顾之忧，使其在他人需要帮助时敢于挺身而出，救助他人，弘扬社会正气，在社会中起到引领作用。

（四）民法典与社会主义核心价值观的育人目的具有一致性

民法是育人的法律，社会主义核心价值观也是育人的道德准则，二者在目的上具有高度一致性。民法是规范人的行为的法律，人是民法中的核心；社会主义核心价值观也是对人的要求，即使反映在国家层面的核心价值观，也是不同个体的共同价值观的体现。

首先，民法的育人功能，表现在让人做一个自由的人。人格平等是自由的基础，只有在人格上是平等的、不依附于他人，才有可能是自由的。民法中的人格即民事权利能力，指民事主体享有民事权利、承担民事义务的资格。因此，民法要实现让人做一个自由人的价值追求，必须确定民事主体人格上的平等性。民法典第14条规定，"自然人的民事权利能力一律平等"。我国宪法第33条第2款规定，"中华人民共和国公民在法律面前一律平等"，民法典第4条规定，"民事主体在民事活动中的法律地位一律平等"。民法典中的"一律平等"可以说是宪法中"一律平等"在民法中的反映，并且是将"一律平等"作为一项基本原则确立下来。

从无民事行为能力、限制民事行为能力到完全民事行为能力的过程是从不自由走向自由的过程。真正的自由并不是简单的不受拘束的状态，而是在完全理性前提下不受拘束的状态。没有完全理性就不会有真正的自由。无民事行为能力人缺乏理性，即使是在不受拘束的状态也是如此；正是因为其缺乏理性，故由其法定代理人实施民事法律行为。自然人随着年龄的增长，知识和社会经验不断增长，有一定的理性，可以独立实施民事法律行为或者与其年龄、智力相适应的民事法律行为。但是其理性不完整，故超出其理性范围的民事法律行为应由其法定代理人代理或者经其法定代理人同意、追认。完全民事行为能力的自然人就是完全理性的人，可以享受真正的自由，故民法典第18条第1款规定"成年人为完全民事行为能力人，可以独立实施民事法律行为"，而对于"十六周岁以上的未成年人，以自己的劳动收入为主要生活来源的"，也说明其具备完全的理性，在法律上被视为完全民事行为能力人，可以享有完全的自由。

其次，民法的育人功能，表现在让人做一个有最低道德水准的普通人。民法中的自然人是指普通的人。民法中的规范是适用于一般社会大众的，这就是民法平等性的要求。对一般的社会大众而言，民法的要求是什么呢？就是要求其具有最低道德水准，维护自己的权利、着重他人的权利、信守承诺、尊重社会公德。如民法典第6条规定，"民事主体从事民事活动，应当遵循公平原则，合理确定各方的权利和义务";第7条规定,"民事主体从事民事活动,应当遵循诚信原则,秉持诚实,恪守承诺",这是作为社会人的最低道德要求。

最后,民法的育人功能,表现在让人做一个自立自强、勤劳致富的人。完全民事行为能力的推定就是对人勤劳致富的肯定。民法典第18条第2款规定,"十六周岁以上的未成年人,以自己的劳动收入为主要生活来源的,视为完全民事行为能力人"。本来属于限制民事行为能力人,在具备一定的理性后,如果能以自己的劳动创造财富作为主要生活来源的,就可以获得完全的自由,具有独立进行民事活动的资格,这是鼓励其自立自强,勤劳致富的一种体现。自然人在年满18周岁后成为成年人,具有完全民事行为能力,其与父母之间的监护关系即终止,也是让其独立生活,通过自己勤劳致富,做一个自强自立的人。

综上,从育人的角度看,民法典就是要求自然人具有社会主义核心价值观,社会主义核心价值观对人的要求是最低的道德要求,而这也是民法典中对人的要求,二者具有高度的一致性。可以说,民法典在社会生活中的实施过程,也就是社会主义核心价值观在社会中实践的过程。

二、民法典弘扬社会主义核心价值观的路径

(一)民法典确立的基本原则反映了社会主义核心价值观

民法典确立的基本原则是民法基本价值观的体现,它反映了民法典对待自然人、社会和环境的基本态度和对三者之间相互关系的看法。总体而言,民法典确立了以下七项基本原则。

1. 民事权益受法律保护原则

民法典第3条规定,"民事主体的人身权利、财产权利以及其他合法权益受法律保护,任何组织或者个人不得侵犯"。民事权益包括民事权利和民事利益。民事权益受法律保护,是指一切民事主体的合法民事权益,包括人身权利、财产权利以及其他合法权益,均受法律保护,任何组织或者个人不得侵犯,若受到损害,民事主体有权以自己名义主张权利或者请求人民法院予以保护。民事主体的民事权利和其他合法权益都受法律保护,并不仅仅是受民法的保护,宪法、刑法、行政法等法律都给予保护,任何组织和个人不得侵犯。

2. 民事主体法律地位平等原则

民法典第4条规定,"民事主体在民事活动中的法律地位一律平等"。"法律地位"是指民事主体享受权利与承担义务的资格,反映民事主体按照法律规定享有权利与承担义务的实际状态。我国民法的平等原则的具体内容包括:一是自然人的人格平等,即自然人的民事权利能力一律平等。民法典第14条规定:"自

然人的民事权利能力一律平等。"二是不同的民事主体参与民事关系,适用同一法律,具有平等的地位。当然,法律地位平等,不是指民事主体实际享受的权利和承担的义务的均等。三是民事主体在进行民事活动时必须平等协商,任何一方当事人都不得将自己的意志强加给另一方当事人。四是民事权利平等地受法律保护,任何人因他人的行为使自己的权利遭受损害,都有权要求他人依民法的规定承担责任。

3. 自愿原则

民法典第5条规定,"民事主体从事民事活动,应当遵循自愿原则,按照自己的意思设立、变更、终止民事法律关系"。自愿原则也称为意思自治原则、私法自治原则,是指民事主体根据自己的意思设立、变更或者终止民事法律关系。自愿原则的含义包括:一是民事主体自愿从事民事活动。民事主体进行或者不进行某一民事活动,根据自身意志和利益自主决定,没有法律依据,其他主体不得干预,更不能强迫。二是民事主体自主决定民事法律关系的内容。三是民事主体自主决定民事法律关系的变动。四是民事主体在行使权利的同时应自觉履行约定或法定的义务,并承担相应的法律后果。只有在民事主体违反法律规定、合同约定又拒不承担法律责任时,国家司法机关才依法强制介入[①]。当然,当事人的自愿并不是绝对的,而是相对的、有限制的自由,当事人根据自己的意志从事某种活动,不得违背法律的规定,不得损害国家利益和社会公共利益。

4. 公平原则

民法典第6条规定,"民事主体从事民事活动,应当遵循公平原则,合理确定各方的权利和义务"。民法中的公平原则是指民事主体从事民事活动时,应当公正、持平、合理地确定相互之间的权利和义务。第一,民法规范在规定民事主体权利、义务与责任承担时,应体现公平原则,兼顾各方利益、为合理分配当事人权利义务提供价值指引。第二,民事主体应当本着公平的观念进行民事活动,正当行使民事权利和履行民事义务,兼顾他人利益和社会公共利益。第三,民事行为的结果不能显失公平,如果显失公平,就应当以公平为尺度,协调处理当事人间的利益关系[②]。公平观念是社会道德的观念、正义的观念,也是从事公正交易和公平竞争的准则,例如民法典第496条第2款规定,"采用格式条款订立合同的,提供格式条款的一方应当遵循公平原则确定当事人之间的权利和义务,并采取合理的方式提示对方注意免除或者减轻其责任等与对方有重大利害关系的条款,按照对方的要求,对该条款予以说明"。

---

① 李适时.民法总则释义[M].北京:法律出版社,2017:19~20.
② 最高人民法院民法典贯彻实施工作领导小组.中华人民共和国民法典总则编理解与适用[M].北京:人民法院出版社,2020:60.

5. 诚实信用原则

民法典第 7 条规定，"民事主体从事民事活动，应当遵循诚信原则，秉持诚实，恪守承诺"。诚实信用原则要求民事主体在从事民事活动时应该诚实、守信用，正当行使权利和履行义务。具体内容包括：当事人在进行民事活动时应当诚实不欺、恪守诺言、讲究信用；当事人应采用善意的方式行使权利，在获得利益的同时应充分尊重他人的利益和社会利益，不得滥用权利，加害他人；当事人在法律和合同规定不明确或未作规定时，应以诚实信用的方式履行义务。诚实信用原则作为市场活动的基本准则，是协调各方当事人之间的利益，保障市场有秩序、有规则进行的重要法律原则。诚实信用原则的适用范围逐步扩大，不仅适用于契约的订立、履行和解释，而且最终将扩及于一切权利的行使和一切义务的履行，成为民法的基本原则；其性质亦由补充当事人意思的任意性规范，转变为当事人不能以约定排除其适用，甚至不待当事人援引法院可直接依职权适用的强制性规定①。

6. 合法和公序良俗原则

民法典第 8 条规定，"民事主体从事民事活动，不得违反法律，不得违背公序良俗"。合法是指民事主体在从事民事活动时不得违反法律、行政法规的强制性规定。民法典第 153 条规定，"违反法律、行政法规的强制性规定的民事法律行为无效，但是，该强制性规定不导致该民事法律行为无效的除外。违背公序良俗的民事法律行为无效"。

公序良俗指公共秩序和善良风俗。公共秩序包括社会公共秩序和生活秩序，善良风俗是指一般社会大众所普遍认可的基本道德准则。公序良俗关系到整个社会的发展，与每个人都有密切关系，它可以调节个人利益与社会利益、国家利益之间的冲突，维护正常的社会经济秩序和生活秩序，因此必须得以维护。民法典总则编中除了第 8 条规定"民事主体从事民事活动，不得违背公序良俗"外，第 10 条也规定"处理民事纠纷，应当依照法律；法律没有规定的，可以适用习惯，但是不得违背公序良俗"，第 153 条第 2 款更是明确规定"违背公序良俗的民事法律行为无效"。

7. 绿色原则

民法典第 9 条规定，"民事主体从事民事活动，应当有利于节约资源、保护生态环境"。绿色原则是指民事主体在从事民事活动时应当遵循节约资源、保护环境的原则。我国宪法第 9 条第 2 款规定："国家保障自然资源的合理利用，保护珍贵的动物和植物。禁止任何组织或者个人用任何手段侵占或者破坏自然资源。"第 26 条第 1 款规定："国家保护和改善生活环境和生态环境，防治污染

---

① 梁慧星.民法解释学［M］.北京：中国政法大学出版社，1995：303.

和其他公害。"民法典中的绿色原则贯彻了宪法关于保护生态环境的精神,将资源合理利用、生态环境资源保护上升到民法基本原则的地位,全面开启环境资源保护的民法通道,有利于构建生态文明下人与自然和谐的关系①。在民法典侵权责任编第七章"环境污染和生态破坏责任"部分,用了7个条文的内容规定了环境污染和生态破坏责任,这是"绿色原则"在民法典各编中最直接、最集中的体现。

（二）民法典中直接规定了社会主义核心价值观中的六项要素

民法典中直接规定了社会主义核心价值观中的六项要素,即民主、文明、自由、平等、公正、诚信。

1.民主

民主是人类所普遍追求的一种价值理念,对民主的追求既是中华民族的政治传统,也是中国共产党的政治目标,因此是社会主义核心价值观之一。民主本是指由多数人当家作主决定重大事项。在民事活动中,也存在事关多数人利益的民事活动。民法典第134条规定,"民事法律行为可以基于双方或者多方的意思表示一致成立,也可以基于单方的意思表示成立。法人、非法人组织依照法律或者章程规定的议事方式和表决程序作出决议的,该决议行为成立"。根据该规定,民事法律行为可以分为单方民事法律行为、双方民事法律行为、多方民事法律行为和决议行为。其中的决议行为通常就是由多数人按照既定的表决规则作出的有约束力的行为,其决议行为就是民主的结果。再如民法典第278条规定,业主共同决定事项,应当由专有部分面积占比三分之二以上的业主且人数占比三分之二以上的业主参与表决。决定"筹集建筑物及其附属设施的维修资金;改建、重建建筑物及其附属设施;改变共有部分的用途或者利用共有部分从事经营活动事项"的,应当经参与表决专有部分面积四分之三以上的业主且参与表决人数四分之三以上的业主同意。决定其他事项,应当经参与表决专有部分面积过半数的业主且参与表决人数过半数的业主同意。该规定即为民主价值观在民法典中的直接体现。又如民法典第93条第2款规定"捐助法人应当设理事会、民主管理组织等决策机构,并设执行机构,由理事长等负责人按照法人章程的规定担任法定代表人"。在"民主管理组织"提法中,直接出现了"民主"这一关键词。

在民法典编纂工作中,先后共13轮次将民法典相关法律草案印发代表征求意见,共整理1 241位代表提出的2 956余条意见,并根据代表意见对民法典草案做了100余处修改。据中国人大网资料显示,在编纂过程中,全国人大常委会

---

① 李适时.民法总则释义[M].北京:法律出版社,2017:32.

法制工作委员会先后10次通过中国人大网公布民法典相关草案,公开征求社会公众意见,共征集到42.5万人提出的102余万条意见。对各方意见,工作专班都进行了认真梳理和研究,并积极地予以采纳,夯实民法典编纂的民意基础。可以说,民法典的编纂正是践行中国特色社会主义民主的结果。

2. 文明

广义上的文明是指人类改造世界的物质成果和精神成果的总和;狭义上的文明则主要是指精神文明,是思想上的进步以及文化上的先进。从国家层面来讲,文明是指国家发展的状态,即国家创造的物质财富和精神财富的总和;从社会层面来讲,文明是社会秩序的确立;从个人层面来讲,文明是指人的教养和开化状态。我国民法典是在系统总结我国几十年民事法律制度建设成果和实践经验的基础编纂而成的,是一部具有中国特色、体现时代特点、反映人民意愿的法典,其自身就是人类文明制度中的重要组成部分。在民法典中直接体现文明价值的制度。一是在民法典中规定了绿色原则。绿色原则也称为生态原则,是贯彻习近平生态文明思想而确立的基本原则。二是民法典重视家庭文明建设。民法典第1043条规定,"家庭应当树立优良家风,弘扬家庭美德,重视家庭文明建设。夫妻应当互相忠实,互相尊重,互相关爱,家庭成员应当敬老爱幼,互相帮助,维护平等、和睦、文明的婚姻家庭关系"。

3. 自由

人类的发展过程就是从不自由到自由的过程,是从自由到更自由的过程,是从物质自由到精神自由的发展过程,自由没有终点。从人类有意识以来,对自由的追求就是其行为的永恒主题。自由是一种摆脱束缚、无拘无束的自在状态。自由不能仅仅停留在意识层面,人类只有在对客观世界的改造中才能真正实现自由。民法中的自由也称为自愿,主要表现在意思自由或者意思自治上,其核心内涵是指"民事主体从事民事活动,应当遵循自愿原则,按照自己的意思设立、变更、终止民事法律关系"。具体地说,当事人有权根据自己的意志和利益,决定是否参加或不参加某种民事法律关系,决定是否变更或终止民事法律关系。民法典出现"自由"一词的条文有8条,包含四个方面的内容。一是人身自由、人格尊严受法律保护。民法典第109条规定,"自然人的人身自由、人格尊严受法律保护"。二是行动自由。民法典第1003条规定,"自然人享有身体权。自然人的身体完整和行动自由受法律保护。任何组织或者个人不得侵害他人的身体权"。第1011条规定,"以非法拘禁等方式剥夺、限制他人的行动自由,或者非法搜查他人身体的,受害人有权依法请求行为人承担民事责任"。三是婚姻自由。民法典第1041条第2款规定,"实行婚姻自由、一夫一妻、男女平等的婚姻制度"。第1042条第1款规定,"禁止包办、买卖婚姻和其他干涉婚姻自由的行为。禁止借婚姻索取财物"。四是夫妻有参加各种活动的自由,民法典第1057条规定,

"夫妻双方都有参加生产、工作、学习和社会活动的自由,一方不得对另一方加以限制或者干涉"。当然,当事人的自由是相对的、有限制的自由,行使自由不得损害国家利益和社会公共利益,不得违背公序良俗原则。

4. 平等

作为社会主体的自然人,其特征、个性、能力等自然属性方面必然存在千差万别,但是其作为社会成员,社会属性上能否是平等的,这是衡量人类文明进步的重要标准。随着社会的发展,将每个人作为平等的社会成员来对待,确保每个人生存和发展的需求都受到同等程度的尊重已成为绝大多数人认可的社会价值观念,这就是现代社会的平等观。社会主义核心价值观所倡导的平等是社会主义的平等,既包括政治平等、经济平等、社会平等不同层面,也包括权利平等、机会平等不同内容。民法中平等价值观的核心内容是指"民事主体在民事活动中的法律地位一律平等"。民法中的平等价值观是社会主义核心价值观中的一部分,一是指当事人在从事民事活动时的法律地位平等;二是指在民事法律中所有享有的权利义务平等。民法中的平等,既可以体现在民事活动中如在契约缔结过程中当事人平等协商,也可以体现在民事生活中如在家庭关系中家庭成员的地位平等,还可以体现在法律上的权利义务、资格享有上平等,如所有的自然人均享有完全相同的民事权利能力等。

5. 公正

公正即"公平正义",是人类社会最古老的价值追求,适用于评判政治、经济、法律和社会生活等各个方面。社会公正是人类文明进步的基石,是社会制度的核心价值和根本取向。一个社会的公正,应当体现在经济、政治、法律等社会生活的各个领域、各个层次和各个方面。公正的核心是分配公正,也就是对权利和义务进行合理分配,对社会机会、收入和财富以及其他社会资源等进行合理分配。民法中公平正义价值观的核心内容就是要求"民事主体从事民事活动,应当遵循公平原则,合理确定各方的权利和义务"。公平原则要求民事主体应本着公平的观念从事民事活动,正当行使权利和履行义务,在民事活动中兼顾他人利益和社会公共利益。民法典中直接体现"公正"二字的是第790条。该条规定,"建设工程的招标投标活动,应当依照有关法律的规定公开、公平、公正进行"。如果将公正作为公平正义来理解,在民法典中涉及公平的法律条文还有6条,如第533条规定,"合同成立后,合同的基础条件发生了当事人在订立合同时无法预见的、不属于商业风险的重大变化,继续履行合同对于当事人一方明显不公平的,受不利影响的当事人可以与对方重新协商;在合理期限内协商不成的,当事人可以请求人民法院或者仲裁机构变更或者解除合同。人民法院或者仲裁机构应当结合案件的实际情况,根据公平原则变更或者解除合同"。

6. 诚信

诚信是指诚实守信。诚信是人类有记载以来最广为称颂的高贵品质之一，是个人道德的基石，又是社会正常运行不可或缺的条件。诚信品质虽然是个人层面上的价值观，直接影响个人在社会上的生存与发展，但它与整个社会的有机运转也有密不可分的关系。民法中诚信价值观的核心内容是指"民事主体从事民事活动，应当遵循诚信原则，秉持诚实，恪守承诺"。诚实信用原则要求民事主体在从事民事活动时应该诚实、守信用，正当行使权利和履行义务。人们通常将诚实信用原则作为民法中的"帝王规则"看待，由此可见诚信价值观在民法中的地位。民法典出现"诚信"一词的条文有5条，包含四个方面的内容。一是将诚信作为基本原则加以规定。如民法典第7条规定，"民事主体从事民事活动，应当遵循诚信原则，秉持诚实，恪守承诺"。二是关于意思表示的解释规则。如民法典第142条规定，"有相对人的意思表示的解释，应当按照所使用的词句，结合相关条款、行为的性质和目的、习惯以及诚信原则，确定意思表示的含义。无相对人的意思表示的解释，不能完全拘泥于所使用的词句，而应当结合相关条款、行为的性质和目的、习惯以及诚信原则，确定行为人的真实意思"。三是制裁违背诚信原则的行为。如民法典第500条第1款第3项规定，当事人在订立合同过程中有其他违背诚信原则的行为，造成对方损失的，应当承担赔偿责任。四是对合同履行的基本要求。如民法典第509条第2款规定，"当事人应当遵循诚信原则，根据合同的性质、目的和交易习惯履行通知、协助、保密等义务"。

（三）民法典中的规范也体现了社会主义核心价值观

"富强、和谐、法治、爱国、敬业、友善"等社会主义核心价值观虽然未在民法典中直接点明，但是民法典中的许多具体制度设计背后的思想是以这些价值观作为基础的，相关法律规则的实施就是价值观的实践。这些法律规则对弘扬社会主义核心价值观起到了积极作用，也是实现民法典立法宗旨的具体举措。

1. 富强

富强即国富民强，居于社会主义核心价值观国家层面的价值目标的第一位，充分体现了其重要性。国家富强是促进社会进步、人的自由全面发展的物质基础和制度保障。"富强"包含两大价值诉求：一是人民的富裕，二是国家的强盛。在中国共产党建党100周年之际，习近平总书记向全世界庄严宣告，我们已全面建成小康社会。这是中华民族发展史上的大事，为中华民族的伟大复兴奠定了良好的物质基础。中华民族的伟大复兴涉及众多层面，物质财富的丰富是一方面，精神层面的强大是另一方面。人的强大根本在于其精神的强大，中华民族素以伟大的精神动力作为坚强后盾。所以，富强不仅是物质方面的富裕，还包括精神层面的充实。

民法典弘扬富强价值观，主要是通过保障广大民事主体的财产权利，为国家繁荣昌盛、人民幸福安康提供物质基础。如民法典第113条规定，"民事主体的财产权利受法律平等保护"，并进一步规定了民事主体依法享有物权、债权、知识产权、继承权、股权和其他投资性权利等。通过保护民事主体的财产权利，使其自身能够享受到财产的利益，从而激发不断创造财富的内在动力，因为没有个人对创造财富的努力就不会有社会物质财富的增长，没有个人物质财富的增长，国家的富强也必然受到影响。

2. 和谐

"和谐"是中国传统文化的核心理念之一，它贯穿个人修身、国家治理、社会建构等各个层面。差异性存在是和谐存在的前提，没有差异性就不需要和谐了。因此，和谐是在承认事物多样性、差异性存在的前提下不同主体之间、主体与客体之间相互依存、互为条件、协调发展的状态。社会主义核心价值观中的和谐社会是"民主法治、公平正义、诚信友爱、充满活力、安定有序以及人与自然和谐的社会主义和谐社会"，和谐也是中华民族伟大复兴的社会基础。

民法典弘扬和谐价值观，一是通过确定所有民事主体的法律地位平等，消除了因不平等而产生的矛盾根源，为和谐打下法律基础。二是通过对民事主体之间的各种民事关系进行规范，实现社会有序运作的和谐局面。三是基于绿色原则所反映出来的人与自然和谐共处的价值观。除此以外，民法典还通过对家庭关系、邻里关系的规范，实现一定范围内的和谐。如民法典第1043条第2款规定，"家庭成员应当敬老爱幼，互相帮助，维护平等、和睦、文明的婚姻家庭关系"；第288条规定，"不动产的相邻权利人应当按照有利生产、方便生活、团结互助、公平合理的原则，正确处理相邻关系"。

3. 法治

"法治"是一种治国理念，强调法律的权威性和普遍适用性，其基本内涵在于将法律作为治理国家和社会的最高准则，任何人和机构都不得凌驾于法律之上。法治是实现自由平等、公平正义的可靠有效保障。在以习近平同志为核心的党中央提出的"四个全面"战略布局中，"全面推进依法治国"是其中的重要组成部分。全面依法治国这一战略举措，与全面深化改革、全面从严治党相辅相成，共同为全面建成小康社会这一战略目标提供基本动力、基本保障、基本支撑。在社会主义法治价值观的指导下，要求在国家生活和社会生活中有法可依、有法必依、执法必严、违法必究，在法律面前人人平等，任何人不能享有超越法律之上的特权。

法治价值观在民法典中得到充分体现。第一，民法典的制定就是法治的基本要求，实现了民事争议解决的"有法可依"。民法典是中国特色社会主义法律体系的重要组成部分，是民事领域的基础性、综合性法律，它规范各类民事主体的各种人身关系和财产关系，是全面依法治国的重要组成部分。第二，民法典中保护民事主体的合法权益是法治的重要体现。保护任何主体的合法权益都是法治精神的首要要求，我国民法典第3条规定，"民事主体的人身权利、财产权利以及其他合法权益受法律保护，任何组织或者个人不得侵犯"。第三，要求民事主体"有法必依"，即民事行为的合法性。民法虽然是任意法，但是也存在众多强制性规定，这些规定主要是以"应当"用语体现出来，因为"应当"通常就是"必须"的意思，民法典中"应当"一词出现了700多次，其中很多都是对其行为的强制性要求，如第8条规定，"民事主体从事民事活动，不得违反法律，不得违背公序良俗"。

4. 爱国

爱国主义是中华民族民族精神最稳定的文化基因，已内化成了中华民族民族精神的核心。爱国是社会主义核心价值观的政治基础，具体指热爱中华人民共和国。爱国不是抽象的，是具体的，要热爱其历史、热爱其文化、热爱其制度、热爱其人民；在关键时刻能挺身而出，即"苟利国家生死以，岂因祸福避趋之"。现在的中国，物质财富和文化生活丰富，人民安居乐业，享受到前所未有的快乐，这与伟大祖国的强盛是分不开的；任何个人的成长和发展均需要国家的支持，热爱国家不仅是法律义务，也是道德的基本要求。

爱国价值观在民法典中得到充分体现。一是民法典的制定，坚持"四个自信"，基于中国实际。其中一些中国固有的民事法律制度的设计使民法典具有鲜明的中国特色。我国是社会主义国家，土地所有权只能归国家所有和集体所有，这种所有权制度在民法典中得到完全落实。基于土地所有权只能属于国家所有和集体所有的客观现实，为充分发挥土地的使用价值，土地承包经营权、建设用地使用权、宅基地使用权等具有中国特色的用益物权制度在民法典中得到系统规范。二是明确保护国家财产利益。维护国家利益是爱国的重要体现，民法典一方面通过禁止民事主体进行某种行为以实现对国家财产的保护，如第258条规定"国家所有的财产受法律保护，禁止任何组织或者个人侵占、哄抢、私分、截留、破坏"，另一方面通过对当事人合同行为的强制干涉以维护国家利益，如第534条规定"对当事人利用合同实施危害国家利益、社会公共利益行为的，市场监督管理和其他有关行政主管部门依照法律、行政法规的规定负责监督处理"。三是明确禁止民事主体滥用民事权利损害国家利益的行为。如民法典第132条规定，"民事主体不得滥用民事权利损害国家利益、社会公共利益或者他人合法权益"。

5. 敬业

劳动是创造财富的基础。国家和社会的财富来源于劳动者的创造；劳动者个人的财富也主要是基于自己的劳动而获取。可以说没有劳动就没有财富。敬业是劳动者对待劳动的态度，直接影响社会财富的积累，影响国家、社会和个人生存与发展的物质基础。敬业也是中华民族的传统美德，已经成为我国职业道德的核心要素,是公民应当遵循的基本价值规范之一。

民法典中要求民事主体忠于职守、尽职尽责的规定,充分体现了社会主义职业精神,是弘扬敬业价值观的有力方法。其中的规定主要表现在以下方面,一是对财产代管人和保管人管理义务的要求。民法典第43条规定,"财产代管人应当妥善管理失踪人的财产,维护其财产权益"。第892条规定,"保管人应当妥善保管保管物"。二是有关代理和委托中当事人的敬业义务的规定。如规定代理人履行代理职责不当应承担民事责任,民法典第164条规定,"代理人不履行或者不完全履行职责,造成被代理人损害的,应当承担民事责任"。三是对物业服务人的规定。物业服务人对物业服务内容,应当按照约定做好,这就是体现了敬业精神。民法典第942条规定,"物业服务人应当按照约定和物业的使用性质,妥善维修、养护、清洁、绿化和经营管理物业服务区域内的业主共有部分,维护物业服务区域内的基本秩序,采取合理措施保护业主的人身、财产安全。对物业服务区域内违反有关治安、环保、消防等法律法规的行为,物业服务人应当及时采取合理措施制止、向有关行政主管部门报告并协助处理"。

6. 友善

友善是指人与人之间如朋友一样亲近和睦。个人不可能孤立存在,需要与他人建立各种联系,在他人的帮助下生存和发展。只有对他人友善,才能获得他人的帮助而实现自我。随着社会的发展,友善观念不仅存在于人之间,也包括人友善地对待自然。"绿水青山就是金山银山"反映了人友善地对待大自然的重要性。

民法典在弘扬友善价值观方面,一是规定了人人平等原则,这是待人友善的前提。人和人之间的平等性为相互之间的友善相待打下了基础,二是规定了无因管理、紧急求助等制度,鼓励好人好事。三是倡导与鼓励公益。公益是个人或组织体自愿通过做好事、行善举而提供给社会公众的公共产品。做公益事业,仅仅依靠个体的力量是有限的,只有通过各类组织才能够聚集更多的财富、让更多的人享受到好处,充分感受到社会的友善。因此,在民法典中对以公益为目的的法人组织的设立、行为等做出了较完整的规定,如第92条规定,"具备法人条件,为公益目的以捐助财产设立的基金会、社会服务机构等,经依法登记成立,取得捐助法人资格"。四是规定了绿色原则,以善待自然。

三、民法学教学过程中融入社会主义核心价值观

2017年5月,习近平总书记在考察中国政法大学时指出,全面依法治国是坚持和发展中国特色社会主义的本质要求和重要保障,事关我们党执政兴国,事关人民幸福安康,事关党和国家事业发展。随着中国特色社会主义事业的不断发

展，法治建设将承载更多使命，发挥更为重要的作用。他同时指出，法学专业教师要坚定理想信念，带头践行社会主义核心价值观，在做好理论研究和教学的同时，深入了解法律实际工作，促进理论和实践相结合，多用正能量鼓舞激励学生。既然民法的基本价值观与社会主义核心价值观在内容上存在重大重合，在民法学的教育过程中就应当充分体现出对社会主义核心价值观的传递，就需要将社会主义核心价值观融入整个民法的讲授内容和讲授过程之中，这既是教师带头践行社会主义核心价值观的具体行动，也是坚持立德树人、培养高素质法治人才的必然要求。

民法学是法学专业一年级新生的必修课。在其刚开始接触法学专业知识的同时，将社会主义核心价值观融入民法学的教学过程，对实现"为党育人""为国育才"具有基础性作用。将社会主义核心价值观融入民法学的教学过程，需要从静态融合和动态融合两个方面展开，并辅以适当的案例，令学生入脑入心。

（一）静态融合

静态融合是指内容上的融合，要求提前寻找与社会主义核心价值观具有一致性的内容以备讲授时使用。民法学中与社会主义核心价值观具有一致性的内容很多，举例如下。一是民法基本原则部分。正如前文所分析的，民法基本原则反映的就是民法的基本价值，平等、公平、正义、自由、诚信等内容，与社会主义核心价值观具有密切关系，可以高度融合。二是民事法律行为制度。民事法律行为中包含意思自由，是社会主义核心价值观中自由的一部分；包含无效的民事法律行为，是法治价值观的重要体现。三是代理制度。代理是指代理人以被代理人的名义进行民事法律行为，由此所产生的法律后果由被代理人承担，但是在代理制度中要求代理人从事代理行为时要谨慎勤勉，这与敬业价值观有直接的联系。四是合同制度。合同自由、缔约过失责任、可撤销合同、违约责任等内容均可与社会主义核心价值观中的自由观、诚信观、法治观、平等观、公正观等有效结合。五是物权制度。物权平等保护原则对促进民事主体创造财富的积极性具有重要作用，可与富强价值观相联系；物权法定原则反映的是法治价值观，建筑物区分所有权、相邻关系等内容可与和谐等价值观密切联系。六是婚姻家庭制度。婚姻家庭制度中的婚姻自由可与自由价值观相联系，夫妻关系、家庭关系反映了和谐价值观、平等价值观等。七是侵权责任制度。在侵权责任制度中，通过归责原则制度、一般侵权的要件、特别侵权的规定以及侵权责任的承担等内容也可与社会主义核心价值观中的公正价值观、自由价值观、诚信价值观等相联系。

（二）动态融合

动态融合是讲授过程中的融合，是指在讲授与社会主义核心价值观有联系的民法学内容时适时契入社会主义核心价值观的内容，从而实现学生对法学专业知识与社会主义核心价值观内容的同步掌握。由于课堂教学主要是理论学习，而理论和实践相结合、知行统一是道德养成和思想成长的根本途径。培育社会主义核心价值观，也必须遵循这一规律，让思想理论走进课堂，从而让学生在实际生活中实践社会主义核心价值观，取得实际效果。例如在讲授相邻关系时，以民法典第288条"不动产的相邻权利人应当按照有利于生产、方便生活、团结互助、公平合理的原则，正确处理相邻关系"的规定展开，让学生了解该相邻关系的规则在实现邻里和谐、友善相处和物尽其用等方面的实际意义，使之掌握相关社会主义核心价值观的内容。

（三）案例的重要性

民法是市民社会的基本法律，婚姻关系、家庭关系、经济关系等均为其调整对象，与每一个人均存在非常紧密的联系。从具体的民事法律制度来看，其中绝大多数规范甚至每一项原则都能找到实实在在的生活实践。因此，对民法的讲授不可能很抽象，与具体民事法律规范或者民法基本原则相关的案例不胜枚举。只有结合真实的案例，学生的理解才具有直观性，才能将本来的抽象的理论具体化，加深学习的效果。

社会主义核心价值观是对社会公众的一般性要求，具有极强的实践性；社会主义核心价值观的要求也不是抽象的，而是具体的，是可以为绝大多数民众直接感受和接受的。因此，在将民法中的相关内容与社会主义核心价值观联系讲授的同时，不能泛泛而谈，需要用具体的案例加以证明。

一般情况下，案例的选择应当符合以下原则：一是相关性。即案例要求与社会主义核心价值观有直接的相关性。二是普通性。即选择帮助学生理解相关法学知识的案例，应当是社会中的普通案例，尽量避免选择过于深奥或者偶发性的案例。三是深入性。即案例不仅要反映当事人所争议的事实，还要对其进行充分的理论阐述，反映出对相关价值观的看法，这样才有利于学生同时掌握专业知识和核心价值观。例如，在普陀山佛教造像研究院、李巍名誉权纠纷案件中，就当事人争议的核心之一即言论自由的边界问题，浙江省高级人民法院（2017）浙民终903号民事判决书中指出，"公民享有宪法所赋予的言论自由的基本权利，对社会公共议题也依法享有通过大众传媒或其他方式进行监督和批评的权利。同时，名誉权是民事主体的基本民事权利，法律禁止他人用侮辱、诽谤等方式进行侵害。因此，公民言论自由权利的行使应当存在一定的界限，即不能违反法律和公序良俗，应对公共议题进行具有学术色彩的批评行为，同时也应当遵循善意且合理的原则。若行为人恶意误导公众或采取不符合公序良俗的传播手段，发表具有贬损他人名誉性质的内容，导致他人名誉受损，应当认定构成名誉侵权。首先，上述属于作者作为文物专家对案涉展品工艺、审美及真伪的主观评价，或是属于其对亲自参观展出的所见所感所想，没有超出合理行使言论自由权的范畴，不构成侵权。其次，对案涉文章用图片将展出佛造像与古玩城佛造像进行对比，在缺乏充分认定条件和确实根据的情况下，利用图片和实物的差异，得出对普陀山佛教造像研究院、李巍的名誉产生负面影响的不严谨结论，误导公众观点，具有主观上的恶意，超过了言论自由和舆论监督的合理边界，构成侵权。最后，陈建明作为文物领域专家，应当在其专业领域的评论文章中严谨且审慎地阐述自己的批评观点。通观案涉文章上下文，陈建明在缺乏充分认定条件和确实根据的情况下，不当地利用其专家身份，采用缺乏严谨的修辞和言论，恶意误导公众传播负面的言论，其行为已超出言论自由的合理界限，主观上具有过错。文章的发表在社会上造成了一定影响，客观上已对普陀山佛教造像研究院、李巍产生了社会评价降低的损害事实。陈建明的侵权行为与普陀山佛教造像研究院、李巍社会信誉降低的损害事实之间存在因果关系，因此构成对普陀山佛教造像研究院、李巍的名誉权的侵害，应当承担相应的法律责任"。该案例与自由价值观具有直接的相关性。在该判决中，人民法院通过深入分析，阐释案件背后的道理，让大家认识到作为社会主义核心价值观内容之一的自由价值在宪法和民事基本法律制度中是得到保障的，是真实的，是可以在社会生活中实践的。但自由是有边界的，超出法律边界的自由为法律所禁止，侵害他人合法权益的行为应当承担法律责任，从而又对公民在践行自由价值观时的做法提出了尊重法律的基本要求。同时，该案例还体现了公序良俗原则和对专家敬业精神的基本要求。

通过"课程思政"建设培养德法兼修法治人才的探索

——以首都经济贸易大学法学院为例

尹少成[*]

【摘要】 高校课程思政建设与德法兼修法治人才的培养具有非常密切的联系，二者的理念相统一、目标相一致、举措相协同。作为一个新生事物，如何推动课程思政建设，各个学院尚在摸索之中。近年来，首都经济贸易大学法学院高度重视课程思政建设，全院上下凝聚共识，充分认识课程思政建设的重要意义，多措并举，开展了全方位、多层次的课程思政建设探索，及时总结，推动课程思政建设不断走深、走实，形成了阶段性成果。全院教师对课程思政有了新的认识，课程思政建设进入了新的发展阶段。

【关键词】 课程思政　德法兼修　法治人才培养　首都经济贸易大学法学院

一、问题的提出

2017年5月3日，习近平总书记在中国政法大学考察时强调，要坚持中国特色社会主义法治道路，坚持以马克思主义法学思想和中国特色社会主义法治理论为指导，立德树人，德法兼修，培养大批高素质的法治人才。法学教育要坚持立德树人，不仅要提高学生的法学知识水平，而且要培养学生的思想道德素养。

一直以来，在我国的教育体系中，对学生的思想道德素养的教育与培养主要由高校思想政治课程承担，并发挥了非常重要的作用。但是，多年的实践表明，高校思想政治教育存在"孤岛"困境，思政教育与专业教学"两张皮"现象较为突出，教育理念上不能正确认识知识传授与价值引领之间的关系。因此，无论是高校思政教育还是专业教育，都面临着新的挑战。

---

[*] 尹少成，法学博士，首都经济贸易大学法学院副院长、副教授、博士生导师。

早在21世纪初，上海就开始了思政教育的新探索。过去十多年来，上海基础教育坚持探索实施"两纲教育"，得出的一条最有效的经验是始终坚持"学科德育"的核心理念，即把德育的核心内容有机分解到每一门课程，充分体现每一门课程的育人功能、每一位教师的育人责任[①]。

2016年12月，习近平总书记在全国高校思想政治工作会议上强调，"要用好课堂教学这个主渠道，思想政治理论课要坚持在改进中加强，提升思想政治教育的亲和力和针对性，满足学生成长发展需求和期待，其他各门课都要守好一段渠、种好责任田，使各类课程与思想政治理论课同向同行，形成协同效应"。2020年5月28日，教育部党组会议审议通过《高等学校课程思政建设指导纲要》。至此，课程思政开始经由国家层面推动，并在德法兼修法治人才培养中扮演重要角色。

二、"课程思政"建设与德法兼修法治人才培养的关系

课程思政，即将思想政治教育元素，包括思想政治教育的理论知识、价值理念以及精神追求等融入各门课程中，潜移默化地对学生的思想意识、行为举止产生影响[②]。通过对课程思政内涵的深入理解，我们不难发现，课程思政建设理念、目标甚至具体的举措与德法兼修法治人才培养都是高度统一的，通过课程思政建设有助于推动德法兼修法治人才的培养。

（一）理念相统一

课程思政是以构建全员、全程、全方位育人格局的形式，使各类课程与思想政治理论课同向同行，形成协同效应，因而，课程思政的理念可以概括为协同育人。即，充分发挥专业课程在育人过程中的作用，实现与思想政治理论课程的协同。习近平总书记强调："法学教育要坚持立德树人，不仅要提高学生的法学知识水平，而且要培养学生的思想道德素养。"因此，德法兼修法治人才的培养，不仅要培养学生扎实的专业知识，还要培养学生高尚的思想道德素养，而思想道德素养的培养，不能只交给思想政治教育，专业教育也应当作出应有贡献。从这个角度而言，课程思政与德法兼修法治人才培养的理念是相统一的，都扮演着协同育人的使命。

---

① 高德毅，宗爱东. 从思政课程到课程思政：从战略高度构建高校思想政治教育课程体系[J]. 中国高等教育，2017（1）：43~46.

② 王学俭，石岩. 新时代课程思政的内涵、特点、难点及应对策略[J]. 新疆师范大学学报（哲学社会科学版），2020（3）：50~58.

（二）目标相一致

课程思政本质上也是一种教育方式，目的是为了实现立德树人。全面推进课程思政建设是落实立德树人根本任务的战略举措，落实立德树人根本任务，必须将价值塑造、知识传授和能力培养三者融为一体，不可割裂。全面推进课程思政建设，就是要寓价值观引导于知识传授和能力培养之中，帮助学生塑造正确的世界观、人生观、价值观。德法兼修的法治人才培养目标与课程思政中的立德树人目标是一致的，法学教育背后承载的不仅仅是知识的创新以及专业素养的培育，还应该包括对国家人文精神和主流价值观的积极响应。从这个角度而言，无论是课程思政建设还是德法兼修法治人才培养都是为了解决培养什么人、怎么培养人和为谁培养人的问题。

（三）举措相协同

由于课程思政建设与德法兼修法治人才培养在理念与目标上的高度一致，这就决定了二者在具体举措上也相协同。包括科学设计教学体系，修改人才培养方案；打造一批课程，既注重对学生专业知识的培养，又注重对学生思想道德和价值观的引导；出版一批能够体现课程思政和德法兼修要求的教材；形成一批符合课程思政和德法兼修要求的教学团队和教学名师，等等。

三、如何在德法兼修法治人才培养中推进课程思政建设

就思政教育与专业教育的融合而言，法学类专业课更容易融入思政教育的元素，具有先天优势。也正因为如此，2019年，首都经济贸易大学法学院（以下简称"法学院"）入选了学校首批课程思政试点学院。三年来，在学校的正确领导下，法学院领导班子带领全院教师，就如何在德法兼修法治人才培养中推进课程思政建设，开展了诸多有益的探索。

（一）凝聚共识、高度重视，充分认识课程思政建设的重要意义

课程思政是近年来提出的新事物，课程思政是什么，为什么要开展课程思政，以及如何开展课程思政，这些需要在实践中不断摸索。尽管当前并无成熟的可供直接复制的路径，但是，法学院领导班子在推进课程思政建设上仍然达成了高度共识，一致认为课程思政建设是落实"立德树人"根本要求的重要举措，对培养德法兼修高素质法治人才具有重要意义。当代大学生的思想政治教育，不仅仅是思政课教师的任务，也同样是专业课教师的任务。

在学院领导班子达成共识后，法学院通过召开全院大会、教研室会议、教师

党支部会议等方式，将课程思政建设的意义向全体教师进行传达，从思想上对教师参与课程思政建设进行动员，为后续课程思政建设相关举措的推进奠定思想基础。

（二）多措并举，开展全方位、多层次课程思政建设的探索

1. 出台方案，做好顶层设计

2019年9月，法学院出台了关于加强课程思政建设的实施方案，从课程思政建设的指导思想、建设目标、建设内容、保障措施以及考核要求等方面进行了较为全面的规定，为后续学院课程思政的具体推进提供了行动指南。该实施方案可视为法学院关于课程思政建设的顶层设计。2021年初，为进一步深化课程思政建设，推动学校不断健全"三全育人"体制机制，首都经济贸易大学制定了《关于推进"三全育人"综合改革的实施意见》《关于深化课程思政建设的实施意见》《关于推进试点学院课程思政建设的实施意见（2020~2022）》等文件，为学校"三全育人"综合改革和深化课程思政建设明确了顶层设计，绘制了路线图。2021年4月，为进一步落实学校出台的上述重要文件，法学院出台了关于推进课程思政建设的实施方案，进一步明确了接下来课程思政建设的目标、任务和举措等内容。

2. 打造线上、线下课程，发挥第二课堂的作用

2020年初，新冠疫情来袭，学生不能返校上课，所有课程均由线下转为线上，法学院精心打造的六门慕课齐上线，分别是论语启蒙：论语的法典化解读、"戏"说民商法、行政诉讼法原理与实务、走进国粹——京昆艺术欣赏、法律图像的密码、财税法学。这六门慕课各具特色，兼具专业性、艺术性和价值引领，受到了学生们的广泛好评，在中国大学MOOC平台上取得了较好的选课效果。

同时，法学院还积极打造线下课程思政示范课，目前共计立项19门课程，基本囊括所有的法学必修课，其中校级课程思政示范课5门，院级立项的课程思政示范课14门。通过这些专业必修课，支持和引导广大教师积极参与课程思政的教学与研究之中，取得了良好效果。目前，全院已有近70%的教师承担了课程思政建设和研究项目。近80%的专业必修课获校级或院级课程思政示范课立项。

此外，除了第一课堂，法学院还积极发挥第二课堂在课程思政建设中的作用。持续打造"师说""师者言""一师一书读书会"等系列活动，邀请教师与学生共同品读经典，从经典著作中汲取思想的营养，进而对学生进行价值引领。

3. 注重交流分享，共同学习提高

课程思政作为一个新事物，尚无成熟的经验可供借鉴，需要广大教师共同探索。基于此，法学院在推进课程思政建设过程中特别注意交流分享。首先，将课程思政

建设作为党支部活动的重要内容，将党建学习与课程思政建设相结合，在党支部活动中定期安排课程思政交流分享。其次，对院级立项资助的课程思政示范课进行阶段性建设成果考核与分享。通过举办学校品牌活动"驼韵师话"，让教师们分享参与建设课程思政示范课的心得体会，为其他教师提供借鉴。最后，坚持"请进来、走出去"相结合，加强对兄弟院校的交流。如，邀请四川大学的王竹教授分享慕课制作方法，我院陶盈副教授也应邀参加中国人民大学马克思主义学院的集体备课，分享其录制的慕课（"戏"说民商法）是如何将专业教育与思政教育进行结合的。通过系列课程的交流与分享，大家对课程思政的认识更加深刻，思路更加清晰。

4. 加强理论探索，深化对课程思政的认识

理论是行动的先导，课程思政作为一个新事物，深入的理论研究是做好课程思政建设的重要基础。近年来，法学院通过积极开展理论研究和召开研讨会等方式，深化对课程思政的认识。由院长张世君教授负责的"德法兼修——新时代思政教育深度融合于法治人才培养的探索与创新"项目荣获 2019 年北京市教改立项，该项目集合了法学院最优秀的师资力量，深入研究如何将课程思政与德法兼修法治人才培养进行结合。另有 8 位教师获批学校"课程思政"教改立项，5 位教师获批学校课程思政案例设计立项。同时，法学院还积极筹备和召开课程思政相关研讨会。2020 年 6 月 7 日，教育部《高等学校课程思政建设指导纲要》印发，法学院第一时间即召开了"法学专业课程思政建设研讨会"，邀请中国人民大学、南开大学、四川大学、中国政法大学、北京市委党校、北京市教委等单位的专家和学者，共同探讨如何在法学专业中开展课程思政工作，与会专家建言献策，进行了深入的研讨，形成了丰硕的成果，为后续法学院深入开展课程思政建设贡献了诸多智慧。

5. 举行课程思政教学比赛，提高教师的教学水平

2021 年初，按照学校的部署，首都经济贸易大学首届课程思政教学设计大赛计划于年内举行。为了迎接本次大赛，法学院积极筹备，于 2021 年 4 月率先举行了法学院首届课程思政教学设计大赛，通过内部比赛，两位优秀青年教师脱颖而出，代表法学院参加学校课程思政大赛。2021 年 6 月，首都经济贸易大学首届课程思政教学设计大学如期举行，法学院两位教师认真准备，最终双双获得二等奖。课程思政教学设计大赛是首都经济贸易大学教师风采的重要展示和交流平台，比赛采取线上线下相结合的方式，全校未参赛教师通过线上收看了比赛，通过此次比赛，实现了以赛促学、以赛促长的目的，提高了教育教学水平。

（三）及时总结，推动课程思政建设不断走深、走实

经过三年的努力，首都经济贸易大学法学院课程思政建设取得了一定的成果，

得到了学校的高度肯定。接下来，我们将及时总结经验，发现不足，推动课程思政建设不断走深、走实。

1. 修订法学院人才培养方案，融入课程思政要求

2021年，正值学校人才培养方案四年大修之际，法学院在学校教务处的领导下，开展了广泛调研，认真开展2021版人才培养方案修订工作。在此过程中，法学院明确提出将课程思政融入整个人才培养方案和每一门课程中，要求每一位教师在撰写课程简介和大纲时予以体现。在教学目标中，必须明确本门课程是如何体现课程思政要求的，在教学内容中，要求指出本课程在将在哪些章节中，以何种方式体现课程思政的内涵。

2. 出版课程思政建设成果集

本书就是近三年来法学院教师在承担课程思政示范课、教改立项、案例库等工作中所形成的成果结集。通过出版这部法学专业课程思政建设成果集，总结三年来课程思政建设中的思考与探索，与兄弟院校和教师进行交流，在交流中发现自身仍然存在的不足，进一步明确未来的发展方向。

3. 打造法学专业课程思政案例库

案例教学是法学教学中非常重要的方式，通过经典案例可以让学生更加深入地理解法学专业知识，同时，经典案例中也蕴含着丰富的思政元素。我们通过对法律现象的梳理，探寻能够联通社会主义核心价值观与具体法律专业知识，蕴含正确理念的各种法律素材，进而形成具体的、生动的、鲜活的案例库，打造法学专业课程思政案例库，并择机出版。该书可以为教师开展课程思政教学活动，提供丰富的教学资源。

4. 以"学科思政"为主题，召开课程思政建设研讨会

课程思政建设研究的初期，可以聚焦于课程思政本身。但是，随着课程思政建设的持续推进，应当将课程思政建设与法学学科建设进行结合，挖掘不同学科所蕴含的课程思政元素，让学生在学习学科发展历史、学科特点的同时，融入课程思政元素。例如，以民法典中关于民事权利保护的亮点召开研讨会，可以将民法典的创新与课程思政进行有效结合。

5. 成立法学院课程思政研究中心

课程思政建设的研究需要一支稳定的队伍，稳定队伍又离不开平台的支持。因此，从各个高校的做法来看，成立课程思政研究中心是当前许多学校和学院的做法，已经积累了一定的经验。我们也将考虑整合全院之力，成立法学院课程思政研究中心，以期巩固课程思政建设成果，促进课程思政的理论研究和实践探索，同时加强学术交流与探讨，为学校和兄弟学院课程思政建设提供可复制、可推广的经验做法。

四、推进"课程思政"建设的几点感悟

在协助学院开展课程思政建设过程中,笔者深深感到将课程思政建设与德法兼修法治人才培养深度融合,非常不易,形成了几点个人感悟。

(一)统一思想,提高广大教师对课程思政的认同

教师是课程思政建设的"主力军",课程思政建设只有得到一线教师的支持与认可,才有可能得到扎实推进。但是,传统观念认为,思政教育属于思政教师的职责范畴,专业课教师只需要讲授好专业知识即可。在这种传统观念的影响下,在课程思政建设初期,由于对课程思政的内涵等缺乏深入了解和理解,广大专业课教师对课程思政还存在一定的排斥,缺乏积极性与主动性。因此,推进课程思政建设,必须先要统一思想,提高广大专业课教师对课程思政的认同。

为此,首先要让教师们认识到课程思政是一名专业课教师的责任与使命。其次,课程思政不是对学生进行思想政治的灌输,而是包含引导学生学习做人做事的基本道理、社会主义核心价值观等丰富的内容,使之树立正确的人生观、世界观和价值观。因此,课程思政的本质其实可以理解为育人,从这个角度而言,每个教师肩负着育人的使命,同样也肩负着课程思政建设的使命。总之,我们应当通过各种方式提高教师对课程思政的认同,而不是"妖魔化"课程思政,让教师对课程思政产生抵触。

(二)创新推进方式,调动教师的积极性

如何开展课程思政,既是一个理论问题,也是一个实践问题。高校教师应当采取适当的方式开展课程思政,这既关系教师对课程思政的认可度,也关系学生对课程思政的接受度。我们认为,应当采取多元化、灵活的方式推进课程思政,而不是采取僵化、套路化的方式开展课程思政。应当允许教师根据每门课程的特点,以及与课程思政本身的紧密程度,科学、合理地引入课程思政,与学生分享做人做事的基本道理、社会主义核心价值观的精神要义、民族自豪感、爱国心等。既要支持教师通过第一课程在授课过程中贯彻课程思政,也要鼓励教师在第二课程以及学生的日常交往中加强对学生价值观的引领。只有这样,才能充分调动教师参与课程思政的积极性和主动性。

(三)以润物细无声的方式提高建设效果

课程思政的开展,应以一种润物细无声的方式,使学生在听课中、课外读书会以及平时与教师的交流中感受教师高尚的品格,自觉接受教师的教导。要避免

将课程思政演变为一种机械宣读中央文件、引述领导人语录的方式，进而引发学生的抵触，影响教学效果。随着课程思政不断走深、走实，应当从实质意义而非形式意义上考核教师的课程思政开展效果。对教师而言，学高为师、身正为范，在推进课程思政的过程中，应当先要严于律己、做好示范。唯如此，课程思政才能取得应有的效果，否则只能成为一场走过场的运动。

（四）加大教师投身课程思政建设的激励

课程思政作为育人的重要组成，应是教师的本职工作。同时，对积极参与课程思政建设的教师，也应予以合理的激励。这种激励既是对教师参与课程思政的认可，也是通过一种良性的机制，调动广大教师参与课程思政的积极性与主动性，最终形成一种自觉性。这种激励，既包括物质方面，也包括精神方面。物质方面，应当对积极参与课程思政建设的教师，予以一定的经费资助，并在后续的职称评定等方面给以适当的倾斜；精神方面，应当表彰课程思政建设中表现突出的教师，评选院级、校级课程思政教学团队、教学名师，推荐参加北京市、国家级课程思政教学团队和教学名师。通过一系列激励机制，使全院上下形成一种良好的参与课程思政建设的氛围。

总之，课程思政作为近年来的新兴事物，大家对其认识还有一个不断深化的过程，这就决定了课程思政建设本身也是在探索中前行。从这个角度而言，我们虽然做了很多工作，但仍然还存在很多不足。既然课程思政建设是一条探索之路，我们就可能会走弯路，但是，我们应当坚定信念，将课程思政建设与德法兼修法治人才培养紧密结合，不断探索创新，努力为国家培养更多高素质的法治人才。

法学实践"金课"打造的社会维度探讨

孙明春*

【摘要】 在法学实践"金课"打造的改革背景下,以往从职业维度出发来构建的法学实践教学正逐渐演变为以社会维度为取向的法学实践教育。将社会维度引入法学实践教学之中,除了对治因单一职业维度所带来的各种问题和弊端外,也是在法学院校更好地学习贯彻习近平法治思想、践行社会主义核心价值观并最终实现高素质法治人才培养目标的必然选择。从社会维度推进法学实践"金课"的打造可以从建设课程思政、推进创新创业教育以及注重劳动教育三个方面来寻求突破。

【关键词】 法学实践　"金课"　社会　法治

近代以来,中国法学是"西学东渐"强劲影响下的产物,在以往的"模范列强"、取法欧美发展路径中,法学教育对外来法学著述和法律制度的译介、移植多,对中国本土国情民意乃至政法实践的关注、研究少。这就导致中国法学教育在长期发展中出现了"重域外轻本土、重理论轻实践"的现象,这一现象既不利于中国法学研究和法学教育的长足发展,也不利于卓越法治人才的全面培养。进入21世纪,中国法学理论界和教育界逐渐意识到这些问题,并着手从国家政策制定、育人机制革新等不同方面加以改进。特别是近年来,教育部关于"金课"打造的相关部署,也有力推动了这些问题的破解。

一、从法学实践教学到实践"金课"的演变

为了使法学教育更加突出中国本土的主体地位,进一步破解"重域外轻本土、重理论轻实践"的育人弊端,中国进入世界贸易组织(WTO)以来,一方面加大

---

* 孙明春,法学博士,首都经济贸易大学法学院党委副书记。本文系首都经济贸易大学2021年度教育教学改革立项重点项目"财经类高校法学实践'金课'打造的路径探索"阶段性成果。

在国际贸易等领域与世界进行法律规则上的接轨，另一方面在推进依法治国以及改进法学人才培养方面出台了若干文件，教育主管部门和各高校也在实践教学方面展开了一系列探索。2011年12月，教育部、中央政法委联合出台了《关于实施卓越法律人才教育培养计划的若干意见》（以下简称《意见1》），直陈我国高等法学教育尚存在"不能完全适应社会主义法治国家建设的需要，社会主义法治理念教育还不够深入，培养模式相对单一，学生实践能力不强，应用型、复合型法律职业人才培养不足"等问题。为此，《意见1》将"培养应用型、复合型法律职业人才"作为实施卓越法律人才教育培养计划的重点，并实施了"双千计划"，即选派1 000名高校法学骨干教师到实务部门挂职1~2年，参与法律实务工作；选派1 000名法律实务部门具有丰富实践经验的专家到高校任教1~2年，承担法学专业课程教学任务。在强化法学实践教学环节，《意见1》要求开发法律方法课程，搞好案例教学，办好模拟法庭、法律诊所等，充分利用法律实务部门的资源条件，建设一批校外法学实践教学基地①。由此可见，此处的法学实践教学带有鲜明的职业维度取向，即预设所有法科学生将来的职业选择都是进入法律实务部门，要求他们在掌握好法学理论知识的同时还应多参加与提高法律实务技能相关的实践。

在《意见1》的带动下，不少法学教育工作者也将实践教学内容限定在解决各类争议的法律实务领域，梅龙生认为："法科学生实践教学内容主要是运用法律基本概念、基本原理和基本制度于法律实践之中，重点是将具体法律规范运用于法律实践之中，分析和解决各类法律关系争议。"②实践教学的形式和载体也是紧紧围绕法律实务技能的提升③。现实操作中，大多数高校在法学人才培养方案中对实践教学基本上是按照这份《意见1》来设计和开展的。

党的十八大以来，全面推进依法治国成为"四个全面"战略布局之一。2014年12月23日通过的《中共中央关于全面推进依法治国若干重大问题的决定》（以下简称《决定》）要求依法治国、依法执政、依法行政共同推进，法治国家、法治政府、法治社会一体化建设。对于法治人才的培养，《决定》也延续了以往职业维度的取向，提出"健全政法部门和法学院校、法学研究机构人员双向交流机制，实施高校和法治工作部门人员互聘计划"，并"建设通晓国际法律规则、善

---

① 教育部，中央政法委员会.关于实施卓越法律人才教育培养计划的若干意见[EB/OL].[2020-10-12].http://www.moe.edu.cn/srcsite/A08/moe_739/s6550/201112/t20111223_168354.html.
② 梅龙生.论法学实践教学体系的完善[J].河南教育学院学报（哲学社会科学版），2016（6）：102.
③ 刘坤轮.我国法学类专业本科课程体系改革的现状与未来：以五大政法院校类院校为例[J].中国政法大学学报，2017（4）：148.

于处理涉外法律事务的涉外法治人才队伍"①。

2018年，教育部开启了本科教育改革大幕。同年的6月21日，新时代全国高等学校本科教育工作会议召开。时任教育部部长陈宝生在会上提出，对大学生要有效"增负"，要提升大学生的学业挑战度，合理增加课程难度，拓展课程深度，扩大课程的可选择性，真正把"水课"转变成有深度、有难度、有挑战度的"金课"②。8月份，教育部印发了《关于狠抓新时代全国高等学校本科教育工作会议精神落实的通知》，提出"各高校要全面梳理各门课程的教学内容，淘汰'水课'、打造'金课'，合理提升学业挑战度、增加课程难度、拓展课程深度，切实提高课程教学质量"③。由此，淘汰"水课"、打造"金课"成为当前中国高校本科教育的重要议题。

据教育部高等教育司介绍，教育部未来要打造五大类型"金课"，即：线下"金课"、线上"金课"、线上线下混合式"金课"、虚拟仿真"金课"和社会实践"金课"。其中线下"金课"主要针对的是传统的课堂教学，线上"金课"指向的是近年来在"互联网+教育"背景下诞生的慕课（MOOC），线上线下混合式"金课"主要指的是以翻转课堂为代表的交叉授课方式，虚拟仿真"金课"是由"智能+教育"所催生出的新型课程形态，社会实践"金课"则是由思想政治教育、国情民情教育、创新创业教育、劳动教育等融合在一起的综合课程形态④。

为巩固新时代全国高等学校本科教育工作会议成果，落实《教育部关于加快建设高水平本科教育　全面提高人才培养能力的意见》的相关部署，2018年9月，教育部会同中央政法委在卓越法律人才教育培养计划基础上，联合发布了《关于坚持德法兼修　实施卓越法治人才教育培养计划2.0的意见》（以下简称《意见2》)，进一步凸显了"实践"之于法学教育和法学教学的重要意义和特殊价值，重实践乃是"强化法学教育之要"。与《意见1》相比，《意见2》已跳出了单从"职业维度"探讨实践的窠臼，而是从更为宏大的"社会维度"来认识和谋划法学实践教育和实践教学。《意见2》提出，"要着力强化实践教学，进一步提高法学专业实践教学学分比例，支持学生参与法律援助、自主创业等活动，积极探索实践教学的方式方法，切实提高实践教学的质量和效果"。《意见2》还提出，要"结合社会实践，积极开展理想信念教育、社会公益教育、中华优秀传统法律文化教

---

① 中共中央关于全面推进依法治国若干重大问题的决定［EB/OL］.［2020-10-12］.http://cpc.people.com.cn/n/2014/1029/c64387-25927606-3.html.

② 坚持以本为本　推进四个回归　建设中国特色、世界水平的一流本科教育［EB/OL］.［2020-10-15］.http://www.moe.gov.cn/jyb_xwfb/gzdt_gzdt/moe_1485/201806/t20180621_340586.html.

③ 关于狠抓新时代全国高等学校本科教育工作会议精神落实的通知［EB/OL］.［2020-10-15］.http://www.moe.gov.cn/srcsite/A08/s7056/201809/t20180903_347079.html.

④ 吴岩.建设中国"金课"［J］.中国大学教学，2018（12）：5~8.

育，让学生在感悟法治进步中坚定理想信念，在了解群众疾苦中磨练坚强意志，在奉献社会中增长智慧才干"[1]。

近年来，在法科人才培养方面出现了两个重大转变：一是"重域外轻本土、重理论轻实践"的现象得到了很大程度的扭转；二是在法学实践"金课"打造的改革背景下，以往单纯从"职业维度"出发来构建的法学实践教学正逐渐演变为以"社会维度"为取向的法学实践教育，后者比前者的育人视野更为宏大，教育内容和教学形式也更为丰富。

二、职业维度取向的优势与不足

在法学实践教学中引入职业维度，致力于提升法科学子的法律实务技能，在很大程度上缓解了法学教育"重理论轻实践"的弊端，这对将来有志于从事法律实务工作的学生来说确有必要。

实务技能提升方面，中国人民大学法学院行动较早且成效显著。该院在中国人民大学物证技术实验室（前身为创建于1953年的中国人民大学刑侦实验室）的基础上于2005年成立了中国人民大学法学实验实践教学中心，中心下设三个部门：立法实验教学部、司法实验教学部、法律实践教学部。学生不仅通过物证技术实验、诊所教育课堂学习实务实践技能，同时通过对外的物证技术鉴定中心、诊所对外的接案系统来提供法律服务，在提供服务的过程中不断提高实践水平。不少参加此类训练的学生表示从中受益良多。一位曾在中心服务的学生这样谈道："很庆幸自己能在本科即将毕业的时候选上这门实践性如此强的学科。也让我在学习了三年法律知识之后能够在学术研究和实践操作之间架起一座桥梁，认识到了实践中法律应当如何被应用。不管是实地考察还是案例模拟，都让我学习到在'灌输式'课堂上感受不到的气氛。"[2]

在中国人民大学法学院的示范和带动下，国内不少法学院纷纷成立了法律诊所，设置了模拟法庭，并动员学生积极参加模拟法庭等竞赛活动。湖南大学法学院还曾邀请长沙市岳麓区人民法院民事审判一庭、长沙市芙蓉区人民法院民事审判一庭在该院模拟法庭就相关案件进行公开审判，组织学生进行旁听观摩。所有这些安排，都以尽可能模拟、还原真实法律实务场景为手段，以此帮助学生将对法的认知由书本上延伸至实务中，尽可能地缩短学生毕业后进入法律事务部门开

---

[1] 教育部，中央政法委员会.关于坚持德法兼修 实施卓越法治人才教育培养计划2.0的意见 [EB/OL]. [2020-10-15].http：//www.moe.gov.cn/srcsite/A08/moe_739/s6550/201810/t20181017_351892.html.

[2] 中国人民大学法学实验实践教学中心.课堂内外的法学教育实践：记中国人民大学环境法律诊所 [EB/OL]. [2020-10-18].http：//www.law.ruc.edu.cn/lab/ShowArticle.asp?47665.html.

展工作的适应期和磨合期,这也是传统法律实践教学在育人中的目的和优势所在。

以职业维度为取向的实践教学固然可以在大学期间就让学生具备一定的法律实务问题处理能力,但若将实践教学仅局限在职业这一个维度则存在一些不足,主要体现在以下三个方面。

第一,单一职业维度的实践教学难以满足法科生日益多元的职业发展需求。传统的法学实践教学长期以来有一个"默认"的前置条件,那就是把全体法科生作为潜在的职业法律人来对待和培养。在高等教育专业细分的大背景下,这一理念和做法本无可厚非,但我们也不得不正视这一点,即包括法学教育在内的整个中国高等教育已完成了由精英化到大众化的转变,但法律职业岗位的需求并未随之有大幅提升。再加上国家统一法律职业资格考试面向全日制应届本科毕业生的报名通道即将关闭,这就造成不少法科生特别是其中的本科生毕业后的首次就业岗位极有可能与法律无关。以笔者所在的首都经济贸易大学法学院为例,该院2020年共有本科毕业生115名,其中毕业去向为司法机关、律师事务所和公司法务岗的有14人,占当年毕业生总数的12.2%,升学攻读法学硕士研究生24人,占当年毕业生总数的20.9%,累计有66.9%的本科生毕业去向与法学专业无关。该院2020年将近20%的硕士生、博士生毕业后首次就业岗位也与法律无关。由此可见,法科生毕业后从事非法律职业已不再是个例。

第二,单一职业维度的实践教学难以克服客观条件制约的局限。法学院毕竟不同于法院、检察院、律师事务所等,一方面不能完全复制法律实务部门的硬件设施和办公环境,另一方面也不能保证具有丰富法律实务经验指导人员的充分供给。即便将审判庭"搬到"法学院,也只是带有示范性质的偶尔为之,而不可能成为常态。因此,不少高校设置的法律诊所、模拟法庭往往形式大于内容,其所起到的育人效果也经常会大打折扣。

第三,单一职业维度的实践教学难以培养出"德法兼修"的卓越法治人才。中国在选贤任能方面有着"以德为先"的悠久历史,中国传统司法智慧讲究礼法合治,中国古代备受推崇的司法官善于沟通礼法和民意,能够做到"天理、国法、人情"协调统一。近代以来,随着中华法系的解体,中国固有的传统礼法体系受到了否定和批判,在立法领域"法律移植主义"盛行,在司法领域无视国情民意的情况时有发生,这就导致了一些法律在纸面上脱离传统与国情,在实施中与人情和民意相隔阂,法律职业群体的社会负面评价也时有发生。因此,如果我们在实践教学中仅对法科生强调职业取向这一个维度,难以让其中的未来法律职业人具有"情理法"兼备的知识结构,也无法真正造就"德法兼修"的卓越法治人才。

三、社会维度的必要性分析

既然单一职业取向维度的法学实践教学存在诸多不足且难以适应新时代卓越法治人才培养的更高要求，这就需要法学院校在设计、开展法学实践教学时除了职业维度外，还应及时调整工作思路，在育人机制构建中积极引入其他维度。其中作为孕育、承载以及开展法学教育和法治建设的"社会"理应成为实践教学中的一个必要维度。将社会维度引入法学实践教学，除了应对单一职业维度所带来的各种问题和弊端外，也是法学院校更好地学习贯彻习近平法治思想、践行社会主义核心价值观并最终实现高素质法治人才培养目标的必然选择。

（一）将社会维度引入法学实践教学，有助于法学院校更好地学习贯彻习近平法治思想

2020年11月16日至17日召开的中央全面依法治国工作会议首次明确了习近平法治思想在全面依法治国工作中的指导地位。会议认为，习近平法治思想是顺应实现中华民族伟大复兴时代要求应运而生的重大理论创新成果，是马克思主义法治理论中国化的最新成果，是习近平新时代中国特色社会主义思想的重要组成部分，是全面依法治国的根本遵循和行动指南[①]。毋庸置疑，习近平法治思想也必然成为法学院校师生学习的重要内容。习近平法治思想博大精深，实践性可称得上是其最鲜明的理论品格。正如全国人大常委会委员长栗战书所指出的："习近平法治思想是在推进伟大斗争、伟大工程、伟大事业、伟大梦想的实践之中完善形成的，也还会随着实践的发展而进一步丰富。"[②] 冯玉军从六个方面论述了习近平法治思想确立的实践基础：一是党领导人民建设社会主义市场经济的伟大实践为习近平法治思想的确立提供了经济基础，二是党领导人民追求民主政治的伟大实践为习近平法治思想的确立提供了核心动力，三是党领导人民建设社会主义先进文化的伟大实践为习近平法治思想的确立提供了方向引领，四是党领导人民构建和谐法治社会的伟大实践为习近平法治思想的确立提供了根植土壤，五是党领导人民建设生态文明的伟大实践为习近平法治思想的确立提供了时代课题，六是党领导人民积极参与全球法律治理的伟大实践为习近平法治思想的确立提供了重要使命[③]。由此可见，法学院校师生要想学懂、弄通习近平法治思想，还要从实践中认识、从系统中把握，而传统"就法论法"式的单一职业维度法学实践

---

① 习近平出席中央全面依法治国工作会议并发表重要讲话［EB/OL］.［2020-10-18］.https：//www.chinanews.com/gn/2020/11-17/9340781.shtml.
② 栗战书.习近平法治思想是全面依法治国的根本遵循和行动指南［J］.求是，2021（2）：5.
③ 冯玉军.习近平法治思想确立的实践基础［J］.法学杂志，2021（1）：14~17.

教学难以胜任这一新的学习要求,从社会维度入手则将有助于法学院校师生更好地学习、领会、贯彻习近平法治思想。

(二)将社会维度引入法学实践教学,有助于法学院校更好地践行社会主义核心价值观

习近平总书记在党的十九大报告中指出,要以培养担当民族复兴大任的时代新人为着眼点,强化教育引导、实践养成、制度保障,发挥社会主义核心价值观对国民教育、精神文明创建、精神文化产品创作生产传播的引领作用,把社会主义核心价值观融入社会发展各方面,转化为人们的情感认同和行为习惯。2016年12月,中央办公厅、国务院办公厅印发了《关于进一步把社会主义核心价值观融入法治建设的指导意见》,该意见提出,把社会主义核心价值观融入法治建设,是坚持依法治国和以德治国相结合的必然要求,是加强社会主义核心价值观建设的重要途径。2018年3月,十三届全国人大一次会议通过的宪法修正案增写了"国家倡导社会主义核心价值观"的内容。2018年5月,中共中央印发了《社会主义核心价值观融入法治建设立法修法规划》,提出着力把社会主义核心价值观融入法律法规的立改废释全过程,确保各项立法导向更加鲜明、要求更加明确、措施更加有力[①]。社会主义核心价值观是我国社会大多数成员所认可、遵从的价值观念和道德准则,也是为我国法律所确认、保障的重要对象,不应在我国当前的法学教育中缺位。单从职业维度切入并不能帮助学生系统、深入地认识社会主义核心价值观的社会意义和法治价值,如果我们在法学教育教学中引入社会维度,就能很好地理解中央把社会主义核心价值观融入法治建设的用意和指向,我们所培养的法律人才也能较好地在未来法律职业中将良法与善治、法治与德治有机结合起来。这也从另一个层面推动了社会主义核心价值观在法学院校的落地和践行。

(三)将社会维度引入法学实践教学,有助于切实培养高素质法治人才

近年来,中央对法学教育"培养什么人、怎样培养人、为谁培养人"等系列重大问题均有过相应阐述和部署。2017年5月,习近平总书记视察中国政法大学并就如何更好培养大批高素质法治人才发表重要讲话时指出:"法学学科是实践性很强的学科,法学教育要处理好知识教学和实践教学的关系。要打破高校和社会之间的体制壁垒,将实际工作部门的优质实践教学资源引进高校。"[②] 在这

---

① 社会主义核心价值观融入法治建设立法修法规划[EB/OL].[2020-10-18].http://www.gov.cn/zhengce/2018-05/07/content_5288843.htm.
② 习近平在中国政法大学考察[EB/OL].[2020-10-20].http://www.china.com.cn/guoqing/xijinping/2017-05/04/content_40743910.htm.

次视察中，习近平总书记还赋予法学教育"立德树人，德法兼修，培养大批高素质法治人才"的时代使命。2021年1月，中共中央印发的《法治中国建设规划（2020—2025年）》中提出："深化高等法学教育改革，优化法学课程体系，强化法学实践教学，培养信念坚定、德法兼修、明法笃行的高素质法治人才。"[1] 从习近平总书记的重要讲话和中央文件的相关部署中我们可以发现，高素质法治人才不仅要精通法律知识和拥有法律技能，还应具有坚定政治立场、高尚道德情操，同时又熟悉社情民意、能够身体力行，如此才能履行好建成法治中国的使命。显然，单一职业维度的法学实践教学很难满足这样的育人需求，只有将社会维度引入其中，才有助于切实培养更多高素质的法治人才。

四、社会维度下法学实践"金课"打造的实施路径

"社会"既是法学实践教学开展的必要维度，也是未来法学实践"金课"打造的重要基础。以社会维度来推进法学实践"金课"的打造可从课程思政建设、创新创业教育和劳动教育三个方面来寻求突破。

（一）加强课程思政建设，实现实践"金课"的价值引领

课程思政建设是近年来教育部推动课程改革的一个重要抓手。教育部原部长陈宝生在新时代全国高等学校本科教育工作会议上的讲话中指出："高校要明确所有课程的育人要素和责任，推动每一位专业课教师制定开展'课程思政'教学设计，做到课程门门有思政，教师人人讲育人。"对此，法学实践教学也不例外，未来评判法学实践"金课"的一个重要标准就是有没有较好地进行"课程思政"教学设计。根据教育部2020年5月印发的《高等学校课程思政建设指导纲要》的规定，课程思政建设"就是要寓价值观引导于知识传授和能力培养之中，帮助学生塑造正确的世界观、人生观、价值观"[2]。法律乃规范与价值的统一体，法学专业在开展课程思政建设方面有着天然优势。笔者认为，法学实践"金课"在打造过程中应重点挖掘并融入以下三方面的思想政治教育资源。

一是习近平法治思想。习近平法治思想来自法治实践、指导法治实践并随着实践发展而发展，法学实践"金课"在内容设计中应自觉地将习近平法治思想融入其中，特别是引导学生对"十一个坚持"中的"坚持党对全面依法治国的领

---

[1] 法治中国建设规划（2020—2025年）[EB/OL].[2021-01-18].http://www.gov.cn/zhengce/2021/01/10/content_5578659.htm.
[2] 教育部关于印发《高等学校课程思政建设指导纲要》的通知[EB/OL].[2021-12-18].http://www.gov.cn/zhengce/zhengceku/2020-06/06/content_5517606.htm.

导""坚持以人民为中心""坚持中国特色社会主义法治道路"等论述要有深切体认,帮助学生真正形成不脱离中国实际的法治观、正义观。

二是社会主义核心价值观。社会主义核心价值观是当代中国人在价值观念上的"最大公约数",是沟通当前法治与德治的重要纽带。在法学院校中践行社会主义核心价值观既是一项政治任务,也是实现社会有效治理的实践需要。因为在社会生活中有不少纠纷和问题是处于法律与道德的"中间地带",将社会主义核心价值观教育引入法学实践"金课",有助于帮助学生了解社会治理的多面性和复杂性,并在研习"良法"的过程中充分感受"善治"的价值和魅力。

三是"德法兼修"的职业素养。高素质法治人才的养成既要掌握精湛的法律技能,又要具备"德法兼修"的职业素养。在法学实践"金课"打造中,既可通过邀请优秀法官、检察官、律师等法律人进校园来向学生分享其执业的心路历程和点滴感悟,又可安排学生到法律实务部门走访参观,近距离地感受优秀法律人的职业风采,以此帮助学生坚定法治信仰,增强职业责任感和自豪感。

(二)开展创新创业教育,推进实践"金课"的交叉融合

创新创业脱胎于国务院2014年所倡导的"大众创业、万众创新",即"双创",一经提出就点燃了亿万国人的创新热情和创业激情。青年大学生是支撑未来经济社会发展的生力军,他们的创新创业意识和能力得到了党和国家的高度重视。2018年9月,国务院发布的《关于推动创新创业高质量发展打造"双创"升级版的意见》再次肯定了创新创业的重要意义,意见指出:"创新创业与经济社会发展深度融合,对推动新旧动能转换和经济结构升级、扩大就业和改善民生、实现机会公平和社会纵向流动发挥了重要作用,为促进经济增长提供了有力支撑。"①意见还专门就强化大学生创新创业教育培训作了要求和部署,提出在全国高校推广创业导师制,把创新创业教育和实践课程纳入高校必修课体系,允许大学生用创业成果申请学位论文答辩。

经过几年的努力,创新创业教育在中国高校已经取得了长足发展。我们必须正视的是,这种发展依然是不系统、不平衡的,这表现在不少高校创新创业教育的课程体系还不健全,包括法学在内的人文社科专业学生参与创新创业教育的人数较少,热情不高。人文社科专业学生虽不像理工科学生那样具有从事创新创业活动的"技术优势",但并不代表人文社科专业学生就可以忽视创新创业对社会经济发展的重要推动,更不代表他们不需要具备创新意识和创业精神。我们可以在法学实践"金课"打造中为法科生尽快补齐创新创业教育这一短板。一方面,

---

① 国务院关于推动创新创业高质量发展打造"双创"升级版的意见 [EB/OL].[2021-01-18].http://www.gov.cn/zhengce/content/2018-09/26/content_5325472.htm.

我们可在课程中及时向学生介绍因创新创业活动所催生的新模式、新业态，引导学生积极思考由此可能带来的法律风险，并对规避或化解此类风险提出合理化的法律建议。另一方面，我们在课程中也可向学生展现因创新创业活动所形成的新理论、新方法，鼓励学生借此多开展跨学科交叉研究，丰富知识结构。此外，我们还可组织学生积极参与中国国际"互联网+"大学生创新创业大赛、中国创新创业大赛、"创青春"中国青年创新创业大赛等高水平赛事，通过"以赛促学""以赛促教""以赛促创"，激励学生扎根中国大地，了解国情民情，锤炼意志品质，增长智慧才干。

（三）注重劳动教育，放大实践"金课"的育人效应

近年来，中央和教育部对劳动教育多有强调和部署。目前劳动教育已成为国民教育体系的重要内容，具有树德、增智、强体、育美的综合育人价值。教育部2020年7月印发的《大中小学劳动教育指导纲要（试行）》强调了劳动教育的思想性、社会性和实践性，并要求"必须加强学校教育与社会生活、生产实践的直接联系，发挥劳动在个人与社会之间的纽带作用，引导学生认识社会，增强社会责任感"，"必须面向真实的生活世界和职业世界，引导学生以动手实践为主要方式，在认识世界的基础上，获得有积极意义的价值体验"[①]。在高校开展劳动教育意义重大，正如刘向兵所指出的："高校加强劳动教育，既能引导新时代大学生努力学习科学文化知识、练就过硬本领，又能教育大学生坚定理想信念、锤炼高尚品格、培育劳动情怀，自觉把人生理想、家庭幸福融入国家富强、民族复兴的伟业之中，建构个人与集体、个人梦与中国梦、小家与国家民族融合统一的发展共同体和命运共同体，最终推动在广大青年学生的接力奋斗中实现伟大复兴中国梦。"[②]

法学院校也应结合学科专业特点积极开展劳动教育，在法学实践"金课"的打造中，可以通过三个层面来设计劳动教育的相关内容。一是在日常生活劳动层面，可与学工团队、学生家长加强协作，将学生在宿舍、教室等公共领域参与劳动情况以及居家分担家务情况纳入法学实践"金课"的考察范围，督促学生养成公共意识和劳动习惯。二是在生产劳动层面，法学院可与工厂、车间、农场等建立广泛联系，组织学生根据个人兴趣爱好，"宜工则工、宜农则农"，让学生在参加生产劳动实践中感知法的社会性和生命力。此外，法学院还应引导法科生树立正确的择业观，激励大家毕业后到法治建设基础相对薄弱、法治人才更为短缺

---

① 教育部关于印发《大中小学劳动教育指导纲要（试行）》的通知［EB/OL］.［2021-01-18］.http：//www.moe.gov.cn/srcsite/A26/jcj_kcjcgh/202007/t20200715_472808.html.
② 刘向兵.新时代高校劳动教育论纲［M］.北京：社会科学文献出版社，2019：5.

的艰苦和边远地区建功立业，将个人法治理想与中国法治事业的整体进步紧密结合起来。三是在服务性劳动层面，法学院可充分利用消费者权益保护日、世界环境日、宪法宣传周以及寒暑假等时间节点，组织学生到社区、学校等场所积极开展普法宣传，投身法律公益活动，令学生在参与法律服务中感受劳动的快乐和奉献的价值。

在法学实践"金课"劳动教育资源整合方面，法学院可号召师生向获得过"全国劳动模范""全国先进工作者"等荣誉称号的优秀法律人学习，如与知识产权审判事业共同成长30年并获"'三八'红旗手""全国劳动模范""最美奋斗者"等荣誉称号的宋鱼水法官，用司法救助助力脱贫攻坚并获"全国先进工作者"等荣誉称号的王志勇法官，被誉为新疆昌吉州"反腐斗士"并获"全国五一劳动奖章"的丁殿勤检察官，致力于普法宣传、热心公益事业并获"全国劳动模范"荣誉称号的刘畅律师等，都是其中的杰出代表。通过学习他们的先进事迹和优秀品格，让"劳动"在法学教育中变得更加形象、具体，从而释放更多的育人效应。

论高校教师党支部在课程思政建设中的作用

李璐玲[*]

【摘要】 高校教师党支部在课程思政建设中能够发挥积极作用，为其提供坚强的组织保证；同时，课程思政建设也能成为高校教师党支部建设的新载体、新途径。党支部应在高校课程思政建设中起到战斗堡垒的作用，充分发挥专业课教师的能量，确保党员教师的模范带头效应，调动起全体教师参与的积极性；通过多种形式将教学、科研和育人的高校中心工作、课程思政建设及基层党支部建设三者协调起来，相互促进，共同发展。

【关键词】 教师党支部　课程思政　支部建设　三全育人

自 2019 年下半年首都经济贸易大学全面开展课程思政建设工作以来，法学院教师第一党支部在校院两级党委的正确领导下，以教育部《高等学校课程思政建设指导纲要》（以下简称《纲要》）为指导，认真落实学校关于"三全育人"和课程思政建设文件，特别是《关于推进教师党支部落实课程思政建设制度化的实施意见》的要求和精神，在推动课程思政建设中充分发挥了基层党支部的战斗堡垒作用。回顾总结近两年来的工作，我们认为教师党支部在课程思政建设中大有用武之地。

一、解读文件，明确认识，凝聚精神

此前为大家所熟知的是思政课程，而对于什么是课程思政，专业课教师如何开展课程思政，课程思政如何评价等，这些问题无一不是我们面对课程思政建设

---

[*] 李璐玲，法学博士，首都经济贸易大学法学院副教授。

之初的疑问。在这种情况下，支部先后数次通过支委会、支部组织生活会等形式集体学习了习近平总书记在全国高校思想政治工作会议上的讲话、在北京大学师生座谈会上的讲话、在全国教育大会上的讲话、在学校思想政治理论课教师座谈会上的讲话等重要精神。在学习这些重要讲话的基础上，领悟习近平总书记对专业课教师开展思政教育的指示精神，领悟课程思政建设的目的和重大意义，树立"守好自己的渠，种好自己的责任田"的坚定决心。后续对教育部《纲要》的学习则让教师们更加系统地认识了课程思政的内涵；同时，结合学习习近平总书记在中国政法大学的讲话、在中央全面依法治国工作会议上的讲话精神，我们对法学专业开展课程思政建设的要义和关键有了更明确的认识和更深入的理解。

二、支委带头，党员先行，全员共进

支委会充分发挥支部领导核心作用，根据学校和学院的工作部署，及时召开支委会商定支部工作计划，在积极落实上级各项工作安排的同时，形成符合法学专业特点、符合支部所在教研室学科特点的课程思政建设方案。与此同时，支委成员以身作则带头研习、实践课程思政，分别成为校级示范课程的主讲人、院课程思政教学比赛一等奖获得者、校级课程思政项目主持人，为支部及所在教研室推动课程思政建设开了个好头。

支部党员无论是专业课教师，还是行政教师都积极参与到课程思政建设工作中来，在全体教师中形成良好的示范作用。目前支部有75%的专业课教师承担了校院两级课程思政示范课程、案例和项目建设。不到两年的时间，共获批两门校级课程思政示范课和七门院级课程思政示范课；获得两项校课程思政案例设计项目的立项。此外，支部教师在课程思政建设的研究中也进行了有益的尝试和探索，先后有五人次主持校级课程思政教改课题和党建课题。六位教师参加学院课程思政教学设计比赛，占学院参赛人数的一半；两位一等奖获得者魏庆坡老师和兰燕卓老师均来自本支部所在教研室。

此外，行政教师一同参与课程思政建设，努力践行全员、全程、全方位育人的"三全育人"理念。辅导员王漪鸥老师、教学秘书刘影老师和办公室主任李春媛老师都充分利用担任班主任与学生接触多、距离近的交流机会，为他们排解生活中的困难、就业中的压力。同时，听取他们对教师课堂讲授、论文修改、竞赛指导等工作的意见和心声，为专业课教师课程思政建设提出了很多有启发性和实践性的好建议。支部还鼓励党员教师利用自己的资源和特长为课程思政建设添砖加瓦，其中张鹏老师积极促成了学院党委和国家京剧团党支部的联合座谈活动，王漪鸥老师充分利用校友资源带学生走出课堂、走向基层接受教育。

同时，支部也积极发挥战斗堡垒作用，带动所在教研室非党员教师共同推进课程思政建设。每学期召开的课程思政建设实践研习会、每学年召开的课程思政建设成果研习会，支部都会邀请非党员教师参与发言讨论、经验交流，非党员教师中也涌现了以兰燕卓老师为代表的在校课程思政教学设计比赛中名列前茅的教学能手。更重要的是，由此形成了以教师党支部为核心的、由具体部门法律教研室为支撑的基层课程思政建设机制，初步形成了"课程门门有思政，教师人人讲育人"的良好氛围。

三、拓展资源，丰富形式，多维推动

为进一步挖掘、拓展更丰富的课程思政教育教学资源，本着"教育者先受教育"的理念，支部结合党史学习教育活动，先后组织教师前往陶然亭公园缅怀高君宇烈士；到梅兰芳大剧院观看"红心永向党国家京剧院展演"剧目；参观"周总理家风图片展"。活动期间，党员教师聆听党史研究学者、国家一级演员在党史研究、红色剧目演出中的感受；感受老一辈无产阶级革命家心底无私、天下为公的高尚人格。由此，党员教师对将党史教育融入课程思政建设有了全新的认识，对将社会主义核心价值观融入教学有了更深刻的思考。

活动后，教师们也把自己所受的教育在第二课堂中以讲主题党课、带领学生参观、与毕业生党支部开展联合座谈等方式传递给学生，由此进一步拓展了课程思政建设的方法和途径。

具体到第二课堂的课程思政建设，鉴于支部覆盖国际法专业教研室，因此教师们充分利用教研室的团队优势，以学科竞赛为路径，积极探索课程思政在优秀法律人才培养中的积极作用。截至目前，支部所在教研室的教师们先后承担了七个全英文模拟法庭竞赛和一个中文模拟法庭竞赛的指导工作。各级各类模拟法庭竞赛以赛题综合性强、难度高、时间紧、强度大为特点，在指导学生备赛的过程中不仅提高了学生的专业能力，也很好地培养了学生不怕困难、勇于挑战、充满自信的意志品质。这种精神在2020年疫情肆虐的竞赛备赛中得到了很好的体现，学生们克服种种不利因素积极备赛。特别值得一提的是，首都经济贸易大学法学院在北京大学生模拟法庭竞赛中以全胜成绩获得北京市一等奖，实现了历史性突破；支部党员高洁老师，所在教研室的刘迎泽、张兴老师作为本次赛事的主要指导教师与学生并肩作战，本身即是最生动的思政教育。

此外，支部以学生毕业为契机，与毕业生党支部开展联合主题党日活动。其中2019年举办了主题为"传承五四精神 谱写青春篇章"的师生座谈会；2020年疫情期间也克服困难与学生相聚云端，共话初心与使命；2021年则结合党史学习教育活动，开展了主题为"重温百年历程勇担毕业使命"的座谈会。支部党员教师在百忙之中悉数参加会议，借此机会寄语毕业生党员，以自己的亲身经历和感受为学生未来发展建言，鼓励大家将个人价值、社会发展和国家进步紧密结合起来，在历史前进的洪流中实现自我升华。联合座谈的交流方式得到历届毕业生的积极响应和良好反馈；同时，座谈中学生反映的意见和建议也为学院发展注入了新的动力。

四、广泛交流，及时总结，指引未来

相较于以往各项教学科研工作，课程思政建设算是一项新领域，是一个可以将教学、科研和育人有机结合的"试验田"。如何提取一门课程中的思政元素、如何将之恰如其分地融入课堂，这些对每个教师而言可能都是新话题，勤交流、多切磋无疑是提升的好途径。支部为搭建有关交流平台做了很多积极的工作。

在2019年学院刚被学校确定为课程思政建设试点单位之际，支部即召开了课程思政建设实践研习会议，由国际法课程的主讲教师朱路和魏庆坡就国际法课程思政建设畅谈想法。建设初期大家都是"摸着石头过河"，但此次研习会议为大家碰撞思想、切磋技法开了个好头。2021年，支部结合学院的课程思政教学设计比赛举办了课程思政成果研习会议，所在教研室参赛的六位教师在会上进行了经验交流，其他教师也充分参与讨论，发表见解。除了技术层面的问题，大家针对法学专业开展课程思政建设提出了更宏观的看法，为下一步工作指明了方向。此外，支部也充分利用学院、学校和北京市三级青教赛备赛、比赛的机会，组织教师观摩参赛教师授课，帮助其打磨课程设计，以赛促建，以少数人比赛带动多数人参与，在实战中共同体察课程思政的美妙、增强课程思政的力量、完善课程思政的建设。

同时，支部教师积极参加校院两级有关交流活动。2019年12月，法学院四位教师在院党委联合校党委宣传部、教师工作部举办的"共话课程思政"活动中做经验交流发言。2021年6月在法学院"师德师风大家谈"活动中，魏庆坡老师作为优秀青年教师代表汇报了其在课程思政建设、教学演示赛中的体会。笔者也作为教师党支部书记代表参加了学校党委关于"三全育人"和课程思政建设文件征求意见的会议，在会上发表意见，聆听了校党委书记关于学校开展课程思政工作的指示，并把会议精神带回支部学习中去。

五、小结

通过将近两年的实践摸索，我们充分认识到，应当将课程思政建设与教师党支部建设相结合，这样既可以为课程思政建设提供坚强组织保证，也能使课程思政建设成为加强教师党支部建设的新载体、新途径，为教师党支部发挥战斗堡垒作用拓展新平台、注入新活力。充分利用第一课堂的主渠道，重视第二课堂的角色，充分发挥专业课教师的能量，确保党员教师的模范带头效应，调动全体教师参与的积极性，通过多种形式协同教学、科研和育人的高校中心工作与课程思政建设、教师党支部建设。

法理学课程思政建设若干问题的思考

陈寒非[*]

【摘要】法理学是法学专业的基础理论课程,在课程思政建设中发挥基础性作用。法理学课程思政的建设理念主要包括两个方面:在马克思主义法理学的国际化进程中形成的重大理论成果是法理学课程思政建设的指导性思想,案例教学是法理学课程思政建设的重要理念。法理学课程思政的方案设计需要从文本依托和案例分析两个方面挖掘思政元素,立足经典文本,进行文本解读,同时结合案例教学,选取经典案例进行分析。从法理学课程思政建设理念、教学方案设计以及教学方法出发,进而总结提炼法学专业课"课程思政"五步教学法,即"明确教学目标""教学方案设计""教学手段的创新与选取""教学效果的评价与巩固""第二课堂的拓展与延伸"。

【关键词】法理学　课程思政　教学方案　五步教学法

改革开放四十多年来,随着社会经济的发展,价值观和思想文化日趋复杂多元,古今中外的各种思想相互交织渗透,新形势下如何加强大学生思想政治教育,以对大学生进行正确价值引导,成为当前高等教育中重大且紧迫的问题。2016年12月7日,习近平总书记出席全国高校思想政治工作会议并发表了重要讲话。习近平总书记强调要用好课堂教学这个主渠道,各类课程都要与思想政治理论课同向同行,形成协同效应。习近平总书记的讲话为高校思想政治教育指明了方向,即充分发挥多学科及其专业课程的优势,打破长期以来思想政治教育与专业教育相互隔绝的"孤岛效应",将立德树人贯彻到高校教学全过程、全方位、全员之中。

2020年6月1日,教育部印发的《高等学校课程思政建设指导纲要》(以下简称《纲要》)指出,全面推进课程思政建设是落实立德树人根本任务的战略举措,课程思政建设是全面提高人才培养质量的重要任务,要求"明确课程思政建设目标要求和内容重点""科学设计课程思政教学体系"。《纲要》对法学类

---

[*] 陈寒非,法学博士,首都经济贸易大学法学院副教授、硕士生导师。

专业课程的课程思政建设提出了明确要求:"要在课程教学中坚持以马克思主义为指导,加快构建中国特色哲学社会科学学科体系、学术体系、话语体系。要帮助学生了解相关专业和行业领域的国家战略、法律法规和相关政策,引导学生深入社会实践、关注现实问题,培育学生经世济民、诚信服务、德法兼修的职业素养。"法理学是法学专业的基础理论课程,在课程思政建设中需要发挥其基础性地位。本文结合教学实际,从课程思政建设理念、方案设计和教学实践三个方面进行论述,目的是为法理学课程思政建设提供参考。

一、法理学课程思政的建设理念

法理学(Jurisprudence)是以整个法律现象的共同发展规律和共同性问题为研究对象的学科。古罗马法学家塞尔苏斯(Celsus)曾言:"法是善良与衡平的技艺"。法理学关乎法的本体论、方法论、价值论、演进论、运行论等诸多重大理论问题,其核心即围绕"善良与衡平"展开,同时也围绕"技艺"进行系统性铺陈。法理学课程具有理论性、法律性、政治性等特点。法理学的理论性特点,是指立足古今中外法学理论,尤其是马克思主义法学基本原理;法理学法律性特点,是指总结概括部门法学及法现象的一般性规律,面向法律实践,指导法律实践;法理学政治性特点,是指集中反映新时代中国特色社会主义法治理论与实践的成果。正因为如此,法理学课程思政建设应立足法理学自身的特点,结合课程涉及的理论资源进行建设。

法理学课程思政的建设理念主要包括两个方面。

第一,马克思主义法理学中国化进程中形成的重大理论成果是法理学课程思政建设的指导性思想。马克思主义法理学经过了三次历史性飞跃,不同时期形成了不同的法理论成果。马克思主义法理学中国化进程的第一次历史性飞跃是从中华人民共和国成立到改革开放前,在此期间形成了毛泽东法律思想。毛泽东法律思想是毛泽东思想的重要组成部分,是以毛泽东同志为主要代表的中国共产党人运用马克思主义法律观的一般原理来解决中国革命和建设中的法律问题的具体产物。在此期间完成了第一次法律革命,制定了五四宪法等一系列社会主义性质的法律。马克思主义法理学中国化进程的第二次历史性飞跃为改革开放到党的十八大之前,在此期间形成了邓小平法治理论、"三个代表"重要思想、科学发展观等法治指导思想。此期间形成了一系列法理论成果,如"民主与法制""法治与人治""法治与法制""实行依法治国,建设社会主义法治国家""依法治国与党的领导""市场经济与法治建设""依法治国与以德治国""依法执政观""和谐法治观""社会主义法治理念"等。马克思主义法理学中国化进程的第三次历史性飞跃是党的十八大召开至今。在此阶段，中国特色社会主义进入新时代，以习近平同志为核心的党中央从坚持和发展中国特色社会主义全局出发，形成一系列治国理政新理念、新思想、新战略，把全面推进依法治国、加快建设法治中国放在中国特色社会主义"五位一体"总体布局和"四个全面"战略布局中来把握，作为事关党和国家长治久安的重要议程加以谋划和推进。第三次飞跃的标志性成果就是习近平法治思想，习近平法治思想凝练概括的"十一个坚持"是我国法理学乃至整个法学研究、法律实践的指导思想。总体而言，马克思主义法理学中国化进程的三次历史性飞跃中形成的理论成果不仅是法理学的重要理论来源，也是法理学课程思政建设的重要指导思想。

第二，案例教学是法理学课程思政建设的重要理念。一般认为，法理学属于抽象的理论法学范畴，对实践的指导性并不明显，这也就使得课程建设过程中出现偏重于理论讲授，弱化案例分析的结果，学生对法理学课程学习的兴趣并不高。法理学课程思政建设应先提升课程兴趣程度，只有在此基础上才能谈及课程思政建设问题。2017年5月3日，习近平总书记考察中国政法大学时对法学教育和法治人才培养提出了明确要求，指出"法学教育要处理好法学知识教学和实践教学的关系。学生要养成良好的法学素养，首先要处理好法学知识教学和实践教学的关系。学生要养成良好的法学素养，首先要打牢法学基础知识，同时要强化法学实践教学"。因此，法理学教学以及课程思政建设过程中要注意与部门法学的互动关系，立足案例教学理念，尤其是用法理学基础理论分析区别于教学的疑难复杂案例。在案例的选择上，法理学课程思政应突出关乎"国家战略、法律法规和相关政策"、涉及"社会实践、关注现实问题"以及着重培育学生"德法兼修"职业素养等要求的司法案例。通过案例教学，使得学生理解中国法治实践，进而培养学生的理想信念、家国情怀、人文素养、专业素质、职业伦理等。

二、法理学课程思政的方案设计

《纲要》要求："专业课程是课程思政建设的基本载体。要深入梳理专业课教学内容，结合不同课程特点、思维方法和价值理念，深入挖掘课程思政元素，有机融入课程教学，达到润物无声的育人效果。"课程思政建设及其方案设计需要充分挖掘课程思政元素，使课程思政元素有机融入课程教学，达到润物细无声的效果。在法理学课程思政教学方案设计上，先要认真挖掘课程思政元素。具体而言，一是文本依托，即立足经典文本，进行文本解读；二是案例分析，即结合案例教学，选取经典案例进行分析。

"文本依托"需要做到立足马克思主义经典文本引出相关的知识点、立足西方法学史中的经典文本进行理论比较、立足马克思主义中国化过程中的经典文本和党的十八大以来中共中央全会公报进行阐释等。以"法的本质"讲授为例,第一步是讲授西方非马克思主义法学家关于法的本质论述,包括意志说、命令说、规则说、判决说、行为说、社会控制说等诸种学说。第二步是讨论西方资产阶级法学关于法的本质论述。总体而言,其以唯心主义或形而上学为其哲学基础,具有形式主义或神秘主义的特点,或从法的表面现象论述,或从先验的精神世界寻找法的本质等。第三步则是讲授马克思主义经典作家关于法的本质之论述。通过"本质-现象"辩证范畴,从法的现象揭示法的本质。同时要引读经典文本,如国家是统治阶级借以实现其共同利益的形式,这些"占统治地位的个人除了必须以国家的形式组织自己的力量外,还必须给予由这些特定关系所决定的国家意志即法律的一般表现形式"(《德意志意识形态》),以及"你们的观念本身是资产阶级的生产关系和所有制关系的产物,正像你们的法不过是被奉为法律的阶级的意志一样,而这种意志的内容是由你们这个阶级的物质生活条件来决定的"(《共产党宣言》)等。第四步即阐述马克思主义法学关于法的本质结构,法的初级本质,又称为法的阶级本质,即法是统治阶级意志的体现;法的深层次本质由特定社会物质生活条件决定,社会物质生活条件指与人类生存相关的地理环境、人口和物质资料的生产方式,其中物质资料的生产方式是决定性内容。在此基础上分析文本《哲学的贫困》,讲解"无论是政治的立法或市民的立法,都只是表明和记载经济关系的要求而已"这一著名论断,分析马克思主义法学关于法的本质从唯心主义到唯物主义转变。

案例分析需要从历史案例、经典案例、热点案例出发,构建出案例情境、故事情境,进行案例分析,阐明法理。例如,从汉初"辕黄之争"中引申讨论革命与秩序问题。又如,从《韩非子·五蠹》中"鲁人从君战"的故事讨论儒法家之不同、近代法治建设中家族主义与国家主义之辩。再如,从刘巧儿案中引出马锡五审判方式,讲授中国共产党领导下的司法群众路线建设问题。在案例选取上可结合社会热点、经典案例,如许霆案、延安黄碟案、于欢案、昆山龙哥案等;也可以选取指导性案例,如狼牙山五壮士案(葛某生诉洪某快名誉权、荣誉权纠纷案)。从"狼牙山五壮士案"中引申出网络空间并非法外之地,从西城区法院一审判决和北京市第二中级人民法院的二审判决中引出学术自由与英雄烈士名誉、荣誉的社会公共利益之间的关系。以文本、案例为基础,需要进一步构建情境并且进行思辨明理。例如,围绕法的价值的讨论(洞穴奇案),关于正义之讨论,中国法上正义观-社会主义核心价值。又如,围绕法律继承与移植讨论古今中西之争问题,阐释中国特色社会主义法治建设的主体性问题等。

三、法理学课程思政的五步教学法

从法理学课程思政建设理念、教学方案设计以及教学方法探索出发，进而总结提炼法学专业课"课程思政"教学模式。后续可在路径优化的基础之上，进一步提炼出的可供推广适用的"课程思政"教学模式，结合前期实践经验初步概括为"法理学（法学专业）课程思政五步教学法"。"法理学（法学专业）课程思政五步教学法"，即在实践探索、经验总结的基础上进行理论提升，形成具有推广价值的五步教学法（初步概括为"明确教学目标""教学方案设计""教学手段的创新与选取""教学效果的评价与巩固""第二课堂的拓展与延伸"五个步骤），为法学专业课程思政建设提供方法论参考。

第一步，明确教学目标。综合法学专业课和思政元素，实现"寓道于教，寓德于教，寓教于乐"的教学目标。第二步，课程思政教学方案设计。通过集体备课等方式在法学专业课程基础上选取"课程思政"为切入点，需要辨析选取比较适合融入"思政"元素的知识点。第三步，教学手段的创新与选取。可以根据不同的知识点，采取画龙点睛式、专题嵌入式、元素化合式、隐性渗透式等教学手段，通过"讲、说、辨、评、考"五个环节循序渐进地将"思政"元素引出。第四步，教学效果的评价与巩固。通过课程回顾、课堂作业、学生报告等形式检查教学效果，并根据实际情况及时进行调整和巩固。第五步，第二课堂的拓展与延伸。法学专业实践性比较强，除了一般的课堂教学之外，第二课堂教学也是不可忽视的课程思政领域，包括开展社会实践（如系列普法宣传、旁听庭审、义务法律咨询、宪法日宣讲等）、大学生课外学术科技竞赛活动、组织开展法学特色学生社团活动、暑期社会实践调查活动等。法学专业课教师在指导第二课堂时，也应注意课程思政的融入。

总之，法理学课程思政建设将马克思主义法学基本原理、中国特色社会主义法治理论、社会主义核心价值观、中华传统美德文化以及法律职业伦理等教授给学生，改革传统法学教育中以法教义学、法解释学等技术性知识为主导的教学模式，创造性地将德育、思政元素融入法学教育之中，努力在高等教育、专业教育和思想政治教育相结合形成协同效应，完善"德法兼修、素质教育与专业教育并重"的教育理论。从实际效果而言，法理学课程思政不仅可对学生进行公民教育，提升学生公民人格和公民能力，将他们培养成优秀的、高素质的公民，同时也可为社会主义法治事业建设培养出具有法治信仰、德才兼备的法律人才。

习近平法治思想融入财经类大学生课程体系研究

褚睿刚*

【摘要】将习近平法治思想融入财经类大学生课程体系中具有鲜明的时代价值。当前财经类大学生法治教育存在诸多不足,在课程设置上过度依赖思政课程,财经法专业课程重视不足,在教学内容偏重应试知识学习,缺乏深层法治思维的引导,教师队伍对习近平法治思想的学习程度不足。将宏观、广博的习近平法治思想理论体系融入财经类大学生的法学教育中,须在经济领域进行恰当的转化,从中国特色社会主义经济建设视角解读"十一个坚持",并在课程设置上加强内部协同,打通院际间的选课壁垒,并组织教师队伍对习近平法治思想进行集中学习与转化。

【关键词】习近平法治思想　财经类大学生课程体系　课程思政　学习与转化

一、问题导向

《中共中央关于全面推进依法治国若干重大问题的决定》提出,法学教育不仅强调精英教育,即"推进法治专门队伍正规化、专业化、职业化",而且要提升教育的通识性,以"增强全民法治观念,推进法治社会建设"。《中共中央关于全面推进依法治国若干重大问题的决定》指出,"社会主义市场经济本质上是法治经济"。法治教育是财经人才培养中的重要组成部分。教育部等八部门联合发布的《关于加快构建高校思想政治建设工作体系的意见》(教思政〔2020〕1号)首次将经管法三个哲社学科"连体",作为中国特色社会主义哲学社会科学的重要组成,强调"经济学、管理学、法学类专业课程要培养学生经世济民、诚信服

---

* 褚睿刚,法学博士,首都经济贸易大学法学院讲师、硕士生导师。本文系首都经济贸易大学2020年党建和思想政治工作重点课题项目"习近平法治思想融入财经人才培养课程体系研究"的阶段性成果。

务、德法兼修的职业素养"。财经人才既要精经管，也要知法治，在法治框架下"崇德尚能，经世济民""博纳敏行，知行合一"。2020 年 11 月，党的历史上首次召开中央全面依法治国工作会议，将习近平法治思想明确为全面依法治国的指导思想。习近平法治思想集中凝练概括出"十一个坚持"，是顺应实现中华民族伟大复兴时代要求应运而生的重大理论创新成果，是马克思主义法治理论中国化最新成果，是习近平新时代中国特色社会主义思想的重要组成部分。可以说，习近平法治思想的凝练为高校思政的法治教育注入了灵魂内核，亦是财经人才法治教育的核心内容。如何将习近平法治思想融入财经人才培养过程中，提升财经人才的法治意识、法治思维，使其更好地担当民族复兴与社会主义市场经济建设的时代重任，是本文的研究重点。

二、习近平法治思想融入财经类大学生课程的时代价值

作为习近平新时代中国特色社会主义思想的重要组成部分，习近平法治思想是马克思主义中国化的最新成果，是全面依法治国的根本遵循和行动指南[①]。习近平法治思想之中包含丰富且极具逻辑的财经法治内容，"既与中国深化改革、扩大开放、促进经济发展和社会进步相关"[②]，又兼具全球经济发展视野，与促进经济全球化发展的种种机遇和挑战相关。习近平法治思想的时代价值，不仅指引我国法制改革和国家治理能力和治理体系现代化的法治实践中，还在于教育宣传的育人过程中[③]。高校肩负着"学习研究宣传马克思主义、培育中国特色社会主义事业建设者和接班人的重大任务"[④]，在财经人才培养中加强法治意识形态建设，培养具有"法治知识、法治情感和法治行为能力"[⑤]的财经人才，是高校"立德树人"、参与中国特色社会主义经济建设的重要路径[⑥]。因此，将习近平法治思想及时、科学地融入财经人才培养过程中，极具时代意义。

[①] 江必新，蒋清华.习近平法治思想对宪法理论和实践的发展创新[J].法学评论，2021（2）：1.
[②] 柳文华.论习近平法治思想中的国际法要义[J].比较法研究，2020（6）：1.
[③] 陈驰，古剑.高校思政课法治教育的价值、内容与路径[J].四川师范大学学报（社会科学版），2019（4）：6.
[④] 韩宪洲.聚焦立德树人根本任务 在改进中加强思想政治理论课[J].思想理论教育导刊，2017（2）：22.
[⑤] 张晶，柳翠.全面依法治国视阈下的大学生法治教育[J].西南交通大学学报（社会科学版），2018（5）：35.
[⑥] 侯彦利，路荣，屈素一.新财经人才家国情怀培育"1347"实践育人路径探讨[J].就业与保障，2021（6）：108.

（一）时代之维：全面推进依法治国、发展现代市场经济的内在要求

全面依法治国是一个系统工程，它不能仅依赖国家通过立法改革的制度供给和少数的专业法律服务人员，"法律的权威源于人民的内心拥护和真诚信仰"①，须"增强全社会厉行法治的积极性和主动性"②。从经济领域着眼，"市场经济必然是法治经济"③，法治之于现代经济建设与发展存在诸多独特价值，如经济产权确认、经济关系规范、交易自由保障、公平竞争促进、市场行为引导等④。"现代化经济体系，是由社会经济活动各个环节、各个层面、各个领域的相互关系和内在联系构成的一个有机整体。"⑤因此，全面推进依法治国、发展现代市场经济，需要秉持体系化视角，不仅要提供科学立法、优质制度与法治行政的国家保障，还要求市场经济参与者知法、懂法与守法。财经人才拥有现代市场经济建设所迫切需要的财经专业知识，他们扎根各行各业，以自己的专业知识策动经济巨轮的平稳航行，是现代市场经济建设的深度参与者。在全面推进依法治国、发展现代市场经济的进程中，亟须大量拥有法治思维、法治知识与法治能力的财经人才。财经专业大学生是财经人才的主要代表和后备力量，大学财经类专业致力于培养专业性强的治国理政人才，未来他们将会走向公共权力行使、公共理财相关的岗位和领域，其法治素养直接影响我国法治经济的建设质量和法治中国的进程。

将习近平法治思想这一马克思主义中国化最新理论成果融入高校的财经课程之中，在潜移默化之中为财经专业学生树立、科学的法治观念，提升其法治素养，在思维上形成"依法办事"的思维习惯和从业方式。法治经济不是一蹴而就的，而应循序渐进，法治经济建设不是一种完成时态而是进行时态，不是宏观的口号空喊而是在财税、金融、会计、商贸等各行各业中进行具体落实，应重视"经世济民、诚信服务、德法兼修"财经人才的持续供给，"必须围绕学生、关照学生、服务学生，不断提高学生的思想水平、政治觉悟、道德品质、文化素养，让学生成为德才兼备、全面发展的人才"⑥。财经类大学生借助习近平法治思想的课程融入，自身的法治思维与观念得以形塑，契合全面依法治国、发展现代市场经济的内在要求，为中国特色社会主义经济建设提供不竭动力；同时，习近平法治思想可借助青年群体自身对经济整体的影响力和微观经济行为的践行力

---

① 本书编委会.十八大以来重要文献选编：中［M］.北京：中央文献出版社，2016：172.
② 本书编委会.十八大以来重要文献选编：中［M］.北京：中央文献出版社，2016：172.
③ 习近平.市场经济必然是法治经济［N］.浙江日报，2006-05-12（1）.
④ 汪习根.论习近平法治思想的时代精神［J］.中国法学，2021（1）：36.
⑤ 习近平.习近平谈治国理政：第三卷［M］.北京：外文出版社，2020：240.
⑥ 习近平.把思想政治工作贯穿教育教学全过程 开创我国高等教育事业发展新局面［N］.人民日报，2016-12-09（1）.

得以传播,并深入中国特色社会主义经济建设的各个角落①。

(二)目标之维:实现财经课程"立德树人"教育目标的必然要求

习近平总书记在一系列重大场合强调,要全面贯彻党的教育方针,坚持社会主义办学方向,以立德树人为根本,全面提升高校思想政治工作质量。党的十八届四中全会指出:"坚持立德树人、德育为先的导向,推动中国特色社会主义法治理论进教材进课堂、进头脑。""法治意识是现代人格的核心要素"②,公平、正义、权利、平等等法治精神应深植于当代大学生的人格灵魂中。德育是高校立德树人的首要任务,帮助大学生树立正确的三观,养成坚定的信仰和高远理想。法治所展现出的法律至上、权利保护、权力制约等诸多具体构成所有类型三观基础③,更与社会主义核心价值观中的诸多内涵重叠。可见,法治教育,是高校立德树人、思政教育的重要组成部分和坚实基础。财经类大学生应养成高于一般经济参与者和普通民众的法治意识,形成法律信仰。强烈的法治意识是财经类大学生在未来事业之路上行稳致远的必要条件④。这就需要以先进、科学、体系的法治思想和理论作为指引。习近平法治思想和科学发展观的法治理论既一脉相承又创新发展,集中体现了我国党在法治领域的理论创新成果,所凝练的"十一个坚持","在概念上系统集成、在话语上自成一体、在逻辑上有机衔接"⑤,兼具深刻的理论内涵与雄浑的实践伟力。因此,将习近平法治思想全面、及时、系统地融入财经类大学生课程体系中,通过思政课程和专业课程的协同创新,提升财经类大学生的基本法治素养、丰富财经法治知识,既是落实"立德树人"教育方针的应有之义,也是新时代高校思政工作的急切需求。

(三)现实之维:国际国内多重不确定性下经济稳步发展的不竭动力

从国际局势来看,"百年未有之大变局"加速演变的特征更加明显,呈现大国博弈加剧、财政赤字增加、全球经济持续萎靡的"乱象丛生、挑战上升"的全球态势⑥。国内的形势与之形成鲜明对比,经济稳中有进、稳中向好,经济结构在国家治理中不断优化,民生事业实现新改善,综合国力稳步迈上新台阶。伴随着中国的强大,一些别有用心的国家、地区和组织加紧对我国的国际性形象搞污

---

① 李婧,王亚新.新时代大学生法治精神培育的重大意义及其实践路径[J].思想教育研究,2021(1):142.
② 韦洪发,张然.论高校"思政课"法治教育功能的生成逻辑[J].思想政治教育研究,2017(4):48.
③ 韦洪发,张然.论高校"思政课"法治教育功能的生成逻辑[J].思想政治教育研究,2017(4):50.
④ 樊丽明.财政学类专业课程思政建设的四个重点问题[J].中国高教研究,2020(9):5.
⑤ 张文显.习近平法治思想的理论体系[J].法制与社会发展,2021(1):5.
⑥ 班威.变局中寻路:2019年国际形势回眸[EB/OL].[2019-12-19]https://baijiahao.baidu.com/s?id=1653340055818649026&wfr=spider&for=pc.

蔑、政权搞颠覆、经济政策搞干扰,扰乱青年人的思想即是主要方式之一①。意识形态工作"事关党的前途命运,事关国家的长治久安,事关民族凝聚力和向心力"②。大学时期是青年意识形态塑造的关键时期,大学生思维尚未成型但较为活跃,易于尝试并接受新事物,而对生活阅历的缺乏、事物本质和发展规律认知不足,使其成为别有用心的国家、地区和组织实施"西化"和"分化"图谋重点作用对象③。意识形态工作的前沿阵地在高校,以课程为重要方式宣传马克思主义,"坚持不懈地传播马克思主义科学理论,抓好马克思主义理论教育,为大学生一生成长奠定科学的思想基础"④,引导大学生"做社会主义核心价值观的坚定信仰者、积极传播者、模范践行者"⑤。习近平法治思想是顺应实现中华民族伟大复兴时代要求应运而生的重大理论创新成果,是马克思主义法治理论中国化最新成果,将习近平法治思想融入财经人才培养课题中,能够让财经类大学生在弘扬社会主义主旋律、坚定自己的理想信念的过程中,提高法治思维和法治意识,从而在法治知识的吸收过程中,巩固社会主义核心价值观。2020年新冠疫情暴发,国际形势百年变局与世纪疫情交织叠加,世界局势与全球经济的不稳定与不确定性显著上升。中国在疫情和全球经济衰减大考中展现了维持经济稳定发展的超凡能力,但此种优势局面能否持续,还仰赖拥有一定法治思维与知识的财经人才的持续供给,以使国内经济在不确定性极强的外在大环境中,依然能够依循法治的内在逻辑稳步前行。

三、财经类大学生培养中法治教育的图景描绘与反思

财经类专业是一个开放领域,主要指经济类和经济管理类专业,以为社会经济发展输送财经人才为专业培养目标。财经类大学生通过大学课程透析经济现象,再以经济现象为基点了解政治、文化等其他现象,具有视野宽阔、观念活跃的思维特点。财经类大学生更应重视法治教育,"重视科学技术与人文理性的融合,提升大学生整体综合认识问题的能力"⑥,以法学思维、法治意识与法律知

---

① 陈驰,古剑.高校思政课法治教育的价值、内容与路径[J].四川师范大学学报(社会科学版),2019(4):6.
② 中共中央宣传部.习近平总书记系列重要讲话读本[M].北京:学习出版社,人民出版社,2016:193.
③ 韩继伟,李治勇.大学生主流意识形态教育探析[J].学校党建与思想教育,2018(24):38-39.
④ 习近平在全国高校思想政治工作会议上强调:把思想政治工作贯穿教育教学全过程 开创我们高等教育事业发展新局面[N],人民日报,2016-12-09(1).
⑤ 习近平在全国高校思想政治工作会议上强调:把思想政治工作贯穿教育教学全过程 开创我们高等教育事业发展新局面[N],人民日报,2016-12-09(1).
⑥ 段明玉.财经类大学生思想行为特点及对策研究[J].长春:铜陵学院学报,2011(2):116.

识为"桎梏"，约束并规范经济从业行为。现有财经类课程体系已展现出对财经类大学生法治意识的培养意识，但法学相关课程的非体系性设置，暴露出法治教育依然作为专业教育的附属和辅助工具的不足。

（一）课程设置：过度依赖思政课程，而对财经法专业课程重视不足

从课程设置上来看，高校对财经类大学生进行法治教育的途径主要有两个：一是思政课的法律相关课程，如本科生思政四门课中的"思想道德修养与法律基础"；二是在专业课中的法学相关课程，例如北京市某财经类S高校在会计专业本科课程中开设"商法学"必修课，在税收学专业本科课程中开设"涉税服务相关法律"必修课，在经济学本科课程中开设"经济法"选修课。

思政课的全称为"思想政治理论课"，是我国高校统一开设的一套用于进行主流意识形态思想和理论教育的课程体系①。包括专、本、研三阶段的每一位大学生都须进行的思想政治教育课，主要进行马克思主义及其中国化先进理论与思想道德教育的公共课②。法治教育是思政课程建设的重要内容，"各高校重点围绕习近平新时代中国特色社会主义思想……宪法法律……等设定课程模块，开设系列选择性必修课程"，"坚持用习近平新时代中国特色社会主义思想铸魂育人，以……法治意识……为重点"，"系统进行……法治教育……"③。尽管法治教育是思政课程建设的重要内容，但公共课的课程性质决定其主讲人在财经人才培养中缺乏财经法律知识的专业性。从"思想道德修养与法律基础"课程教材中的内容来看，该课程主要包含法律的概念与历史、社会主义法律精神与体系、法治理念与法治思维等基础法律内容，并未涉及经济法、财税法、商法、公司法等财经人才所必需的财经法律知识，致使基础性法治教育有余，专业性法治教育不足。

在专业课中开设与经管专业密切相关的财经法律课程，是弥补思政课程法治教育不足的重要方式，二者协同互补，共同完成财经类大学生法学思维、法治意识与法律知识大厦的建设蓝图。现有专业课程设计暴露出对财经法专业课程重视不足的现象，特别是在本科教学阶段，主要表现在两个方面：一是财经法专业课程未能实现财经类专业的全覆盖，诸如企业管理等专业未开设财经法专业课程必修课；二是部分专业如经济学、税收学等专业虽然开设了经济法、税收相关法律案例分析等财经法专业选修课，但选修的时间基本在大三下学期或大四上学期等靠后的学期段，往往因选课人数过少而最终无法开课。本科阶段是大学生法治素养塑造的关键时期，法学专业性课程局部覆盖本科课程设置，极易导致部分财经

---

① 王爱莲.高校思想政治理论课内涵式发展研究［D］.长春：东北师范大学，2020：1.
② 王爱莲.高校思想政治理论课内涵式发展研究［D］.长春：东北师范大学，2020：22.
③ 参见中共中央办公厅、国务院办公厅印发的《关于深化新时代学校思想政治理论课改革创新的若干意见》。

类大学生法治素养的成长缓慢甚至停滞。

（二）教学内容：偏重应试知识学习，缺乏深层法治思维的引导

真正的法治不是死板地依附于法条所建构的法律制度之中，而是体现在法律制度背后所蕴含的公平、正义、秩序等价值意蕴。财经类人才所从事的财经类行业多具有专业性，通常要掌握特殊的知识体系与专业技巧。国家通过资格考试的方式检测财经类人才是否掌握专业知识，例如注册会计师考试、注册税务师考试等。法学知识几乎是各项财经类资格考试的必要组成部分。这也足见国家对财经类人才法学思维、法治意识和法律知识的重视。法学思维、法治意识和法律知识三者中，法律知识最先接触，也最易形成知识体系，教师将不同部门法规范的条文拆解、解读并重组成各个法律知识点后，以授课讲解的形式向学生传输。相比之下，法学思维和法治意识的形成并不容易，需要教师在传输各法律知识点的同时向学生解析各个知识点背后蕴含的法律价值、法律逻辑等深层法理，引导其思考问题的法律思维模式、方法和意识。换言之，法律知识以灌输式授课方式即可快速掌握，而法学思维和法治意识的形成难度较高，是在极富技巧和法理意蕴的引导式授课中潜移默化形成的。

出于高校对毕业生就业率的考量，财经法专业课程的教学大纲设置、教学方式等极易受到应试教育的授课思维影响，依照不同财经专业对应的各类资格考试中所需的法律门类和知识，安排授课内容和模式，过度偏重应试知识的学习，缺乏深层的法治思维引导。例如，北京市财经类S高校在税收学专业本科课程中开设"涉税服务相关法律"必修课，课程大纲主要围绕注册税务师考试中"涉税服务相关法律"考试科目的考试大纲进行设计，教学过程中紧密围绕考试大纲的各知识点进行应试教学；江西省财经类J高校在税务专业的硕士阶段开设"经济法"课程，课程大纲与教学同样具有极为明显的应试教育色彩，围绕注册会计师考试中"经济法"科目的考试大纲和知识点进行教学设计。

财经类大学生走进工作岗位参与国家经济建设中，法学思维、法治意识与法律知识各有其功能侧重。法律知识的应用最为直接，在具体业务中得以运用，确保财经人才能够知法、懂法，明确经济行为的法律边界。但是单纯掌握法律知识远远不够，因为法律知识的广阔性与个人学习能力的有限性必然导致在特定场景或业务中产生知识盲区，个人所掌握的法律知识不足以应对上述情形，此时需要法学思维的补足。法学思维，简单来说就是法律相关职业者特定的从业思维方式，是从业人员在决策过程中按照法律的逻辑来思考、分析和解决问题。掌握法律思维后，即便财经类人才遇到了法律知识盲点，也可遵循法律思维模式，不至于逾越法律边界。财经类人才仅仅掌握法律知识和法学思维还远远不够，"知法犯法"的情形在财经领域比比皆是，例如逃避税行为人往往更加系统地掌握

了相关法律知识和法学思维，正是借助上述突出的能力才能够实施违法行为。"知法犯法"的成因往往在于法治意识的缺失。法治意识是财经类从业人员依法从业的"守门人"，当前财经法课程缺乏对大学生法学思维和法治意识的塑造，应予重视。

（三）教师队伍：对习近平法治思想的学习程度不足

"百年大计，教育为本；教育大计，教师为本。"① 数量充足、结构合理与素质较高的教师队伍，是大学生法治精神得以塑造的关键因素②。习近平法治思想从历史和现实相贯通、国际和国内相关联、理论和实际相结合上深刻回答了新时代为什么实行全面依法治国、怎样实行全面依法治国等一系列重大问题③。"十一个坚持"是习近平法治思想的精辟概括，包括坚持党对全面依法治国的领导；坚持以人民为中心；坚持中国特色社会主义法治道路；坚持依宪治国、依宪执政；坚持在法治轨道上推进国家治理体系和治理能力现代化；坚持建设中国特色社会主义法治体系；坚持依法治国、依法执政、依法行政共同推进，法治国家、法治政府、法治社会一体化建设；坚持全面推进科学立法、严格执法、公正司法、全民守法；坚持统筹推进国内法治和涉外法治；坚持建设德才兼备的高素质法治工作队伍；坚持抓住领导干部这个"关键少数"等。将"内涵丰富、论述深刻、逻辑严密、系统完备"的法治思想融入财经类大学生的教育培养中，并非易事。任课教师是推行习近平法治思想融入的主力军，其对习近平法治思想的学习和掌握程度直接决定了习近平法治思想的传播效果④。在大学生了解并认同习近平法治思想的内容、理念与精神之前，授课教师应先系统学习习近平法治思想，领会其价值与精神。

如前所述，思政课中的"思想道德修养与法律基础"和专业课程中开设的财经法律课程是向财经类大学生进行法治教育的主要课程渠道，"思想道德修养与法律基础"与财经法律课程的授课教师承担传播习近平法治思想的时代重任和使命。在笔者访谈调研的8位上述课程授课教师中，全部教师均对习近平法治思想有所关注和学习，但真正系统学习习近平法治思想的仅有4位，占调研对象的50%，其中2位教师是基于科研等兴趣进行的自我学习，占调研对象的25%，仅有2位是通过线上"习近平法治思想专题系列讲座"等专门培训课程学习并完成规定课时。诚然，习近平法治思想是2020年底提出的马克思主义法治理论中国

---

① 参见《中共中央　国务院关于全面深化新时代教师队伍建设改革的意见》（2018年1月20日）。
② 李婧，王亚新.新时代大学生法治精神培育的重大意义及其实践路径［J］.思想教育研究，2021（1）：144.
③ 学而时习.习近平法治思想引领法治中国建设［EB/OL］［2020-11-20］http://www.qstheory.cn/zhuanqu/2020-11/20/c_1126763880.htm.
④ 汤苗苗，董美娟.高校课程思政建设存在的问题及对策［J］.学校党建与思想教育，2020（11）：55.

化的最新成果，系统提出的时间较短，相关教师对其进行系统学习的时间并不充分，但若不抓紧对习近平法治思想的系统学习和领会，提升教师自身的思想理论深度和现实针对性，就无法在课堂授课中通过各类教学手段进行转化、传播，这会直接影响财经类大学生法治教育的效果。

四、习近平法治思想融入财经类大学生课程体系的媒介与路径

法治教育是当代大学生思想政治建设的重要组成部分，习近平法治思想融入财经专业课程建设是专业思政的具体体现。所谓专业思政，就是根据学校人才培养的总体目标，在专业的人才培养目标、方案和实施全过程中，体现并融入本专业特色所蕴含的思政教育元素和功能[①]。在将习近平法治思想融入财经人才培养的课程中，应找到能够体现财经专业特色的嫁接媒介，并将其转化为能与经济、会计、管理、税收等财经专业快速融合的表现形式。

（一）财经法治因子：习近平法治思想的融入媒介

习近平法治思想的内涵广博而深远，"生动记载了我国改革开放以来持续推进依法治国的丰厚实践经验，深刻蕴含着中华民族自古至今绵延不断的宝贵治理智慧，广泛吸纳了人类社会法治文明的璀璨思想精华，科学擘画了新时代全面依法治国宏伟战略蓝图，是新时代全面依法治国的根本遵循和行动指南"[②]。将如此宏观广阔的思想理论体系融入某一具体的学科教学当中，应找到恰当的融入媒介。"十一个坚持"是习近平法治思想的"核心要义"，从中国特色社会主义经济建设的角度认识"十一个坚持"的思想内涵，围绕经济方面对应提炼习近平法治思想中的财经法治因子，是习近平法治思想融入财经人才培养课程体系的重要媒介。

"坚持党对全面依法治国的领导"，"坚持以人民为中心"和"坚持中国特色社会主义法治道路"，这三个坚持回答了全面依法治国的根本保证、根本属性与根本路径[③]，也是中国特色社会主义经济建设的根本保证、根本属性与根本路径。"坚持依宪治国、依宪执政""坚持在法治轨道上推进国家治理体系和治理能力现代化""坚持建设中国特色法治体系""坚持依法治国、依法执政、依法行政共同推进""坚持全面推进科学立法、严格执法、公正司法、全民守法"。

---

① 韩宪洲.深化"课程思政"建设需要着力把握的几个关键问题[J].北京联合大学学报（人文社会科学版），2019（2）：4.
② 张文显.习近平法治思想的理论体系[J].法制与社会发展，2021（1）：5~6.
③ 张华民.学深悟透"十一个坚持" 全面践行习近平法治思想[J].群众，2021（5）：61.

这5个坚持回答了全面依法治国，同时也是中国特色社会主义经济建设的工作重点、必由之路、发展目标和总抓手、战略布局和基本方针。"坚持统筹推进国内法治和涉外法治""坚持建设德才兼备的高素质法治工作队伍""坚持抓住领导干部这个'关键少数'"，这三个坚持分别是全面依法治国，同时也是中国特色社会主义经济建设的关键领域、组织保障和关键主体。

厘清上述逻辑关系后，可知"十一个坚持"的理论性质和特征直接反映了习近平法治思想理论体系的建构方向①，全面体现了中国特色社会主义法治经济建设的理论特色。要将这种理论特色在课程中进行体现，尚有待在经济领域进一步地转化，针对不同的财经专业可提炼出不同的财经法治因子。例如，坚持以人民为中心是全面依法治国的力量源泉，要依法保障全体公民享有广泛的权利，保障公民的人身权、财产权等各项权利不受侵犯。"人民"所包含的范围极广，在不同学科内可作不同阐释，如在财税领域即可作"纳税人"解释，与此相对应就应保障纳税人的基本权利，坚持以纳税人为中心，以"服务"理念治税而非"管理"理念管税。再如，坚持在法治轨道上推进国家治理体系和治理能力现代化，推进税收治理的制度化、程序化、法治化，充分实现征税有法、有法必依、执法必严、违法必究。

（二）习近平法治思想融入的具体路径

1.课程建设"主战场"的内部协同

将习近平法治思想融入财经类大学生课程之中，是新时代财经人才法治教育、培育法治意识的"必要动作"，更是大学生思想政治建设的重要组成部分。思政建设是一项系统工程，"要在坚持思想政治理论课作为大学生思想政治教育主阵地和主渠道的同时，深入挖掘其他各类课程的育人元素，使各类课程与思政课程同向同行，形成协同效应"②。因此，思政课程与专业课程都是习近平法治思想融入财经人才培养体系的着力点，应优化两者间的协同配合，厘清各自的功能侧重。也就是说，在思政课程中，继续以"思想道德修养与法律基础"作为习近平法治思想传播的重要渠道，以传播通识性法律知识为授课重点，以培育中国特色社会主义法治精神为侧重。专业课中，在本科阶段以必修课的形式设置法律专业课程，针对不同的财经专业可有不同的选择，如财税专业、会计专业的财税法或经济法，管理专业的经济法或商法，经济学专业的经济法等；在硕士阶段以选修课的形式设置法律专业课程，以教授财经类法律知识为主、通识性法律知识为辅，

---

① 莫纪宏.习近平法治思想"十一个坚持"的法理逻辑结构与功能透析[J].新疆师范大学学报（哲学社会科学版），2022（1）：7.

② 章忠民，李兰.从思政课程向课程思政拓展的内在意涵与实践路径[J].思想理论教育，2020（11）：62.

培育经济法治精神为侧重。

2. 学院间法学课程的沟通互连

习近平法治思想的适用范围极其广泛，在全面依法治国的背景下，各行各业均应遵循法治，高校大学生均应接受法治教育，高校内的各个专业均应为习近平法治思想提供传播渠道，财经类专业更应如此。在这之中，法学类专业尤其应当对习近平法治思想的学习与领会更为深入。2021年3月，中国人民大学法学院举办了"习近平法治思想专题系列讲座"，对全国的法学院任课教师进行师资培训。教育部办公厅发布《关于推进习近平法治思想纳入高校法治理论教学体系的通知》（教高厅函〔2021〕17号）要求推进"习近平法治思想进教材、进课堂、进头脑"，"切实将习近平法治思想纳入高校法治理论教学体系"，不仅"将习近平法治思想进行科学有机的学理转化，将其核心要义、精神实质、丰富内涵、实践要求贯穿于法学类各专业各课程"，还开设"习近平法治思想概论"专门课程，将其纳入法学专业核心必修课，并于2021年秋季学期面向法学专业本科生开设。诚然，此种法学专业课程对习近平法治思想的融入更为深入，但其讲授的法律知识点对财经类专业大学生而言过于专业，并非所有财经类大学生都有兴趣或有能力进行学习，但应给部分有兴趣或有能力的财经类大学生选修或者辅修上述课程的通道。例如，开设"习近平法治思想概论"的选修课，或允许其他专业的学生选修法学专业的"习近平法治思想概论"专门课程，并在法学辅修第二专业中设置"习近平法治思想概论"课程。

3. 教师队伍"主力军"对习近平法治思想的集中学习与转化

教师队伍是大学生思想政治工作推进的主力军，习近平法治思想"进课堂、进思想"，在大学生中得以快速、高质量传播的前提是习近平法治思想进入教师的思想之中，这既包括新理论新知识的提升，又包括对待新理论的学习和转化态度。思政课的"思想道德修养与法律基础"与财经专业法律课程是财经类大学生进行法治教育的主要课程，根据笔者的调查，承担上述课程的教师分为马克思主义学院的法学专业教师和法学院的法学专业教师。组织授课教师集中学习习近平法治思想，并推动其在课堂中采用多样化教学手段将习近平法治思想转化并融入讲授中，可高效推动教师队伍对习近平法治思想的学习与转化。当前，教育部高等教育司委托2018—2022年教育部高等学校法学类专业教学指导委员会，整合全国优质师资力量，利用"全国高校教师网络培训"平台，在全国范围内开展"习近平法治思想大讲堂"正在如火如荼地进行。"习近平法治思想大讲堂"为教师队伍开展多渠道学习习近平法治思想提供了实现路径，是帮助法学专业教师做到全覆盖学习，开展原创性研究，抓好融入式教学的重要举措。但是，由于"习近平法治思想大讲堂"由高等学校法学类专业教学指导委员会推进，因此学习该课程的还是以法学院教师为主体，而绝大多数马克思主义学院的法学专业教师并未进行培训学习,所以这种全国性的线上学习的深度是远远不够的。因此,有必要以学校为单位,组织马克思主义、法学两院法学专业授课教师进行习近平法治思想的线下学习与课程融入研讨,提升教师学习的覆盖率和学习深度。

第二章 方法探索

法学专业案例教学课程思政建设的路径探索

陶 盈[*]

【摘要】 运用法学专业课堂案例教学的主渠道，通过课程环节和教学内容的重新架构和精心设计，使专业课程与思政课程同向而行，打破长期以来两种课程教育相互隔绝的"孤岛效应"，深挖法学知识背后的人性考量，发现法律制度建设中的价值关怀与利益平衡，将课程思政的理念落实到实践教学环节之中，引导学生思考。在教授学生法律知识和专业技能的同时，弘扬社会主义法治理念和社会主义核心价值观，培养"德法兼修"的社会主义法律人才，实现立德树人、专业育人的教育目标。

【关键词】 法学专业 案例教学 课程思政 德法兼修

法乃正义之学，法学专业教育本身就涵盖了对意识形态领域的塑造和引领。在法学课堂上崇尚正义，弘扬正气，是法学教育的应有之义。采用案例研习的方式，通过贴近现实的司法案例，刻画法治文明的精神内涵，既能增添法学课程的趣味性和实用性，又能提升专业课程思政教育的亲和力，引导学生树立权利意识，自觉亲近法律，践行正义，乐于接纳"法律知识传授"与"法律价值引领"，实现专业课与思政课的同频共振、相向而行，于无声处实现"德法兼修 育人育心"的教育初衷。

近年来，笔者作为民法专业教师，通过尝试结合本学院民商法团队的在线慕课——"戏"说民商法，在民法学、侵权法、民商法经典案例评析等专业课程中采用案例教学方法，引入经典的影视案例，为学生搭建了线上线下、课内课外、理论实践相结合的学习平台。这种尝试让课程从荧屏走向生活，从法律走向人性，通过寓教于乐地讲述法律故事，深度挖掘法治文明的精神与内涵，引导学生从60余个影视案例中的民商事法律现象出发，学习10余部民商事法律规范的基

---

[*] 陶盈，法学博士，首都经济贸易大学教务处副处长、法学院副教授、硕士生导师。

础理论，涵盖了民商法学科前沿课题、司法审判的热点、难点和比较法上的经典判例。

线下课程依托的线上慕课已经先后登录中国大学MOOC网、学银在线、超星泛雅、智慧树等平台，选课人数累计超过12 000人，在新冠疫情期间，课程作为超星"示范教学包"，协助70余位教师克隆建课。课程形式和内容除了在法学领域得到认可外，还受到高校思政课教师的广泛欢迎，并进入中国人民大学、首都师范大学等高校教师的思政课堂，成为思想道德修养与法律基础公共课的有益素材。该课程作为首都经济贸易大学专业课思政建设的典型案例被《光明日报》等媒体报道，主讲教师也应邀赴中国人民大学马克思主义学院参加思政课集体备课研讨会，与人大师生分享了法学课程思政建设实践的有益经验。

课程中选用适宜的影视剧作品，紧紧围绕民生话题，回应现实关切，展望法治进展，引领学生思考：婚姻家庭如何解读？夫妻财产如何维护？婚前协议有何益处？遗产遗嘱如何托付？子女老人如何监护？精神损害如何弥补？医患矛盾如何修复？校园欺凌如何惩处？消费维权如何申诉？合同章程如何签署？公司治理如何巩固？股东权利如何角逐？……例如，从《亲爱的》一剧中的法律人形象和收养寄养制度，看法理人情的激烈交锋与法律制度的现实缺憾。从《蜗居》一剧中的第三者现象与配偶权的保护谈社会主义核心价值观和伦理道德观。从《搜索》一剧中的人肉搜索事件与网络审判现象，思考保护个人信息以及防范群体极化和网络倾泻现象的法律对策。从《我的机器人女友》一剧中的爱情故事，谈民法典立法中机器人的法律人格之争，思考法律革新对技术创新的保障。从《心术》一剧中的医患矛盾和医闹事件，探讨公平保护医患双方利益，化解社会戾气的法律方法。从《我不是药神》一剧中专利权保护与患者生命权的冲突，引导学生思索天理、国法、人情该如何兼顾。从《人民的名义》一剧中权钱交易腐败案件背后的恶意串通的合同效力，开展廉政教育，劝诫学生守底线走正道。从《乔家大院》一剧中信义为先、利取正途的晋商义利观，谈恪守中国传统文化中的美德与合同法上诚信原则的重要性。

课程讲授采用课前预习影视案例，课上结合案例教授基本法律知识，引导学生分析讨论法律问题的方式，使学生自主查阅相关法律知识解决现实中的法律问题，学生对所学知识有了更为深入的理解，并能够学以致用地解决实际问题。讲授的内容主要包括民法中的婚姻、继承、监护、收养等制度，商法中的公司、证券、保险等制度的概念、构成要件、抗辩事由、法律责任等。选讲的内容有：国内外民商事法律的历史发展、经典案例、社会影响等。对重点、难点内容采取边讲边议、学生发表等方式，通过深入浅出的讲述，使学生牢固地掌握基础知识，培养自主学习法律的兴趣和能力。

课程致力于让法律语言通俗易懂，让法理法条能接地气，以学生熟知的影视剧情节引出专业知识讲解，连通理性、感性和趣味性，拉近师生之间的距离，融入共情体验，带动共享共鸣。教师通过运用体验式教学方法，增加理论课堂的情景体验和环境带入，有效地激发了学生学习法律的积极性，加深了其对中国特色社会主义法治体系的切身感受。让法科学生在面对法律规则时，严守法律底线，牢记职业伦理，捍卫公平正义。在面对复杂案件时，以事实为依据，以法律为准绳，保持理性冷静和独立思辨，有态度有观点，不偏颇不极端。课程注重培养学生的建设性批判思维，弘扬正能量，传递社会主义核心价值观，提振司法公正的信心和制度优势的自信。既传道授业解惑，又育人育心筑梦；既让学生增长见闻和更有获得感，又在学生心中播下向善律己的种子。

观赏一部好的法律电影，其震撼力甚至强于阅读一本真实的卷宗；深挖一个好的司法案例，其教育意义更甚于阅读一沓枯燥的法条。影视剧中的法律故事可以真实地再现生活中的案例情景，生动地反映法律的作用和时代的价值观。司法实践中的经典案例可以生动地记载法律实施的成果和法治进步的印记。通过这些生动的素材，可以启发学生思索法与情的对立与统一、法律与道德的交融与冲突、公益与私益的衡平与保护、公民契约精神与权利意识的唤醒与养成、诚实信用与公序良俗的内涵与价值、医患矛盾与生态危机的防范与对策、婚姻关系与家庭责任的维系与调和等。

法学专业教育的课堂上，应当包含对知识的理性思考和对人生的感性认知，后者尤其影响青年一代对法律制度的感受和理解，而法律人才恰恰需要感性与理性的高度统一，需要世事洞察的学问，需要悲天悯人的情怀。从这个意义上来讲，法学专业课程就是要为象牙塔里的学生们打开一扇门，为循规蹈矩的法律人才打破职业思维定式的一堵墙，让每一个普通人既对法律心存敬畏行有所止，又能以法傍身勇闯天涯。

以下通过列举十例课程思政案例展示课程的设计思路和实践效果。

案例一，从 LEGAL HIGH 谈家务劳动补偿所折射的"公正""平等"思想。影片 LEGAL HIGH 以及综艺节目《奇葩说》中有关婚姻性质和夫妻地位的影视片段反映出在现实生活中，虽然很多女性对家庭的劳动付出更多，却由于经济上依附于男性，不但家庭地位较低，而且在离婚时的财产分割中也不占优势。由此，引导学生思考"离婚时女性如果提出家务劳动补偿请求是否受法律保护"这一问题。

"家务劳动补偿制度"在我国现行婚姻法中已有相关的规定，但前提是"夫妻书面约定婚姻关系存续期间所得的财产归各自所有"，也就是说，仅在夫妻实行分别财产制的前提下，离婚时才可以提出家务劳动补偿。我国民法典作为婚姻家庭法律关系的基本准则，致力于实现夫妻间权利和义务的对等，规定了夫妻应当互相尊重，夫妻在家庭中地位平等的重要内容。根据民法典之婚姻家庭编

第188条的最新规定，夫妻一方因抚育子女、照料老年人、协助另一方工作等负担较多义务的，离婚时有权向另一方请求补偿，另一方应当给予补偿。具体办法由双方协议；协议不成的，由人民法院判决。

平等原则是民法中最基础、最本原的原则，是民法体系的价值基石，指在民事活动中，民事主体的法律地位一律平等，所有具有民事主体资格的双方在民事活动中的行为均应遵循这样的准则。社会主义核心价值观中的"平等"是社会主义的本质要求，在中国特色社会主义进程中具有特殊的价值意义。社会主义制度为实现平等奠定了制度基础，社会主义社会应当将平等作为自己的价值目标和价值追求。

案例二，从《蜗居》看法律与道德的关系以及公序良俗的法律价值。在该剧中，宋太太理直气壮地找上门羞辱郭海藻，并索要宋思明送给她的钱。宋太太为什么这么理直气壮地质问海藻呢？这是因为她作为宋思明的合法配偶享有配偶权，夫妻共同财产受法律保护。在现实生活中，夫妻一方擅自将婚内共同财产赠予婚外同居的第三者引发纠纷的案件屡见不鲜，这种赠予是否有效呢？对此，法律理论和司法实务界是存在诸多争论的，有人主张"法律不问动机"，也就是说，动机违法或者违反公序良俗，并不影响后续法律行为的效力。也有人主张这类赠予违反公序良俗，违反公平原则，因而是无效的，这种观点又可以进一步区分为"全部无效"和"部分无效"的观点。区别在于，全部无效说认为，夫妻一方作出违背他方意志的重大财产处分行为，是全部无效的；而部分无效说认为，应当区分夫妻在共同财产中的份额，他人所获赠财产中有一半为有权处分，因此只应返回属于受害配偶的部分财产。

民法典第8条规定，民事主体从事民事活动，不得违反法律，不得违背公序良俗。在婚姻家庭法和继承法领域，遵循公序良俗这一社会规则体现着国家利益和社会公共利益，需要法律与道德共同予以保障。我国民法典强调对良好秩序与善良风俗的维护，鲜明地体现了时代特点，反映了时代风貌，是将社会主义核心价值观融入其中，丰富了公序良俗原则的时代内涵。

案例三，从《留夏》《离婚律师》看矜老恤幼的家庭与社会"文明"建设。影片《留夏》从孩童的视角真实记录了中国农村当下普遍存在的留守儿童和空巢老人现象，也涉及隔代抚养、亲权监护等法律问题。随着民法典的颁布，我国民法上的监护制度得到进一步完善。民法典之民法总则中将原民法通则中规定的自愿担任监护人的"关系密切的其他亲属、朋友"修改为自愿担任监护人的"个人"，并增加了"愿意担任监护人的组织"，进一步扩大了监护人的范围，原因在于随着我国公益事业的发展，有监护意愿和能力的个人和社会组织不断增加，可以成为家庭监护的有益补充，也可以缓解国家监护的压力，避免无人担任监护人的情形。每一个孩子都值得被温柔以待，是他们为父母开启了血脉延续之窗。法律可以强制其父母履行法定义务，却无法为孩子们找回缺失的爱与呵护。保护未成年人合法权益，道德教化同样不可或缺。

影片《离婚律师》中的潘小刚在与其伯父签订遗赠扶养协议后，背信弃义不承担扶养义务，企图霸占其伯父的房产，此时，被扶养人能不能行使任意解除权呢？从剧情看，潘小刚认为，遗赠扶养协议是双方法律行为，是在双方自愿协商一致的基础上成立的，它的解除也必须经过协商一致，如果自己不同意解除，大伯是无权任意变更或解除协议的。遗赠扶养协议因其具有极强的人身属性，对当事人之间的身份关系产生重要影响，所以对遗赠扶养协议不宜直接适用合同法的规定。鉴于遗赠扶养协议的目的在于保障老年人能够安享晚年，扶养方承担对被扶养方生养死葬的义务，因而对"生养死葬"义务应当做扩大理解。因为法律的目的在于保护老年人的利益，如果老年人对扶养方的扶养并不满意，应当给予老年人任意解除权，从而更好地保护老年人权益。百善孝为先，孝是人之为人的根本，也是中华民族的传统美德。诚信是人类的普遍道德要求，是文明社会道德和法律的根基。规范遗赠扶养协议的履行和解除，保护老年人权益是老龄化社会的重要课题。

案例四，基于《搜索》中的网络暴力探讨"自由"与"法治"的边界。该影片讲述了外表光鲜靓丽的女主人公叶蓝秋在被确诊为淋巴癌晚期后情绪低落，在公交车上失态霸座却意外被媒体曝光，从而引发了蝴蝶效应般的网络暴力。人肉搜索引发的网络倾泻和群体极化现象让人不寒而栗，仅仅因为隔着一个屏幕，眼见为实变得不再可靠，谦谦君子变得冷漠刻薄，猎奇心理怂恿人们更愿意相信流言蜚语，而隐身网络怂恿人们更不惧对他人的言语苛责，比起还原事实真相，在事件中宣泄个人情绪似乎更为重要，他人即地狱的可怕场景就此浮现。在大数据时代，对个人信息的保护，应当兼顾社会效益和法律效益，信息主体对个人信息权的行使，受到信息自由、公共利益和国家安全等正当目的的合理限制，应当在促进社会资源的合理利用的同时，充分发挥法律的惩戒与预防功能。

案例五，从《流星花园》的校园欺凌现象看创建"和谐、友善"的校园环境。这部电视剧中的F4，是由一批颜值爆棚的富二代集结而成的校园暴力小团伙，通过给看不惯的学生贴红纸条等方式进行示威，以宣告此人自此在学校将永无宁日。打架斗殴，言语侮辱，搞恶作剧，歧视欺负穷学生，拉帮结派排斥异己，这些行为在今天看来绝对是赤裸裸的校园欺凌行为，而在当年，这种放肆的青春和另类的耍帅却受到了很多青少年的追捧和效仿。

欺凌行为具有多样性，从言语嘲笑、孤立冷落，到侮辱谩骂、人身攻击，再到施加暴力、勒索财物等，能够侵害受害学生的健康权、身体权、人身自由权、名誉权以及性自主权等人格权利，也可能侵害其财产权利。造成的后果主要包括人身损害事实和精神损害事实，少数案件中也存在财产损害事实。而在现实生活中,相当一部分校园欺凌事件仅由教育机构内部进行处理,走上司法程序只占很小的比例。再加上对未成年人的处罚相对较轻,导致校园欺凌行为无法得到有效遏制。对于施暴者而言,罚不当罪,对于帮助者而言,法不责众,弱者的无奈与法律的悲哀让人心寒。侵权法是解决校园欺凌问题的利剑,但如何让利剑出鞘,让法条激活,让每一个孩子都能沐浴公平正义的阳光,是法律人需要深思的课题。

案例六,从《我不是药神》中的山寨文化看知识产权护航下的民族富强。影片《我不是药神》中的印度仿制药被称为德国正版"格列宁"的山寨药,由于侵犯了德国正版药的专利权而受到禁止。所谓的专利权,是知识产权的一种,指的是发明者就其技术发明所享有的专有权利。专利权的客体主要包括发明、实用新型和外观设计。影片中德国"格列宁"的研发者作为专利权人,对其专利药品的制造和销售享有法定的排他权,有权利限制别人对其专利的抄袭仿冒。法律之所以要大力保护这种权利,目的就在于保护他人的智力成果,因为每一瓶药品高昂的价格背后是巨额的研发成本,只有尊重产权人的劳动付出,才能让他们有动力投身研发,促进科技进步、社会发展和民族富强。

《我不是药神》并无意抹黑专利权以及知识产权法律制度,但是专利权的排他使用的确与社会底层患者的现实需求产生了尖锐的矛盾,甚至诱发了专利保护和人命谁更重要的质问。理性地说,要解决这一问题是不能对个体进行道德绑架的,无论是牺牲专利权人的合法权益,还是指望有更多的程勇出来扶贫济困、仗义疏财,都不是长远之计,政府主导的社会保障体系和保险制度应当在其中发挥更大的作用。换句话说,法律惩治制假售假的药贩子是没错的,保护付出心血的发明人是正当的,社会福祉的全面覆盖和精准救济才是此时此刻最该挺身而出的。知识产权作为一种无形财产权正在受到全世界的重视,中国也在短时间内建立起了较为完善的知识产权法律体系,彰显了知识产权保护的决心。尊重原创杜绝抄袭的理念应当植入每一个人的心中,从每篇论文、每部作品、每个产品、每个人开始,这是法治进步的标志,也是文明发展的动力。

案例七,从《乔家大院》中的经商之道看"诚信"的价值。电视剧《乔家大院》是以山西乔家大院为背景,以历史上有名的晋商乔致庸的传奇经历为主线的古装商战剧。影片中有这样一个故事,乔致庸发现包头"复字号"下属店铺"通顺店"油坊的伙计在胡麻油中掺假出售,便立刻向买到掺假胡麻油的顾客赔礼道歉,决定将这批胡麻油以每斤一文的价钱卖给人做灯油;凡是到通顺店买过胡麻油的客人,都可以到店里全额退银子;除此之外,还可以低价买到不掺假的胡麻油。乔致庸通过自曝其短、让利于客赢得了顾客的信任,也挽回了乔家老字号的声誉,体现了晋商秉持的、信义为先、利取正途的经商之道。

虽然俗话说"无奸不商",但以晋商和徽商为代表的中国历史上最成功的地方商团,无一不是以诚信作为立业之本。"以义制利,义利并举"的义利思想为晋商所推崇，而秉持"讲道义，重诚信，财自道生，利缘义取"的徽商也有着同样的商业价值观。诚实守信不但是重要的商事习惯，而且是民商法领域的"帝王规则"，并被明确写入民法典。作为合同法的基本原则，它不仅确立了合同主体的行为规范，而且是判定合同效力、确定违约责任与缔约过失责任的重要基础。

案例八，从《人民的名义》谈职业伦理道德与"敬业"精神的重要性。2017年，一部当代反腐题材的电视剧《人民的名义》引发收视热潮，影片聚焦官场打虎、国企改革、金融反腐等热点话题，剧情从官场上的权术之争，延伸到商战中的权钱交易，剑指中国式腐败的制度根源，不但是一部难得的当代官场现形记，也是一部精良的商海浮沉录。影片中的一起腐败案件，是汉东油气集团总经理刘新建，充当赵瑞龙旗下公司的长期利益输送者，与赵瑞龙合谋侵吞挪用国有资产高达7亿元。

该剧中，国企老总刘新建以股权投资款的名义，批了6亿元给赵瑞龙的龙吟公司，用以投资上市公司ST电卡股份进行资产重组，但结果油气集团的账上却没有一股电卡的股份。对此，刘新建解释是因为赵瑞龙的龙吟公司增发以后有钱了，不让他们参加投资了，电卡股票从两元涨到80多元，龙吟公司白赚了9亿多元。刘新建当然知道ST重组成功后股价翻倍的案例非常常见，他这种拿国有资产做亏本买卖的行为显然是在进行利益输送。肮脏的政治腐败就这样披上了合法交易的外衣。刘新建的行为不但有违职业伦理道德，而且触犯了刑法，从民法角度来看，国企老总刘新建所在的汉东油气集团与赵瑞龙的公司恶意串通，侵吞国有资产，主要是通过汉东油气集团给赵瑞龙的公司进行股权投资进行的，但是这种股权投资协议在法律上应当认定为无效协议，因为其明显以合法形式掩盖非法目的，恶意串通损害国家利益的行为。

案例九，从《永不妥协》看人与自然"和谐"相处的可持续发展观。影片中所讲述的故事是1993年美国加州发生的一起真实的铬污染事件。在律师事务所打工的单身母亲埃琳，偶然在一堆文件中发现了一些可疑的医药单据，怀疑当地社区隐藏着重大的环境污染事件，而可怕的是居民们尚未察觉。艾琳通过多方调查，了解到是一家电力公司的冷却塔做防锈处理的废水中含有六价铬，而废水处理池池底没有进行防漏处理，废水通过池底渗入地下水，严重侵害了当地居民的健康。埃琳还掌握了电力公司总公司知道分公司违法排污的证据。通过挨家挨户地走访，埃琳用自己的行动赢得了全体居民的信任，得到了600多人的签名支持，打赢了这场水污染的官司，并为居民们获得了3.33亿美元的赔偿，创造了美国历史上同类民事案件的赔偿金额之最，用无比坚韧和永不妥协的精神证明了一个弱女子爆发出的强大力量。

对环境侵权的放纵是对子孙后代的辜负，是为人父母的失信和不作为。绿水青山就是金山银山，是用来传承的，不能消逝在哪一代人手中。写满权利的民法典覆盖每一寸国土，拿起法律的武器守卫家园，是我们这代人义不容辞的责任。

案例十，从《中国合伙人》看规则意识、"民主"决策和程序正义的重要性。电影《中国合伙人》是以新东方俞敏洪等人的创业历程为背景拍摄的，创业路上三个好友同心协力、克服万难的故事非常励志，可是等到公司经营颇有起色后，围绕公司的发展方向，创始人团队出现了分歧，正如影片中王阳在婚礼上苦笑着说"千万不要和最好的兄弟合伙开公司"。

影片中有一幕是成冬青要增发新股，于是召集员工召开股东会议，会上孟晓骏公然与成冬青叫板，成冬青为保证自己的权威，公开强调我才是新梦想最大的领导者，但没想到也遭到了孟晓骏的反驳。看到这里，中国合伙人不能合伙的原因已经很明显，那就是团队之间往往缺乏明确的合作规则和控制权归属，谁都想说了算但却谁都说了不算，一遇到分歧最终只能不欢而散。影视剧中的商战情节每天都在现实中发生着，无比生动地告诉了我们公司运作的精髓在于分权制衡，而这也是公司法的基本原则。运用好公司法的知识，有助于我们规避公司运营中的法律风险，并在法律允许的范围内合理追求利益的最大化。

课程思政融入国际法课程的教学探索与实践

魏庆坡[*]

【摘要】 法学教育本身就是对意识形态的塑造和完善，而国际法在百年未有之大变局背景下更应担负起大国崛起的制度重器之责。在"全员、全程、全方位育人"的理念下，本课题结合国际法中的部分"西方底色"和"丛林属性"，强调通过科学的课程设计和有效的教学环节在国际法课堂教学中嵌入中国国际法治观引导，提升思政教育的有效性。内容上，将国际法的知识与思政元素进行高度结合乃至融合，既确保专业课程内容，又具备相应的思政内容，形成一门充分融合思政元素的国际法课程，具体落实立德树人目标明确、措施具体、效果明显的成熟高效的思政示范课程。最终实现"知识传授"与"价值引领"相融合，厚植爱国主义情怀，建立学生对中国特色社会主义的"四个自信"，激发学生对国家的认同感与自豪感，为"法治中国"培养"德法兼修"的建设者和接班人。

【关键词】 课程思政 国际法 立德树人 探索与实践

课程思政建设是落实立德树人根本任务的战略举措，是建设高水平人才培养体系的基础工程，是构建全员全程全方位育人大格局的关键环节。习近平总书记在2016年全国高校思想政治工作会议上明确提出"各类课程与思想政治理论课同向同行，形成协同效应"[①]，把"立德树人"作为教育的根本任务，这为高校破除思政教育"孤岛"困境，改变思政教育与专业教学"两张皮"现象提出了要求和思路。

在世界处于百年未有之大变局背景下，在国际法教学中要清楚地认识到我国是最大发展中国家的基本国情，坚持中国特色社会主义的道路和理念，发掘弘扬

---

* 魏庆坡，法学博士，首都经济贸易大学法学院副教授，硕士生导师。
① 习近平.习近平谈治国理政：第二卷［M］.北京：外文出版社，2017：378.

博大精深的中华文明,坚持主权平等,以开放包容的心态加强与外界的对话与沟通,要始终把党的领导、民族复兴、维护世界和平、共商共建共享、互相尊重和合作共赢作为国际法教学的理念和指南。

在结合教学实践和学生认知规律的基础上,本文探索如何将社会主义对法的价值引领渗透进国际法专业课程,让学生充分了解社会主义法律制度形成的"本土资源",树立文化自信与制度自信,能够从国家情怀和法治中国整体发展的角度来审视和解决问题。对世界上的优秀法治文明成果,要积极吸收借鉴,也要加以甄别,有选择地吸收和转化①。实现"法律知识传授"与"法的价值引领"无缝对接,促使显性教育与隐性教育相统一,最终实现培养"德法兼修"社会主义法律人才的目标。

一、课程简介

本课程属于法学专业必修课,也是教育部全国高等学校法学类专业教学指导委员会所确立的核心课程之一,是为培养复合型和应用型专门法律人才,满足我国改革开放和社会主义法治建设的需要而设置的。课程旨在帮助学生了解并掌握国际法的基础知识、基本原理和主要制度,同时引导学生理解我国的对外政策,捍卫我国主权及国家利益,并在此基础上能够将国际法知识运用于实际,用来分析和解决现实中的国际法问题。

国际法课程讲授的内容较为广泛,具体包括国际法概念、性质、渊源、国际法的主体、国家及政府的承认和继承、国家责任以及其他实体或个体在国际法上的地位。同时,还包括关于领土、海洋、航空、外空等领域的法律制度及其部门法,如国际条约法、国际组织法、国际环境法、外交和领事关系法、国际争端和平解决及国际司法制度等。

完成本课程学习后,学生在知识上能够熟练掌握国际法的概念、规则,以及国际法的框架体系,理解国际法与国内法的关系,国家领土的变更、领海及专属经济区和大陆架法律制度,了解国际法历史发展,南极与北极的法律制度以及区域性国际组织等。在能力上具备构建国际法的知识体系和逻辑构造能力,能够从国际法角度分析解决中国面临的各种国际问题,包括国家主权、领土完整和海洋争议,以及中国在崛起过程中面临的其他国际问题。在思想上能够清醒认识到当前国内外形势,理解国际法规则背后的理念、逻辑和价值取向,秉承"人类命运共同体"的理念,具有强烈的民族自豪感、大国荣誉感、强国仪式感,坚定

---

① 王保民.以十九大精神为指导培养新时代法治人才[N].人民法院报:2017-12-28(2).

"四个自信"，自觉维护我国对外政策，捍卫我国主权及国家利益。

当今世界正经历百年未有之大变局，国际力量格局深刻调整、全球治理体系深刻重塑。本课程能够培育新时代大学生的国际法专业素养，理解和捍卫我国外交立场和观点，不仅涵盖对国家人文精神的号召，将"知识传授"与"价值引领"相融合，而且致力于为"法治中国"培养"德法兼修"的建设者和接班人。

二、课程目标

（一）知识目标

通过本课程学习，帮助学生全面熟悉和掌握国际法领海制度的基本概念、规则等以及典型案例，融会贯通国际法与国内法的关系。同时，使学生了解国际法是国家进行国际交往的行为规范，是国家必须遵守的法律原则和规则。使学生领会严格遵守国际法有利于维护国际和平与安全，从而促进本国政治、经济、文化等多领域发展，保护本国海外合法权益。

（二）技能目标

通过国际法案例分析、分组讨论等，强调理论联系实际，在教学过程中有意识地锻炼学生的分析能力，培养学生国际法知识的理解与运用能力、批判性思维能力、实践与创新能力、深度学习与自主学习的能力。在此基础上，学会运用所学理论、立场和方法等从国际法角度研究和分析重大事件，提高分析和观察国际法律问题的能力。

（三）思维目标

在知识层次和能力层次的基础上，培养学生的理性思考精神。结合历史发展，引导学生通过国际法知识及其法律制度科学、全面地认识各国观点和立场背后的理念、逻辑和价值取向。秉承"人类命运共同体"的理念，提升对领海制度和无害通过权的理解和思考，理解并掌握我国海洋权益主张的规则条款及其背后的价值理念。

（四）素质目标

结合高校课程思政的建设目标和要求，在教学中不仅要培育新时代大学生的专业素养，更应涵盖对国家人文精神的号召，做到价值塑造、知识传授和能力培养三者融为一体。引导学生从家国情怀和法治中国的角度来审视和理解我国对军舰是否享有无害通过的立场，坚定文化自信，巩固专业认知，增强民族自豪感，捍卫我国主权及国家利益，树立社会主义法律信仰，自觉肩负使命担当，为"法治中国"培养"德法兼修"的建设者和接班人。

三、思政理念融入探索

（一）课程目标纳入课程思政

立足首都经济贸易大学高水平研究型大学的办学定位，以及坚持培养德智体美劳全面发展、富有创新精神和实践能力的高素质应用型、创新型人才的人才培养目标，国际法课程秉承立德树人的教育理念，坚持知识、能力、素质有机融合，注重提升"两性一度"（即高阶性、创新性、挑战度），将党的领导、民族复兴、大国风范、战略自信等理念融入课程目标中，强调在领海制度的课堂教学中嵌入中国国际法治观引导，不断提升思政教育的有效性，从家国情怀和法治中国的角度来审视和思考问题，帮助学生树立社会主义法律信仰，从而成为具有国际视野、家国情怀、使命担当的社会主义接班人。

（二）教学内容融入课程思政

国际法课程坚持使用马克思主义理论研究和建设工程（马工程）教材，教学内容设计上以专业知识为载体加强学生思想政治教育，着重引导学生坚定理想信念、厚植爱国主义情怀、加强品德修养、增长知识见识、培养奋斗精神和增强综合素养等，探索最大化发挥课堂教学的主渠道、主阵地功能，构建全方位全课程育人环境，实现在知识传授中价值观的同频共振。通过国际法上领海制度内容的精心设计，不断增强学生的中国特色社会主义道路自信、理论自信、制度自信、文化自信，鼓励学生把爱国精神转化成为国奉献的实践行动，勇担民族复兴的时代重任。

（三）教学方法助推课程思政

结合当前大学生思维灵活和发散的特点，授课结合国际法的学科特点和学科体系，在教学中采用多种教学方法，将国际法上领海制度知识教育同党的领导、民族复兴、中国立场和政策等价值观教育相结合，在潜移默化中培育学生的社会主义核心价值观。采用知识讲授法、案例研讨教学法、榜样示范法、网络教学法、角色扮演法等多种教学方法和演讲辩论等形式，增强师生教学互动。同时，促进信息技术与教育教学的深度融合，形成以学生为主体、教师为主导的教育系统结构性变革，努力挖掘、激活、利用国际法课程中的思政元素，让立德树人"润物无声"。

（四）考核评价体现课程思政

在国际法教学过程中，发挥形成性考核对"课程思政"教学效果的推动作用，坚持形成性考核与思政教育效果评价耦合机制，秉持目标导向、多种应用模式、多元评价体系、多边沟通方式和综合考核体系等，依据教师"教"、学生"学"、日常"德"有机结合的基本原则，在课程教学中构建对学生理论素养、情感态度、价值观念、行为表现等方面的综合考评指标体系，侧重中国立场、观点、贡献、担当、责任和使命的考核，旨在加强学生的大国自豪感、强国意识感和责任使命感，最终实现把价值引领、知识传授、能力培养的教学目标纳入学生的课程学习评价体系当中，从而激发学生对民族复兴的远大理想与责任担当意识。

四、教学展示设计

如前所述，本课程属于法学专业必修课，是教育部全国高等学校法学类专业教学指导委员会所确立的核心课程之一，也是为培养复合型和应用型专门法律人才，满足我国改革开放和社会主义法治建设的需要而设置的。课程旨在帮助学生了解并掌握国际法的基础知识、基本原理和主要制度，同时引导学生理解我国的对外政策，捍卫我国主权及国家利益，在此基础上能够将国际法知识运用于实际，用来分析和解决现实中的国际法问题。

（一）课程及授课对象特点

1. 课程特点

国际法课程具有如下特点。

（1）当前国际法制度和体系对于我国参与国际事务具有非常重要的意义，但是仍然要清楚地认识到，当前国际法内容起源于西方，主要仍沿袭了西方主流国际法理论，带有明显的西方烙印。

（2）当前国际法体系主要承袭了威斯特伐利亚体系，所谓国家之上无权威，因而国际法的实施更多依赖于国家的自觉，因此可以说具有一定的"丛林规则"属性。

（3）当前国际实践不断发展，各种理论学说持续争鸣，具有多元价值交织、渗透等特点。伴随中国国际法实践不断丰富，新时代背景下"两个构建"的提出体现了中国的法治观和价值取向，单纯或过度依赖思政课价值引导的局限性日益凸显。

2. 授课对象特征分析

本课程的授课对象为大学本科二年级学生。通过之前的课程学习，他们已经拥有了一定的法学知识积累且具备了一些法学思维和法学理性思考能力,但在学习主动性和学习方法方面仍存在一定的提升空间。

（1）目标不明。相比民商法、刑法等国内法的强大执行性,"国际公法是不是法"这一问题经常被学生质疑。大学二年级的学生身心都处于成长阶段,如何让学生对国际公法产生兴趣,并深刻感受到国际公法的魅力和生命力所在是本课程的一大挑战。

（2）思维活跃。在新理念和新技术的冲击下,无论走路还是乘车空闲,他们可以随时从智能手机和笔记本电脑中获取信息来充实自己的大脑。他们的思维活跃,逻辑清晰,主动参与的积极性高,但知识结构不够完善导致思考问题时仍显稚嫩。

（3）视野开阔。当代大学生视野开阔,开放意识强,对新生事物接受能力增强。但也容易受到西方文化和思想观念的冲击。他们能够以现代化、全球化的眼光观察世界,勇于吸收西方现代文化,但又对西方思潮缺乏分析辨别能力。

（4）具有强烈的求知欲。当代青年大学生具有较强的求知欲和好奇心,能够在短时间内学习接受新事物,熟练运用操作新媒体。但他们同时也缺乏社会阅历,一方面自觉不自觉地吸收各种观念,另一方面又对纷繁芜杂、良莠不齐的各种价值产生困惑。

（5）价值观尚未形成。当前,大学生尚未形成相对稳定的价值取向和判断标准,其价值观具有很强的可塑性。同时,大学时期也是大学生最容易受外界影响和诱惑,从而走上"歧路"的时期。近年来,由于社会生活的急剧变化,人们的价值观念出现多元化的发展趋势,价值取向也越来越呈现出复杂化,这种变化也影响到了身处"象牙塔"的大学生们,给当代大学生价值观培育带来一系列问题。

（二）思政设计原则及融入方式

1. 思政设计原则

鉴于上述分析,在国际法的课程思政设计中,应遵循以下原则。

（1）选用马工程系列教材,对每个章节中的各个知识点的缺陷和不足进行评析,通过辩证分析在容易引起学生价值观偏差的地方,例如关于"保护的责任"中强化一些认识等。

（2）坚持使用历史唯物主义和辩证法分析国际法背后的政治、经济、文化根源,结合我国国际法实践,运用习近平外交思想指导课程建设,用国际法解释、分析国际社会面临的问题。

（3）革新教学方式和考核方式。优化教学方法,发挥学生的主体性作用,利用"线上+线下"、"课内+课外"以及"理论+实践"的教学方式,使学生感受到法学在社会主义核心价值观养成中的作用。同时加大形成性评价和过程考核，构建针对学生思政学习和教育效果的评价机制。

2. 典型的融入方式

本课程采用"专业知识—思政因子—价值成效"模式进行融入，实现思想政治教育与国际法专业教学的协同育人，提升我校人才的培养质量，培养新时代大学生政治认同和文化自信，帮助学生理解我国的对外政策，捍卫我国主权及国家利益（表1）。

表1　国际法教学中的思政融入方式

序号	专业知识	思政因子	价值成效
1	国家构成要素	国家主权、祖国统一	理解和支持我国立场，即军舰可以享有无害通过权，但前提是先经过我国的批准或许可
2	国家主权独立	党的领导、和平发展	增强学生的大国自豪感和对传统文化的文化自信
3	国际关系治理	大国风范、制度自信	增强学生对中国制度自信、道路自信和政策方针支持
4	国际法上的领海	维护主权、战略自信	理解中国对南海诸岛及相关海域所拥有的无可争辩的主权
5	国家不法责任	主权独立、国际治理	军舰违反沿海国家关于无害通过的规定时，船旗国负国际责任

（三）教学方法与举措

结合国际法教学实践，革新了教学方法和举措，具体如下。

1. 问题导向式教学

通过网络征集、课上调查等方式了解学生关注的热点、难点问题。在深入剖析教材的基础上，结合学生们"想听"的问题，经过分析提炼，形成既有针对性又系统化的教学专题。

2. 实训比赛模拟

选取 Jessup 比赛的案例，在课程中分组对抗，引导学生将国际法系列课程中的价值引领落实到实训案例模拟和实践学习中，提升学生的理论和实践相结合的能力，培养他们对国家和社会的历史责任感。

3. 线上+线下混合式教学

积极创造性地运用信息技术开展混合式教学，通过"线上+线下"多种形式的师生之间、同学之间的交流讨论，引导学生加强对知识的反思，对知识的建构以及对知识背后的人性考量、价值关怀和制度定位的思考与感悟。

(四)国际法课程中"无害通过制度"教学内容设计展示

1. 教学目的和要求

(1)教学目的:①知识层次。根据学生的认知规律,通过美国军舰在南海航行的时事新闻介绍导入本次课程。帮助学生了解在受沿海国主权支配和管辖的领海区域,获得群岛水域以外邻接的一定宽度的海域,其他国家船舶拥有通行权。作为一种制度,无害通过是交通必要性与沿海国利益之间平衡的一种产物。帮助学生理解和掌握领海的概念、宽度,以及无害通过制度的规则等知识体系。②能力层次。培养学生构建领海制度的知识体系和逻辑构造能力,从沿海国权利和海洋通行必要性两个角度进行分析,培养学生法律分析和推理能力。结合"科孚海峡案"案例,把已学过的领海的制度知识体系创新性地运用到中国主张和实践当中,帮助学生理解我国当前海洋主张,锻炼学生理论联系实际的能力和独立思考的能力。③思维层次。在知识层次和能力层次的基础上,培养学生的理性思考能力。结合历史发展,引导学生透过领海及其法律制度科学、全面地认识其背后的理念、逻辑和价值取向。秉承"人类命运共同体"的理念,提升对领海制度和无害通过权的理解和思考,理解并掌握我国海洋权益主张的规则条款和价值理念。④素质层次。结合中国海洋大国和海军强国建设实际,以及台湾问题,美舰机海空侦察和"航行自由计划"行动构成直接威胁的现状;引导学生理解和支持中国坚持外国军舰在中国领海行使无害通过权须经批准背后的利益考量、价值平衡和制度定位,这在当前是符合中国的国家利益的,从而使学生能从家国情怀和法治中国的角度来审视和思考问题,树立社会主义法律信仰,自觉肩负使命担当。

(2)教学要求。首先,学生要掌握国际法领海中无害通过制度的缘起、含义、沿海国的权利和义务,以及适用主体等法律规则,能够运用国际法知识正确解读无害通过权的主体范围问题,加深学生对国际法适用性的认识。其次,当"沿海国领海主权"和"国际航行自由"在军舰是否享有无害通权上面临两难选择时,要理解和掌握从习惯国际法、军舰的特殊性,以及《联合国海洋法公约》和沿海国国内法对其作出有害推定,要求外国军舰或沿海国国家当局许可后方得通过领海,完全属于沿海国国家主权自决范围内的事项。最后,从新时代中国特色社会主义的发展全局出发,在理解和掌握国际法学知识水平的同时,坚持在马克思主义理论的科学指导下深度挖掘国际法规则和制度体系背后的人性考量、价值关怀和制度定位。通过对比和分析,使学生充分了解我国立场、观点和外交政策,自觉弘扬和践行社会主义核心价值观,不断增强"四个自信",自觉捍卫我国主权及国家利益。

2. 教学重、难点

教学的重、难点主要在于通过价值评价体系的讲解,构建解决沿海国主权与国际航行自由在领海无害通过权中的冲突，以及如何建立起辩证的认知思维。

（1）无害通过权的规则。无害通过的规则，即无害通过的一些具体行为规范，既是本节课的核心内容，也是教学的难点，对理解和掌握领海的无害通过制度具有重要意义。在课堂讲授过程中需要重点讲解，为学生研修分析实践涉及无害通过的国际法案例奠定基础。

教学策略：采用视频、图片和多媒体等多种教学手段，依托国际法历史、典型案例讲解无害通过的规则，有效提高课堂教学效率，构建高效课堂。借助新闻、图片、图表、案例等将教学内容"鲜活"地呈现，结合相关国际公约的条款帮助学生了解、理解和熟练掌握"通过"、"无害"和"非无害"的准确含义。同时，穿插一些法考真题选项，辅助和强化学生对无害通过制度的理解。

（2）军舰的通过及沿海国的权利和义务。国际公法具有很强的应用性，其规则体系构建强调对实际问题的解决。无害通过制度中一些规则对学习、理解和适用军舰的通过制度具有重要作用，是了解和掌握无害通过制度规则之后更为重要的教学重点。

教学策略：合理综合运用内容精讲、点名提问、课堂讨论等多种教学手段和教学方法，强调学生的学习主体性，积极引导学生参与课堂讨论，有效提升课堂教学效果。结合"科孚海峡案"和美、苏两国的历史实践，生动讲解无害通过中军舰通过的立法缺失和当前无害通过中沿海国的权利和义务问题，引导学生思考这些规则背后的价值取向，并鼓励学生对中国领海制度中的一些问题提出建议，提升学生运用所学解决实际问题的能力。

3. 授课方法和教学手段

（1）授课方法。

第一，知识点精讲教学法。结合当前大学生思维灵活和发散的特点，授课教师应避免填鸭式、"满堂灌"的教学方式，应遵循帮助学生从国际公法的学科特点和学科体系进行启发性和互动性教学，积极引导学生参与归纳和构建知识体系和逻辑结构。结合经典案例和新闻事实，鼓励进行分析和研究。

首先，课堂精讲知识点，运用多媒体技术，将图形、文字、视频、音频、动画等直接作用于学生的多种感官，借助"变色""闪烁"等手段突出重点，同时将抽象的道理具体化，突出重点，化难为易。进而激发学生的学习兴趣，确保学生能够持续集中注意力，保持主动学习，提高学生多方面能力的教学目的。

其次，为提升学生兴趣和培养学生学习研究精神，引导学生将已学到的领海制度中的法学理论和基础知识去分析关于领海无害通过权的案例和时事新闻，让学生了解和分析现实中领海法律制度面临的一些问题和做法，加深其对领海无害通过制度的规则和适用的认识，将抽象的理论知识转化为生动的案例事实，提高学生分析和研究领海无害通过制度的能力的目的。

最后，通过课堂上积极的启发式提问和小组讨论等，使学生在主体意识中构建知识体系，在复习回顾的过程中，借助正确引导，提示学生关注本节课的重点和难点内容。同时布置课后思考题和阅读材料，激发学生对下节课学习的兴趣。

第二，行动学习教学法。国际法教学中侧重基础理论理解，也注重对具体法律规制和制度的分析，因此课堂教学要借助小组讨论帮助学生掌握领海无害通过制度的规则和实践的具体处理思路和方式。

课堂教学中，授课教师要发挥主导作用，使学生扮演主体角色，以了解和掌握规则为导向，通过行动学习讨论为载体，通过讨论分析提升对领海无害通过制度的规则和实践的理解和分析能力。

1982年的《联合国海洋法公约》规定了船舶的无害通过权，但现实中对于军舰是否有无害通过权存在较大分歧。在了解领海无害通过权的概念和规则后，将学生分为两个组别，分别赋予他们支持和反对角色，寻找各自"身份"后的军舰无害通过的历史渊源、理论和实践支持，对差异性进行对比讨论，并对当前和未来军舰无害通过的可能面临的问题进行分析，鼓励学生提出一些建议，进而在参与过程中获得无害通过制度的相关知识。因此，通过课前准备和集体协作，行动学习能够锻炼学生的沟通协调能力和文献检索能力，提高学生对1982年《联合国海洋法公约》中领海无害通过制度规则差异和问题的认识和理解。

第三，案例研讨教学法。案例教学能够赋予枯燥理论以趣味性和吸引力，以及开放性和互动性。通过讨论与争论，互动与交流，结合理论分析，将案例中的信息和知识与各种观点进行碰撞，引发学生的共鸣与兴趣，进而得出富有启发性的理论和思维，提高学生对领海无害通过制度规则的理解以及分析运用能力。

对领海无害通过的法律制度规则的理解，援引"科孚海峡案"，在权利的来源、权利性质、权利内容及其如何行使方面进行分析，帮助学生快速准确地理解领海无害通过制度的基本规则和要求。在1958年的"日内瓦海洋法公约"和1982年《联合国海洋法公约》没有对军舰通过问题进行规定情形下，现实中对此问题一般只能通过推论来解决。同时，借助1989年美、苏两国之间签署的协议，探讨军舰无害通过的历史实践和做法，在确保军舰无害通过权的基础上，必须遵守沿海国的法律和规章，否则必须立即离开沿海国的领海。除无害通过权外，军舰还有一项特有的权利——豁免权。这是国家根据主权和平等原则对其财产或行为不接受他国管辖的特权。军舰是其所属国主权的象征，所以，不论其在公海上或在另一国管辖水域中，都享有豁免权。

领海无害通过权中沿海国的权利义务，借助1958年的"日内瓦海洋法公约"第18条和1982年《联合国海洋法公约》第25条讲述沿海国的义务，包括不得以其通过领海为由征收任何费用，而仅可就给予该船舶的特定服务征收费用。同时，借助1995年法国停止南太平洋穆鲁路及方加陶法环礁周边领海的航行的案例，讲述沿海国可以在特定区域内临时停止船舶的无害通过，制定外国船舶应遵守的法律和规章，但这些规章制度不得剥夺非沿海国的通过权利。在结束阶段，让同学们结合本节课学习的领海无害通过法律制度的知识体系和逻辑结构，就我国对无害通过权的主张和立场进行分析，并在下一节课进行课堂展示和讨论分析。

（2）教学手段。

第一，直接讲授法学知识点枯燥，学生容易分神走思。如何使学生准确快速地掌握领海无害通过制度的基本规则，并厘清权利的来源、性质、内容和行使条件之间关系，同时整合这些知识构建领海制度的基本知识框架和逻辑体系，这是教学中的重点。

教学方法：①通过图片、数字、动画演示、视频等帮助学生快速了解和掌握领海制度的知识体系架构和基本规则（如领海从基线算起，每个国家可以自由决定，但最大限度不应超过12海里）。②用幽默生动的语言，帮助学生快速构建对领海无害通过制度的初步印象和准确理解（如通过"领海宽度学说游戏""军舰通行分组辩论""知识抢答"等方式概括如下内容：领海的宽度历史上有航程说、视力说和大炮射程说；由支持和反对军舰通行的两方分别阐述自己的理由；就沿海国的权利和义务进行问答，设计判断、对错或简答题来帮助学生构建知识体系和框架结构）。③在领海的宽度确定之后，可以获得一个有关沿海国领海的大致轮廓。在课后习题中，引导学生了解和掌握领海外部界限的位置和范围，包括交圆法、共同正切法和平行线法等。

第二，在学生未能接触实践的情况下，如何让学生对所学知识点进行消化吸收，并灵活运用到实践当中。

教学方法：借助不同海域图例和法理分析，帮助学生理解重要制度规则。结合领海制度的发展历史，如关于领海宽度的航程说、视力说和大炮射程说（其中大炮射程说对国家的影响较大），帮助学生构建对无害通过制度的背景知识。同时，结合"科孚海峡案"和《联合国海洋法公约》，以及美、苏两国在1989年的实践，从权利的来源、权利的性质、权利的内容等方面进行阐述分析。同时，让学生研读"科孚海峡案"，运用所学知识进行探讨，若无害通过的权利被剥夺后，国家能否适用武力，是否有限制等问题，鼓励学生在问题分析过程中提高自己，完善知识体系促进学生全面发展。

第三，如何通过领海无害通过制度学习培养学生独立思考能力和理性分析能力，提升其国际法学素养和国际法能力素质。

教学方法：通过领海无害通过制度规则和原则了解掌握，以及经典案例的研读分析，透视无害通过制度背后设计的价值因素和利益平衡（如通过权是对沿海国国家主权和船舶通过权保护的平衡），并通过行动学习使学生了解不同国家和地区的法律差异，帮助学生掌握各国在国际法实践的差异性是对其利益诉求的一种反应。国际法上的领海通过制度是一种国际习惯法,是国际法公认的规则,旨在维护国际航行自由和平衡沿海国领海主权与国际社会的航行利益的关系。这一平衡会因领海制度下具体内容的不同而有所偏重,在领海的无害通过制度中,强调通过船舶的"无害"性、不受妨碍性,侧重国际贸易和航行利益的维护。在领海的宽度确定中,强调沿海国的自主性、单方性,侧重领海主权的维护。结合我国的对领海的规定和声明,使学生认识并思考当前国际领海制度和我国领海制度的问题,深入理解相关条约和实践背后的缘由、逻辑及内在价值等要素。

当前,中国的国际法实践不断丰富,尤其是"两个构建"体现了中国的法治观和价值取向。这既对国际法的教学提出了思政要求,也为之提供了丰富的思政元素。结合国际法课程特点,推进思政教育与专业教学的有机融合与创新,实现春风化雨、润物细无声的渗透式教育,同时总结凝练课程思政教学设计思路和教学方法,形成可推广的教学经验,彰显示范效应,为学校下一步课程思政教学改革提供思路和借鉴,这是授课教师不断探索的方向。

民法学挖掘课程思政元素的三个维度

刘亚东[*]

【摘要】 民法学是贯彻课程思政，"守好一段渠、种好责任田"的天然场域。以我国民法典的颁布实施为契机，着力挖掘民法学之中的课程思政因素，是民法典时代民法学教学研究的重中之重。深入挖掘民法学中的课程思政元素，应着眼于历史发展、当下实践以及未来展望三个维度。历史维度可以挖掘出"自力更生、艰苦奋斗""因地制宜、因时制宜""扎根国情、实事求是"三个层次的元素；当下维度可以挖掘出"道路自信、理论自信、制度自信、文化自信""以人民为中心""绿水青山就是金山银山""社会主义核心价值观""良好的营商环境"五个层次的元素；未来维度可以挖掘出"中国智慧、中国方案""一带一路、人类命运共同体"两个层次元素。

【关键词】 民法学 民法典 课程思政 三个维度

习近平总书记在全国高校思政会议上指出："要用好课堂教学这个主渠道，思想政治理论课要坚持在改进中加强，提升思想政治教育的亲和力和针对性，满足学生成长发展需求和期待，其他各门课都要守好一段渠、种好责任田，使各类课程与思想政治理论课同向同行，形成协同效应。"具体来讲，课程思政是高校以习近平新时代中国特色社会主义思想为指导，以习近平总书记关于教育的重要论述为根本遵循，落实立德树人根本任务的重要举措，是构建德智体美劳全面发展的教育体系和高水平人才培养体系的有效切人，也是完善全员全程全方位"三全育人"的重要抓手[①]。

对于民法学科以及民法典，习近平总书记2020年5月29日在十九届中央政治局第二十次集体学习时指出，要研究阐释好民法典的一系列新规定、新概念、新精神。民法学是法学院的主干课程之一，伴随着《中华人民共和国民法典》的

---

[*] 刘亚东，法学博士，首都经济贸易大学法学院讲师，硕士生导师。本文系首都经济贸易大学2021年课程思政试点学院委托项目"民法典适用背景下课程思政融人民法学教育教学的探索与实践"的阶段性成果。
① 韩宪洲.深刻认识"课程思政"的时代价值[N].人民日报，2019-08-18（5）.

全面实施,在高校课堂阐释民法典的"新规定新概念新精神"时,如何融入课程思政元素便成为民法典时代的重要议题。为了实现这个目标,更好地将思政元素渗入民法典的教育教学以及实施之中,本文尝试从民法学的过去、现在以及未来三个维度深入挖掘民法学这门学科中所蕴含的思政元素,为今后的民法学教育、教学提供思政素材。

一、从历史的脉络中找寻

民法学是一门非常古老的学科,最早可以追溯到罗马法时期,后经由不断发展成熟,诞生出一批世界级的民法典,如《法国民法典》以及《德国民法典》等。我国现代意义上的民法学发展,可以以1949年中华人民共和国成立为标志,将中国民法学的发展分为中华人民共和国成立之前和成立之后的民法学两个阶段。

中华人民共和国成立前的民法学发展可以追溯到清朝末期,这一时期民法学发展的集大成者就是晚清政府编纂的《大清民律草案》,但是随着清政府的覆灭,这部草案也胎死腹中。我国第一部现代意义上的民法典是由国民党政府于1929~1931年颁布的《中华民国民法典》,该法典在大陆地区适用20年,随着国民党败退台湾地区,中国共产党发布命令废止国民党的《六法全书》(包括其民法典在内)。

中华人民共和国成立以来的民法学发展历经70余年,以党的十八大为界分标准,可以将中华人民共和国的民法学发展分为两个阶段,一是党的十八大之前的单行法阶段,二是之后的民法典阶段。党的十八大之前,我国民法典历经1954年、1962年、1979年、2001年4次制定和编纂工作,但由于各种原因没有完成。党的十八大之后,特别是党的十八届四中全会之后,对编纂民法典作出部署,画出了路线图。最终在各方面的共同努力下,经过5年多的工作,编纂出了中华人民共和国第一部民法典。

就第一阶段而言,要从历史的脉络中寻找思政元素,应当有意识地摒弃中华人民共和国成立前的民法学,因为这一时期的民法学发展大量反映的是封建地主阶级以及资产阶级的利益,其出发点就是扭曲的。正确是方向是聚焦中华人民共和国成立之后到党的十八大之前这一段历史时期,在这一历史时期,伴随着新中国建设各项事业的展开,民法学发展也迎来一个新的发展阶段。党的十八大之后的发展,宜放入本文第二部分"从当下的实践中总结"这一阶段。总结中华人民共和国成立以来的民法学发展,可以提炼出以下三种课程思政因素,下面一一阐述。

（一）自力更生、艰苦奋斗

中华人民共和国成立以来，前四次编纂民法典的努力均未成功。第一次是1954年，全国人大常委会组织力量起草民法典。但是由于"反右"斗争的扩大化，立法活动被迫终止。第二次是1962年，民法典起草工作再次被提上议程，并于1964年完成了草案（试拟稿），但是后因"文革"而停止。第三次是1979年，全国人大常委会第三次组织民法典起草工作，至1982年形成民法草案第四稿，但是该草案并未审议通过成为法律，而是以该草案为基础形成了民法通则。第四次是2002年，由于对民法草案认识分歧较大等原因，民法草案最终被搁置下来。

从上述民法典的发展历程来看，中国民法学以及民法典的发展，从中华人民共和国成立之前学习德国、瑞士等资本主义国家民法典，到中华人民共和国成立初期的全面倒向苏联，学习苏联民法，再到最后探索走自己的路，中国民法学以及民法典的发展历程本身就生动地诠释了"自力更生、艰苦奋斗"的优良传统。

（二）因地制宜、因时制宜

编纂民法典是一个系统工程，需要民法学理论的成熟，需要社会经济体制的完善，需要司法裁判的发达，更需要国家的强有力推动。如果说前两次的民法典编纂是由于政治原因而被迫中断，那么后两次的中断则是我们主动选择的结果。

体现"因地制宜、因时制宜"这一思政因素非第三次民法典编纂莫属。第三次民法典编纂是在改革开放的背景下进行的，改革开放，百废待兴，但由于当时我国的改革开放和经济建设才刚刚起步，各方争论不断，所以研究出一种思路，就是把民法典中所包含的内容通过各种单行法律的形式先行制定出来。据曾任全国人民代表大会法律委员会主委乔晓阳回忆："经过反复论证，大家认为一下子拿出一部包罗万象的民法典是没有条件的，也不是实事求是的，所以当时研究了一种思路，叫作'零售'的办法，或者叫作'各个击破'的办法，就是把民法典中所包含的内容通过一部部单行法律的形式先制定出来。"[①] 最终，只是通过了被誉为"民事权利的宣言书"的民法通则，民法通则规定了各个民事领域的一般规则，可以称之为"微缩版"的民法典。正是由于民法通则的颁布，从此结束了中华人民共和国成立以来没有系统的民事立法的历史。民法通则的诞生，标志着我国的民事立法进入了一个完善化、系统化的阶段。因此，民法通则可以说是市场经济基本的法律框架[②]。

---

① 乔晓阳.中国步入"民法典时代"［EB/OL］.［2021-07-16］.http：//npc.people.com.cn/n1/2016/0810/c14576-28625980.html.

② 王利明.光荣与梦想：纪念中华人民共和国民法通则颁布二十周年［EB/OL］.［2021-07-16］.中国民商法律网：http：//old.civillaw.com.cn/article/default.asp?id=25774.

以民法通则为基础，中国民商事领域的法治发展得以进入全面构建的时期。这一时期，在财产领域我国相继制定了担保法、合同法、公司法、破产法、票据法等民商事单行法；在人身关系领域，婚姻法被修订，收养法颁行并被修订。"批发转零售"的思路就是我国立法者针对商品经济刚刚起步、社会关系比较简单的背景下采取的便宜措施，充分体现了我们党坚持"具体问题具体分析""因地制宜、因时制宜"的优良传统。

（三）扎根国情、实事求是

在第五次民法典编纂时，对民法典中的"人格权"是否单独成编曾发生过非常激烈的争论。事实上，在2002年第四次民法典编纂时，全国人大法制工作委员会的《民法草案（征求意见稿）》在体例上就已经将"人格权"单独成编。为什么要将人格权单独成编，这是基于我国国情的选择。长期以来，我国缺乏私法传统，加上"文革"时期对人权的破坏，因此有必要在民事法律的基本法——民法典中对人格权保护进行申明，不仅要申明，而且要具体地写、详细地写，明确告诉人民群众自己拥有什么样的权利，以便于私权利遭受侵害时，能够在法律中找到明确的维权依据。至于为什么有的国家和地区，特别是主要的大陆法系国家的民法典中没有将人格权单独成编，是因为他们有自己的立法背景。这些国家的民事理论认为，人格权不需要单独从正面进行赋权式的规定，而是只需要在权利受到侵害的时候，根据侵权责任进行保护即可，他们采用的是消极防御型保护路径。之所采取这种思路，是因为他们国家民法典的编纂不像我们的民法典是"自上而下式"，而是"自下而上式"，是商品经济发展到一定阶段的产物，是公民权利意识发展到一定阶段的产物，保护人格权的理念已经深入人心，因而不需要在民法典中单独地对人格权进行赋权式规定。

不可否认，我国民法典中有相当一部分吸收了世界先进的法律文明成果，但是在吸收借鉴的时候，我们并没有生搬硬套，而是结合本国国情以及社会发展的实际状况有选择地吸收，对人格权是否在民法典中单独成编、如何规定其具体内容等问题我们均秉持了"实事求是"的立场，虽然第四次民法典编纂仍然没有成功，但是这次编纂为2020年民法典的成功编纂在体例上奠定了基础。

二、从当下的实践中总结

党的十八大以来，以习近平同志为核心的党中央推动党和国家事业发生了历史性变革，取得了历史性成就，中国特色社会主义进入新时代。在这一背景下，党的十八届四中全会作出编纂民法典的重大决定。2015年3月，民法典编纂正式启动,由全国人大常委会法工委牵头五家单位共同参与民法典编纂工作。编纂工作通过"两步走"的方式进行,第一步,先制定民法总则,作为民法典编纂的开篇之作,为民法典编纂奠定了坚实基础;第二步,编纂民法典各分编,经全国人大常委会审议和修改完善后,再与民法总则合并为一部完整的民法典草案。为此,习近平总书记亲自部署、亲自推动,对编纂和实施民法典工作任务提出明确要求。最终,这部民法典于2020年5月28日由中华人民共和国第十三届全国人民代表大会第三次会议审议通过,并于2021年1月1日起施行。民法典是新中国成立以来第一部以法典命名的法律,被称为"社会生活的百科全书"。

习近平总书记指出,"民法典系统整合了新中国成立70多年来长期实践形成的民事法律规范,汲取了中华民族5 000多年优秀法律文化,借鉴了人类法治文明建设有益成果,是一部体现我国社会主义性质、符合人民利益和愿望、顺应时代发展要求的民法典,是一部体现对生命健康、财产安全、交易便利、生活幸福、人格尊严等各方面权利平等保护的民法典,是一部具有鲜明中国特色、实践特色、时代特色的民法典"。本次民法典编纂的一个显著特征就是具有鲜明的中国特色、实践特色、时代特色[①]。深入理解民法典这"三个特色",充分挖掘其中的思政元素,是贯彻实施民法典的重要前提,同时也是构建我国民法理论体系和话语体系的重要内容。

（一）体现了道路自信、理论自信、制度自信、文化自信

民法典的编纂和内容充分展现了"四个自信",在教学中,通过释法说理,宣传民法典实施的重大意义,让学生体会民法典在展现党的领导、人民当家作主、依法治国三者有机统一,体现中国特色社会主义制度优越性中的重要作用;让学生知晓民法典体现了中华优秀传统文化、革命文化和社会主义先进文化的创造性,是追求人民美好生活,确认和发展民事法治建设成果,实现中华民族伟大复兴的中国梦的法治保障;让学生坚信中国特色社会主义法治道路是实现社会主义法治现代化的必由之路,构建中国特色社会主义法治体系是推进全面依法治国的关键所在。因此,要在不断推动思政课实践教学中,让学生领会只要民法典实施得好,执行得好,"人民群众权益就会得到法律保障,人与人之间的交往活动就会更加有序,社会就会更加和谐",进而使民法典不断深入人心,最终增强学生认同中国特色社会主义法治理论、法治道路、法治体系和法治文化的自信心,让法治逐渐成为大学生的思维习惯和生活方式。民法典中体现"四个自信"精神的内容比比皆是,以下择其要者分别举例说明。

---

① 王利明.民法典的中国特色实践特色时代特色[EB/OL].[2021-07-15]. http://theory.people.com.cn/n1/2020/0821/c40531-31830976.html.

1. 社会主义公有制物权法与对私有财产的保护体现了"道路自信"

物权规定体现了中国特色社会主义发展的要求。民法典第206条规定，国家坚持和完善公有制为主体、多种所有制经济共同发展，按劳分配为主体、多种分配方式并存，社会主义市场经济体制等社会主义基本经济制度。国家巩固和发展公有制经济，鼓励、支持和引导非公有制经济的发展。国家实行社会主义市场经济，保障一切市场主体的平等法律地位和发展权利。物权编部分旗帜鲜明地规定了我国的基本经济制度，并且体现了对"国家、集体、个人"的一体保护。

2. 传统法人制度的重构体现了"理论自信"

民法典总则编规定的法人制度，舍弃了传统民法社团法人与财团法人的分类方法，将法人分为营利法人与非营利法人，创设非法人组织。特别法人包括机关法人、农村集体经济组织法人、城镇农村的合作经济组织、基层群众性组织法人。此等特别法人具有公法人的性质，使居民委员会、村民委员会等具有参与民事关系的重要机能。法人制度扩大了民事主体，具有调和结社自由及社会控制的机能。法人制度彰显了我国民法理论发展的独立性以及问题导向性，这是我国民法理论自信的体现。另外，民法典物权编中的土地承包经营权制度，尤其是农村土地的"三权分置"更是突破了古罗马法中"用益之上不得再设用益"的古老理论，这也是理论自信的重要体现。

3. 民法典规定的用益物权制度体现了"制度自信"

民法典物权编部分的用益物权制度，充分表现我国公有制物权法的功能，彰显了制度自信。如关于土地承包经营权制度，民法典第330条规定："农村集体经济组织实行家庭承包经营为基础、统分结合的双层经营体制。农民集体所有和国家所有由农民集体使用的耕地、林地、草地以及其他用于农业的土地，依法实行土地承包经营制度。"第331条规定："土地承包经营权人依法对其承包经营的耕地、林地、草地等享有占有、使用和收益的权利，有权从事种植业、林业、畜牧业等农业生产。"关于建设用地使用权制度，民法典第344条规定："建设用地使用权人依法对国家所有的土地享有占有、使用和收益的权利，有权利用该土地建造建筑物、构筑物及其附属设施。"第345条规定："建设用地使用权可以在土地的地表、地上或者地下分别设立。"关于宅基地使用权制度，民法典第362条规定："宅基地使用权人依法对集体所有的土地享有占有和使用的权利，有权依法利用该土地建造宅及其附属设施。"

4. 代位继承制度体现了"文化自信"

习近平总书记指出："独特的文化传统，独特的历史命运，独特的基本国情，注定了我们必然要走适合自己特点的发展道路。"在这个意义上，民法典草案体现了中国民法浓厚的时代性、鲜明的民族性，实际上也是立法过程中文化自信的外在表征。现实生活中,没有子女的老人经常会受到侄儿、侄女等非法定继承人在生活上的照顾和扶养。针对这种情况,我国继承法只规定了"被继承人的子女先于被继承人死亡的,由被继承人的子女的晚辈直系血亲代位继承"的情形,明显不能应对现实的需要。因此在民法典继承编增加了一条规定:"被继承人的兄弟姐妹先于被继承人死亡的,由被继承人的兄弟姐妹的子女代位继承。"该规定有效地扩大了代位继承的范围,是法律与时俱进的积极表现。民法典设计这样的制度补充,实际上也是弘扬中华民族尊老、敬老、爱老、助老的传统美德,体现的是文化自信。

(二)处处体现以人民为中心

民法典的七编制遵循"权利通则—各种权利—权利救济"的逻辑,权利保护是民法典的核心。所以说,民法典是人民的权利法,是人民权利的宣言书[①]。民法典的人民立场,集中体现在三个方面:一是体现在对人民权利周详细致的规定上。例如民法典总则编宣示民事主体在享有权利的法律资格上一律平等,物权编强调各类不同民事主体的财产权受到法律的平等保护,合同编规定法律对交易繁荣的促进和对主体在交易中所获利益的肯认,人格权编揭示法律对人格尊严和人身自由提供的根本保障,婚姻家庭编和继承编表达法律对家庭秩序的重视和对人在家庭中的身份权的维系,侵权责任编展现民事主体受到权利侵害后所能获得的法律救济。以上民法典七编以权利为轴心,写满了人民所能享有的权利类型、人民取得权利的方法和人民行使权利的方式。二是体现在其对民事权利与公权力关系的把握上。首先,公权机关不能侵犯人民群众享有的合法权利。民法典对民事权利的详尽规定,为人民群众的民事权利筑就了一道坚固的屏障。公权力没有合法正当的理由,不能超过这道屏障进入民事领域,侵扰民事主体或侵犯民事权利。例如,民法典第1039条规定了国家机关及工作人员对公民隐私和个人信息的保密义务,违反该义务的应当承担侵权责任。其次,公权机关不仅不能侵犯民事权利,还要积极为民事权利创造更好的实现条件和保障措施。民法典第32条规定,没有依法具有监护资格的人的,监护人由民政部门担任。该条文表明,我国每一位公民都有获得监护的法律权利,并确立了由国家承担了兜底性质的监护义务。三是体现在其对人民权利的周密保护上。例如总则编中的民事责任章第179条规定了11种权利受侵害后的民事责任,建立了我国民事责任体系;物权编中物权的保护章规定了物权保护的各项制度,第239条还规定了各项物权保护制度可以合并适用;合同编中的违约责任章详细规定了各类违约责任制度,严密保护合同

[①] 于飞.中国民法典的基本内容和伟大意义[EB/OL].[2021-07-14].http://news.cupl.edu.cn/info/1688/31798.htm.

权利人；人格权编通过单独设编的方式，体现了我国民法典对人格尊严和人格利益的极大重视；侵权责任编更是集权利侵害后救济制度之大成，建立了损害赔偿为主体的侵权保护体系。以上制度创新，为人民权利提供了更强的保护程度和更多的保护路径。总之，民法典以人民权利为中心内容，以维护人民权利为核心要义，以实现人民权利为最终目的[①]。

（三）彰显"绿水青山就是金山银山"的生态保护原则

2013年，习近平主席在纳扎尔巴耶夫大学回答学生问题时指出："我们既要绿水青山，也要金山银山。宁要绿水青山，不要金山银山，而且绿水青山就是金山银山。"为全面贯彻习近平生态文明思想，在民法典的基本原则部分新增了"绿色原则"。在民法典中引入"绿色原则"，就是引入可持续发展的理念，这样不仅在技术上为建立专门的环境资源准物权制度、环境合同制度、环境人格制度以及环境侵权行为制度等留下空间，同时在民事制度的解释适用上也能够融入有利于环境保护的因素，为民法和环境法建立沟通和协调的基础与管道。

在民法典的分则部分，也有多处体现绿色原则的规定，如在物权编对物权行使规定了生态环境保护方面的限制性要求。第294条规定，不动产权利人不得违反国家规定弃置固体废物，排放大气污染物、水污染物、土壤污染物、噪声、光辐射、电磁辐射等有害物质；第326条规定，用益物权人行使权利时应当遵守法律有关保护和合理开发利用资源、保护生态环境的规定；第346条规定，设立建设用地使用权，应当符合节约资源、保护生态环境的要求等。在合同编对合同的缔结和履行规定了生态环境保护方面的义务，第509条第3款规定，当事人在履行合同过程中，应当避免浪费资源、污染环境和破坏生态；第558条规定，债权债务终止后，当事人应当遵循诚信等原则，根据交易习惯履行……旧物回收等义务；第619条规定，对包装方式没有约定或者约定不明确，应当按照通用的方式包装；没有通用方式的，应当采取足以保护标的物且有利于节约资源、保护生态环境的包装方式。在侵权责任编专设"环境污染和生态破坏责任"一章，规定生态环境侵权责任，明确了举证责任倒置、按份责任、惩罚性赔偿、第三人过错侵权的连带责任以及生态环境损害的修复和赔偿责任。

（四）有机融入社会主义核心价值观

党的十八大提出弘扬的社会主义核心价值观分别是：富强、民主、文明、和谐，自由、平等、公正、法治，爱国、敬业、诚信、友善。富强、民主、文明、

---

① 于飞.坚持人民立场 持续深入实施民法典[N].经济参考报.2021-05-28（1）.

和谐是国家层面的价值目标,自由、平等、公正、法治是社会层面的价值取向,爱国、敬业、诚信、友善是公民个人层面的价值准则。民法典第1条把弘扬社会主义核心价值观作为民法典制定的目的予以规定,国家、社会以及个人层面的社会主义核心价值观在整个民法典里都得到了全面的彰显和体现。如民法典中赋予人们内涵丰富的人格权利,体现了自由的核心价值观;民法典中重视家庭和睦、弘扬家庭美德,重视家庭文明建设,体现了中华民族敬老爱幼、重视家庭和睦和社会和谐的传统美德;民法典中倡导互助互爱、守望相助,强化诚实守信,这是弘扬中华民族传统美德的具体体现。

(五)为创建良好的营商环境奠定法治基础

习近平总书记指出:"要加快转变政府职能,培育市场化法治化国际化营商环境。"我国在民法典编纂过程中主动对接世界银行所设定的各项指标,积极采纳世界银行所鼓励的动产担保法,顺应其所代表的国际趋势。这对我国在动产担保交易领域的法律状况有极大的改进。我国动产担保交易法应顺应国际趋势,进行一系列的改革措施,在该领域的法治建设中迈进了一大步,例如规定、明确了所有权保留、融资租赁以及保理合同等具有担保功能的合同,规定了超级优先权等制度,完善了担保权益延伸规则,扩大了担保标的物上代位的范围,完善了担保物被转卖、被混合、附合和加工场合的担保权益延伸规则,将动产担保登记机构统一化,等等。这些措施均从不同程度上完善了我国动产担保的规则,顺应了世界潮流,极大地改善了我国的营商环境。

三、从未来的大势中探索

民法典的编纂不仅着眼于当下,更聚焦于未来,从横向来看,民法典积极贡献"中国智慧、中国方案",向世界讲好中国故事;从纵向来看,民法典"典"亮未来,为未来的民事法治完善预留接口。虽然在民法典中,已经一定程度地回应了新一轮科技革命和产业变革、信息文明给我们带来的改变,但是随着人类更加深入地进入信息文明,随着生活的变迁,还会有许多新问题需要予以回应。

(一)为世界贡献中国智慧、中国方案

张文显指出,《中华人民共和国民法典》是一部具有中国特色、实践特色、时代特色,也是一部具有世界水准的民法典,在人类法治文明中具有代表性。法学界有一种说法,如果说法国民法典是十九世纪民法典的典范,德国民法典是二十世纪民法典的典范,那么中国民法典毫无疑问地将被公认为二十一世纪民法典的典范,为我们社会主义法治国家树立了良好形象①。因为民法典回应了21世纪的中国之问和时代之问②。民法典系统整合了中华人民共和国成立70多年来长期实践形成的民事法律规范,汲取了中华民族5 000多年的优秀法律文化,借鉴了人类法治文明建设有益成果,积极回应中国之问、时代之问,提出了适应中国国情的中国智慧、中国方案和中国贡献,完美诠释了中国经验、中国精神和中国元素,充分凸显了中国特色社会主义制度的优越性。

例如,我国民法在理论和体系上借鉴了德国民法,同时对德国民法的债务与责任结合模式进行了变革,创立了"民事权利—民事义务—民事责任"模式,侵权责任法就是这种立法模式的组成部分。民法典侵权责任编把侵权责任从债法中分离出来,并规定了多种侵权责任方式,实现了责任与债务的分离。这是一种与传统大陆法系国家完全不同的模式。

又如,我国民法典立法不设单独的债编,没有形式意义上的债法,但是又通过将合同法通则改造为实质的债法,纳入诸多的债法规范,这也是我国民法典在体例编制上贡献给世界民法的一大创举。

再如,我国民法典将人格权单独成编,作为民法典中独立的一编,而不是将其作为消极意义上的权利,仅在主体受到侵害时由侵权责任予以保护。我国民法典的这一安排,积极地赋予了广大人民群众自由行使自己权利的自由,某种意义上讲,个人的人格权,尤其是可以商业化利用的标表型人格权具有积极的权能。我国民法典人格权编与时俱进,不仅在民法典的体例编成上具有引领性作用,而且在具体的内容规范上也具有突出的示范作用,可以说人格权单独成编也是我国民法学以及民法典为世界民法学所作出的理论创新和突出贡献。

(二)推动"一带一路"和人类命运共同体建设

推动"一带一路"建设,构建人类命运共同体,是习近平总书记着眼于人类发展、深刻把握世界大局提出的中国理念和中国方案,充分显示了中国作为一个负责任大国把自身发展同世界发展紧密联系的博大胸怀和务实担当。《习近平谈治国理政》第三卷中,专设"携手构建人类命运共同体""推动共建'一带一路'走深走实"两个专题,系统阐明了人类社会在世界百年未有之大变局中何去何从的重大理论和现实问题③。

在民法层面,合同编对国际通行交易规则的继受,就是秉持"共商共建共享"原则,以民商法为制度先锋促进各国家之间相互加深理解,催生新共同法,为"一

---

① 张文显.民法典的中国故事和中国法理[J].法制与社会发展.2020(5):11.
② 王轶.民法典:回应"中国之问"和"时代之问"[J].江淮法治.2020(14):101.
③ 杨达.绿色"一带一路"推动构建人类命运共同体[EB/OL].[2021-07-16].http://theory.people.com.cn/n1/2020/1028/c40531-31909122.html.

带一路"在法律层面的建设作出贡献,力争在交易法领域形成一个规范认知具高度共识的意义共同体①。

四、结论

民法学蕴含丰富的课程思政元素,民法典中的许多制度设计和价值理念更是思政元素的直接体现。本文仅是有限地列举了直接体现课程思政元素的例子,更为深入的挖掘才刚刚开始。民法典作为"社会生活的百科全书、市场交易的基本法",相信在习近平法治思想的指导下,我们能从中挖掘出更多体现思政内涵的具体制度,因此,对民法学课程思政元素的深入挖掘只有进行时,没有完成时。在对课程民法学思政元素的挖掘基础上,下一步需要完成的工作就是"润物细无声"地在课程教学实践中进行贯彻。

---

① 汤文平.民法典与法治中国的未来[J].地方立法研究.2020(5):52.

以"社会主义伦理精神"为核心的婚姻家庭法课程思政教学探索

李晓娟*

【摘要】 高校法学教育既要践行社会主义核心价值观的"法治"原则,又要德法兼修,深入落实"立德树人"的根本任务。婚姻家庭法课程思政元素的挖掘是贯彻该教学目标的必然选择。以马克思主义伦理思想为基石的社会主义核心价值观,体现了具有时代特色的社会主义伦理精神。婚姻家庭法课程思政建设以此为核心,围绕教学目标的明确、教学设计的完善、思政元素的选取开展"三步融入"教学法,逐步融入教学实践中。

【关键词】 社会主义伦理精神 婚姻家庭法 课程思政 "三步融入"教学法

党和国家历来重视教育工作,党的十八大以来,以习近平新时代中国特色社会主义思想为指导,更是把教育放在优先发展的战略地位。为深入贯彻落实习近平总书记关于教育的重要论述和全国高校思想政治工作会议、全国教育大会精神,认真落实"立德树人"根本任务,高校课程思政建设全面推进、不断深化。推进课程思政建设,必须紧紧抓住教师队伍"主力军",课程建设"主战场"、课堂教学"主渠道"的作用,深化"三全育人"机制建设,充分发掘各门课程中的德育内涵,使高校人才培养工作目标进一步明确、具体化,培养出德才兼备的优秀大学生。

婚姻家庭法课程内容处处蕴涵着以马克思主义伦理思想为基石的社会主义核心价值观。党的十八大报告明确指出,倡导富强、民主、文明、和谐,倡导自由、平等、公正、法治,倡导爱国、敬业、诚信、友善,积极培育和践行社会主义核心价值观。中共中央办公厅印发的《关于培育和践行社会主义核心价值观的意见》明确指出,"富强、民主、文明、和谐是国家层面的价值目标,自由、平等、公正、法治是社会层面的价值取向,爱国、敬业、诚信、友善是公民个人层面的价值准则,这24个字是社会主义核心价值观的基本内容,为培育和践行社会主义核心价值观提供了基本遵循"。以马克思主义伦理思想为指导,婚姻家庭法课程

---

* 李晓娟,首都经济贸易大学法学院讲师。

思政的探索围绕着调整教学目标、完善教学设计、融入思政元素不断深入。

一、婚姻家庭法课程思政教学目标

法律与道德的关系是法哲学上的永恒主题和难解之谜。婚姻家庭关系既是重要的法律关系，又是重要的伦理关系，婚姻家庭领域里的许多问题既需要法律来规范，也需要道德来调整[①]。根据当代伦理学界的通行解释，所谓伦理，是指"调节人际关系行为、包括由其扩演外化的人与社会或群体和各群体之间的关系行为的价值原则和规范"。所谓道德，是指人类生活和行为的一种善的价值意义和价值规范。"伦理"和"道德"两者有着极为密切的联系，均突出了行为准则在人们行为中的重要性，两者意思相近，常常连用。但是，从严格意义上讲，伦理高于道德，伦理突出"条理"，更具理性层次、概括抽象性。伦理诉诸人们的共同意志或共识；道德诉诸个人的体认或服膺。伦理一般要回答人们行为方式的合理性、合法性的缘由，考察行为规范的"践履""实施"的条件和根据；道德主要告诉人们应该做什么，不应该做什么。简言之，伦理是根本，道德是枝干[②]。马克思主义伦理观揭示了道德的阶级性和历史性，深化和发展了马克思主义婚姻家庭思想。恩格斯认为，爱情应以男女双方的平等互爱为基础，爱情不仅具有自然属性，更主要地体现为男女之间的社会关系。从本质上来说，爱情是人们彼此间以相互倾慕为基础的关系，最根本的原则就是"互爱"。要使"互爱"真正成为爱情、婚姻和家庭最根本的伦理原则，根本途径就是要实现男女平等。法律作为一种上层建筑，是由其所处的社会物质条件决定的，任何一种法律制度都应结合现实来唯物、辩证地看待和认识。婚姻家庭法课程通过对婚姻制度、家庭制度、收养制度、继承制度等的介绍和阐释，一方面要努力帮助学生在现实环境中树立正确的择偶观和家庭观，另一方面要使以马克思主义伦理思想为基础的社会主义核心价值观自觉内化为学生们的精神追求。"夫妻相互尊重、父慈子孝、敬老爱幼、兄弟姐妹相互帮助"的和谐婚姻家庭伦理精神应当深入人心，平等、自由、公正、诚信应自觉成为人们的行动指引。

二、婚姻家庭法课程思政元素的选取

婚姻家庭法课程中的思政元素众多，社会主义法治思想和伦理道德价值追求

---
① 陈苇.中国婚姻家庭法立法研究［M］.2版.北京：群众出版社，2010：50.
② 曹贤信.亲属法的伦理性及其限度研究［M］.北京：群众出版社，2012：5~9.

高度统一,学科知识和思政内容彼此渗透。在授课过程中,笔者发现很多课程思政元素可以采用对比辩证方法来阐释,学生更容易理解和认同,在辩证思考中将思政内容自觉地接受、融入内心。

(一)个人权利与社会责任、家庭和谐价值观的辩证统一

在婚姻家庭法律的发展中,人们越来越关注家庭成员个人权利在现代社会的新发展,同时也认识到对家庭责任、社会责任的强调的重要性。中国传统伦理精神之一便是"和与中",强调一切关系的和谐与均衡。在家庭关系的处理上,强调"修身""齐家"与"治国""平天下"的关系,所谓"教先从家始""齐家而天下定矣""家和万事兴"等说的就是这个道理。只不过古代家庭伦理体现的是家长制下的单向服从关系,强调子女对父母、妻对夫、家庭成员对家长的绝对服从。在现代社会,随着社会经济结构、生活方式和价值观念的变化,家庭关系中人格独立、权利平等、权利义务相一致等思想观念不断形成。现代家庭伦理强调权责一致,家庭和谐成为社会和谐的前提和基础,提倡尊老爱幼、男女平等、夫妻和睦。这种伦理精神要求我们将其内化为自觉自愿的遵守,形成平等、文明、团结、和睦的家庭关系。同时,现代婚姻家庭法律制度正是以此为目标,给人们提供一种达致个体幸福与家庭和谐的指引和评价。例如,在离婚权利行使上,婚姻是作为性爱伦理的目的和归宿被庄严承认的,与其他伦理性制度一样,是以理性为依据的。婚姻是具有法的意义的伦理性的爱。夫妻在精神上的统一是由爱的情感来推动的,是通过意志的行为实现的,但只有通过伦理-法律的表达,婚姻的伦理目的才能明确和经久不变。法律婚姻的目的在于实现当事人双方的恩爱、信任。如果婚姻制度立足于性的自然欲望中,会受到自然的任性的冲击①。婚姻当事人应当培养自控力,婚姻中过强的功利性、家庭责任弱化,会使家庭的稳定性降低,甚至导致家庭破裂,给夫妻及未成年子女造成巨大伤害,增加社会负担,这些都会直接影响婚姻家庭法伦理价值目标的实现。再如,在夫妻生育权问题上,夫妻双方生育权利是一种共同享有权和互相配合权,具体包括夫妻生育协商权、生育配合请求权、生育配合承诺权、生育配合拒绝权②。夫妻生育权利和自由实际上是一种被适当限制的状况,这也是家庭和谐、社会稳定的需要。实际上,在家庭成员包括夫妻、亲子、祖孙、兄弟姐妹之间的任何权利享有和行使上都有其限制问题。在家庭中,伦理就是个人权利自由的自我限制③。

---

① 曹贤信.亲属法的伦理性及其限度研究[M].北京:群众出版社,2012:82~84.
② 郭卫华.性自主权研究:兼论对性侵犯之受害人的法律保护[M].北京:中国政法大学出版社,2006:90.
③ 克尼佩尔.法律与历史:论《德国民法典》的形成与变迁[M].朱岩,译.北京:法律出版社,2003:106.

（二）自由原则与家庭、社会诚信的辩证思考

"自由是最深刻的人性需要"，从伦理学上讲，这是一项伦理原则。就其性质而言，自由不过意味着人们有权做自然、理性和社会所不禁止的那些事情；自由必须从属于自然、理性和社会的无数规范。人的自由是一种伦理自由，其意义在于能以理性控制欲望、以道德约束欲望、以后天获得的品行去为正确行为[①]。自由作为一项重要的法律原则，它是人性自由之伦理价值在法律上的体现。在婚姻家庭法领域，自由具有多方面的规定性。例如，婚姻当事人的人身自由和财产自由、结婚和离婚的自由等。在夫妻人身关系上，婚姻家庭法律强调"夫妻应当互相忠实，互相尊重"，这是夫妻关系法的伦理目的之一。在现代家庭中，夫妻能否做到和睦相处，关键在于能否做到"互爱互敬"，这深层次地体现了社会主义的诚信要求。再如，法律规定"一方患有重大疾病的，应当在结婚登记前如实告知另一方；不如实告知的，另一方可以向人民法院请求撤销婚姻"。"人是生而自由的，但却无时不在枷锁之中"[②]，可见，诚信的契约精神同样适用于婚姻关系之中。在夫妻财产关系中，虽然建立在人身基础上的财产关系有其特殊性，但夫妻平等处理共同财产和基于特殊身份关系产生的日常家事代理权的行使，都需要对权利的自由行使有所限制，应严格遵循诚信要求。

（三）平等原则与社会公平正义的辩证融合

同样的情况应当同样地对待，或者说平等地对待，这项基本原则通常被称为正义的平等原则或正义的形式原则。正义会通过建立一种社会条件的平等来纠正个体的不平等，不受社会条件影响而达到的实质平等或许只有通过法律衡平机制才能实现。平等原则作为婚姻家庭法的伦理和法律原则，就是家庭成员之间身份人格、具体权利义务等方面的平等，几乎所有规则都包含一定形式、层面的平等要求，如夫妻相互扶养、夫妻财产约定、夫妻相互继承遗产、父母抚养教育子女的权利义务相结合等，"通过规范性制度本身的运作，就可以在各地实现某种程度的平等"[③]。一夫一妻制是平等原则的必然逻辑，是婚姻道德的必然要求。我国婚姻法律提供了相应的制度保障，如禁止重婚、禁止有配偶者与他人同居等。在夫妻关系上，男女双方都有使用自己姓名的权利，子女可以随父姓或随母姓；对共同财产有平等的处置权、相互具有日常家事代理权；都有抚养教育子女的权利和义务；有相互扶养的义务和相互继承遗产的权利。在亲子关系上，父母都有抚养教育子女的义务，都有受子女赡养扶助的权利；父母、子女之间有平等的继

---

① 曹贤信.亲属法的伦理性及其限度研究［M］.北京：群众出版社，2012：104~106.
② 卢梭.社会契约论［M］.何兆武，译.北京：商务印书馆，2003：4.
③ 博登海默.法理学：法律哲学与法律方法［M］.邓正来，译.北京：中国政法大学出版社，2004：308.

承权，等等。

（四）人道主义与弱者保护价值的有机统一

在婚姻家庭法律中，人道原则一方面体现在以人为中心的家庭成员相互尊重方面的道德倡导规定上，如婚姻法作出了"家庭成员间应当敬老爱幼"、保护妇女、儿童和老人合法权益的规定、禁止家庭暴力、禁止家庭成员间的虐待和遗弃等；另一方面体现在具体制度规定上，如规定了配偶罹患重大疾病时一定条件下的婚姻撤销权、法定继承中的遗产酌给制度、遗嘱继承中的必留份制度等。婚姻家庭法以保护弱者为其立法原则之一，既是其伦理价值的体现，也是人道主义的应有之义。正如学者指出的那样，"与其他绝大多数'不近人情'的法律规范不同，婚姻家庭法的伦理性突出反映了法律制度'温情脉脉'的人文关怀的一面"①。

三、婚姻家庭法"三步融入"教学设计和实践

在婚姻家庭课程中具体落实"立德树人"的根本任务，以社会主义伦理精神为核心的教学方案设计至为重要。"三步融入法"课程思政教学设计，一方面提高了学生的专业学习兴趣和主动性，另一方面潜移默化地完成思政元素的迁移和融入，使学生对社会问题形成正确的认识和价值判断，很好地实现了课程思政的教学目的。

（一）案例带入法

通过现实发生的典型、热点案例，使学生对案例内容形成强烈的感性认识，并且能够积极地调动学生思考、联想的主动性。解决问题—知识分析与探讨—法律价值与社会价值的碰撞思考，这样的模式具体、生动，在不知不觉中完成了对学生的价值塑造，教学效果非常好。

（二）历史背景融入法

婚姻家庭制度的发展和变化，也与社会的发展和变化一样，经历了由低级向高级、由愚昧向文明的发展过程。在具体法律制度的介绍和讲授上，适时向知识点的形成历史发展背景倾斜，从历史性的角度研究婚姻家庭法律的伦理性，考察婚姻家庭伦理的产生机理，在此基础上阐释法律正当性的进路及其具体内容，以此作为实然状态下法律伦理价值取向的逻辑基础。

---

① 马忆南.婚姻家庭法的弱者保护功能[J]，法商研究，1999（4）：15.

在条件允许的情况下，可以适当引导学生对婚姻家庭伦理中的社会问题和婚姻家庭法中的伦理现象进行辩证分析与概括，尽量对其做出整体性、综合性的认识，宏观把握婚姻家庭法律与婚姻家庭伦理之间的相互关联、相互转化、相互作用的关系，概括出当前婚姻家庭法律所体现的伦理原则及规范，尝试推演出未来婚姻家庭立法完善所要追求价值目标和具体途径、措施。

（三）社会实践体验法

法律课程思政教学工作的重要一环，就是让学生积极地参与社会法律实践。承担法律援助和社会公益工作、旁听法院案件庭审、模拟法庭实践、法庭剧表演等多种形式，在有效培养学生专业能力的同时，有效推动社会主义核心价值观内化于心的进程。

总之，婚姻家庭法律课程思政元素的融入，在总结前人经验的基础上，实践中不断进行摸索和尝试。在提升学生专业能力的同时，始终将其思想素养与道德素质的培养放在首位。

沉浸式教学在法学专业课程思政建设中的运用
——以知识产权法课程教学为例

季冬梅[*]

【摘要】 在"德法兼修"的法学人才培养目标下,沉浸式教学模式形式灵活多样,促进理论与实践相结合,发挥重要作用。以知识产权法学科为例,模拟法庭、业务代理、纠纷谈判等沉浸式教学模式各有所长,共同促进课程思政建设的多样化。在此过程中,课程思政元素的合理选择、教学形式的多样需求、教学内容的复杂体系对实际教学工作提出了挑战。为有效应对上述挑战,现阶段应厘清沉浸式课程思政建设中的指导思想,实现沉浸式教学中教师角色的有效转变,并进行沉浸式教学与其他教学方式的衔接,协同推动法学专业课程思政建设工作的开展。

【关键词】 沉浸式教学　课程思政　知识产权法　多样化

一、"德法兼修"的法学人才培养目标呼吁沉浸式教学

习近平总书记关于教育的重要论述中指出,立德树人是新时代教育工作的根本任务,这对高校专业课程教育提出时代性需求。"立德树人,德法兼修,培养高素质法治人才"成为法学教育的重要命题。法学教育为法律职业者培养大批后备军,是营造公正、平等、诚信、有序社会环境的必然需求,也是推进社会主义现代化建设的重要基础。为实现这一目标,高等学校法学专业教育既需要重视专业知识的积累、专业技能的培训,又需要将思政精神融入其中,将思政元素带进课堂,引导学生树立正确的价值观,将"知识传授"与"价值引领"相融合,为"法治中国"培养"德法兼修"的建设者和接班人。

目前,国内推进高校专业课程建设工作进行得如火如荼,法学专业课程思政

---

[*] 季冬梅,法学博士,首都经济贸易大学法学院讲师,硕士生导师。

建设呈现差异性与一致性并存的特征。一方面，法学专业课程中的思政元素存在按部门法划分的趋势，民法、刑法、行政法等不同领域的法律法规、价值选择呈现多元化特征，围绕特定领域或方向的思政元素侧重点不同，与专业知识结合的样态各异，例如国家主权原则成为国际法教学中重要的课程思政切入点，诚实信用理念则是现代民法与道德传统的契合点。另一方面，不同法学领域教学工作中，在"德法兼修"的法学人才培养目标方面存在一致性与共通性，公平、正义等法治思想、法治理念贯穿各个部门立法之中，思辨、创新、严谨等能力则是对未来法律工作者提出的一致要求。因此，法学思政课程教育须结合具体实际情形开展元素挖掘与教学指引，使思政内容能够给学生带来潜移默化、润物无声的影响。

在社会科学领域，法学属于理论性与实践性兼具的典型学科，法理研究为法律实践作铺垫，法律实践可以检验法理研究的结果。脱离法律实务的法学教育如无源之水、无本之木，为避免纸上谈兵的弊端，国内很多法学院都十分重视法律实务课程教学，并设置专门课程，为培养法官、检察官、律师等职业人员提供基础。与此同时，法律工作者徇私枉法、知法犯法的社会问题不断引发社会关注，公职人员违法贪污问题屡见不鲜，容易引发信任缺失、秩序混乱等问题。为保证法律的权威性、稳定性，在法学专业教育中，进行场景模拟至关重要，通过虚拟的案卷材料、人物关系、社会事件等，为学生学习、梳理、运用法律提供沉浸式教学环境，引导学生树立正确的价值观、职业观，有利于加深对专业知识与职业道德、职业规范的理解。"沉浸式"教学还能够以鲜活的实践案例，促使学生更为积极主动地反思社会问题，使学生在未来从事法律相关职业的过程中，正确看待社会主义现代化治理进程中的各种问题和难点，学会担当，坚守底线。

现阶段，我国高校所承担的育人使命具有鲜明的时代特色，高校思想政治工作面临的环境呈现出高度的复杂性，教育主体、教育客体、教育内容和教育方式方法出现新变化，单纯依靠思想政治理论课难以实现立德树人使命，育人合力亟待形成[1]。思政精神内涵丰富而体系庞大，单纯的理论介绍、知识灌输，不仅不能满足人才培养的时代性、多元化需求，甚至可能引发思政教学生硬僵化、精神领悟浮于表面等问题，而"沉浸式教学"则能够很好地弥补理论教学的不足，以课前启示、课中互动、课后反思等环节，促进思政精神的全方位渗透，培养学生积极主动的思考习惯。

二、知识产权法课程思政沉浸式教学的多元化特征

沉浸式教学，目的是为了实现沉浸式学习。沉浸式学习方式多样，如仿真模

---

[1] 张丹丹.复杂性视阈下'课程思政'建设路径研究[J].广西社会科学，2018（9）：213.

拟训练、游戏化学习①。沉浸式教学源自沉浸理论（Flow Theory），该理论的提出者米哈里·契克森米哈赖（Mihalyi Csikszentmihalyi）将"沉浸"解释为"由于全神贯注投入而更好地完成任务的一种心理状态"，认为当人们投入一种活动中而完全不受外界的干扰时，这种体验令人兴奋，使人充满兴趣与毅力去完成某项活动②。课程思政中采用沉浸式教学，可使学生在融入特定情境的过程中，不断探索思政内容，深入领悟思政精神。不同的部门法领域，思政元素不同，教学方式也应随之进行设置与调整。以知识产权法为例，其沉浸式教学呈现多元化特征，为避免教学的单调、枯燥，教师可以根据知识产权类事件或案例的特征，设置不同情景，使学生全身心地进入角色，模拟实际场景，学习、理解和运用法律。

（一）知识产权法模拟法庭：法官与律师

近些年，模拟法庭教学广泛开展，颇受好评。在此过程中，学生可以分工扮演法官、检察官、原被告、律师、证人等角色，能够进行全流程、全方位的教学。知识产权案件的模拟法庭活动也逐渐受到关注，例如"万慧达杯"知识产权模拟法庭、中美知识产权模拟法庭等。知识产权案件较为复杂和专业，除了厘清一般法律关系与法律原则之外，还要求对著作权、商标权、专利权等侵权行为认定规则有所了解和掌握。模拟法庭教学能使学生在应对实务问题的过程中，深入挖掘知识产权的法律理论，体验不同的法律职业。

模拟法庭教学中可纳入知识产权领域的经典案例或指导案例，案例教学是教师根据教学目标，以案例为媒介引导学生进行学习的一种教学方法③。知识产权经典案例较多，但从课程思政的角度，需要仔细挑选案例样本，结合思政元素进行焦点梳理与价值解读，为课程开展做好准备。例如"迈克尔·乔丹诉乔丹体育"商标权纠纷案，该案中，中国运动服饰类公司"乔丹体育"擅自抢先注册了球星"迈克尔·乔丹"在中国的称谓，造成消费者混淆与误认，也侵犯了迈克尔·乔丹的姓名权。该案时间线较长，案件事实复杂，证据多样，通过模拟法庭，学生能够对案件材料进行系统梳理，举证质证、法庭辩论等过程则可以进一步加深印象。诚实信用原则作为此案中的思政元素，则可以在案件总结的阶段引入，使学生在掌握、理解、运用法学知识的基础上，进行教学内涵的升华。

学生可以借助模拟法庭的教学模式，了解法官、检察官和律师等法律工作者应具备的能力与素质。目前，法学院对法官、检察官、律师等职业道德与法治理念的教育工作相对分散，未形成同一体系，也未能与目前的思政建设相配合。因

---

① 张治.教育信息化：走进自适应学习时代［M］.上海：上海教育出版社，2018：59.
② 陈金华.智慧学习环境构建［M］.北京：国防工业出版社，2013：12.
③ 孙绍荣.高等教育方法概论［M］.上海：华东师范大学出版社，2013：47~49.

此，需要将社会主义法价值引领渗透进法学专业实务类课程中，通过模拟法庭活动引导学生树立正确的思想价值观念，为培养社会主义法治人才奠定良好的思想教育基础。在此过程中融入思政元素，参考法官法、检察官法、律师法、公务员法等法律法规，进行职业道德教育，如律师应当遵循诚实信用原则、法官应当公平公正裁判等。

（二）知识产权代理工作：职业道德与行业自律

由于知识产权工作具有较强的专业性，因此委托专门机构或个人代理知识产权申请、注册、维护、管理等工作成为很多权利人的选择。知识产权实务工作融合了政策、法律、经济等诸多学科内容，知识产权人才培养成为智能时代的重要任务。其中，职业道德教育应成为知识产权课程思政必不可少的内容。

伴随着经济发展与科技进步，知识产权已经不再是纯粹的私权，而兼具竞争工具的特征。市场主体或创新主体利用知识产权排除、限制竞争等行为，影响社会公共利益，商标、专利等专业的代理机构也会因利益驱使而实施不正当行为，例如商标抢注、专利囤积等。因此，国家相继出台《商标代理管理办法》《专利代理管理办法》《关于规范专利申请行为的若干规定》等文件，以规范知识产权代理行为，保障权利人的合法权益，维护知识产权代理行业的正常秩序，促进行业健康发展。

在知识产权人才培养的过程中，需要将职业道德规范融入其中，引导学生树立正确的价值观。以商标囤积问题为例，"不以使用为目的的商标恶意注册申请"将造成商标资源浪费，公共利益受损，而商标申请中的囤积行为，有部分是因商标代理机构的不当选择而引起的。为应对这一问题，国家知识产权局于2020年开展知识产权代理行业"蓝天"专项整治行动，严厉打击和规范商标代理违法违规行为[①]。在专利申请中，同样存在恶意申请、维权不当等问题，某些专利代理机构利用专利的专有属性，不当地运用权利，扩张自身优势，排除限制竞争。

当前，我国正在从知识产权引进大国向知识产权创造大国转变，知识产权工作正在从追求数量向提高质量转变。知识产权代理机构在推动国家知识产权良性发展，提升知识产权实施转化效率方面发挥重要作用。职业模拟环节，向学生传达和灌输这一理念，使学生能够了解知识产权服务工作的意义，理解知识产权代理行业行为规范，有助于推动未来知识产权的长远发展。"职业模拟"形式，具有创新性，突破传统的教学模式，让学生通过角色扮演、分组模拟演练、案件审理、汇报点评等环节，充分激发学生的潜力，实现学生之间的分工与合作，同时

---

① 国家知识产权局.组织开展全国商标代理机构自查整改和信用承诺：知识产权代理行业"蓝天"专项整治行动进行时之二［EB/OL］.［2021-07-29］. https://www.cnipa.gov.cn/art/2020/11/9/art_53_154698.html.

也能够促进师生交流与沟通，从而开展从法学理论学习到法律实践应用的教学过渡，实现教学理念和教育方法的革新。

（三）知识产权纠纷模拟谈判：法律思维与经济思维

知识产权法具有较强的实务应用性，其课程思政建设也应考虑知识产权在实务中的运行状态，尤其是知识产权在当下的经济属性，将法律思维与经济思维相融合，探索具有实践意义的思政建设。沉浸式教学中，模拟谈判也是重要的教学方式之一。现代知识产权运营与管理具有联动性，无法脱离企业整体运营管理模式而独立存在，因此，企业逐渐重视知识产权运营管理工作，以充分实现知识产权的应用价值。

知识产权的经济属性，要求未来法治人才的培养也应兼具法律思维和经济思维。习近平总书记在《全面加强知识产权保护工作 激发创新活力推动构建新发展格局》一文中强调，创新是引领发展的第一动力，保护知识产权就是保护创新。对于国家而言，知识产权的保护与发展与国民经济息息相关，知识产权战略是国家战略的重要组成部分；对于企业而言，知识产权除了属于法律保护的私权之外，还蕴含着竞争优势，能够为市场主体或创新主体带来经济利益与实用价值。因此，在涉及知识产权的谈判过程中，需要了解该项权利的多元属性，从谈判主体的需求出发，寻找多元化解决纠纷的办法。

为实现多方共赢的谈判结果，谈判人员需要充分了解所涉主体的各自需求，并在利益冲突和博弈之中寻找最优解决路径。在培养法学专业学生谈判技巧与经验的过程中，需要以现实需求为导向，除遵循法律原则与规则之外，还需要兼顾经济效益，从国家、社会、单位、个人的收益成本分析出发，理性进行判断和选择。此过程可以融入多元化的思政元素，例如国家主权原则、社会整体经济效益、科技社会长期稳定发展战略等理论，帮助学生在实务工作中树立正确的价值观。

三、沉浸式教学在知识产权课程思政建设中的突破点

（一）沉浸式教学中思政元素的合理选择

知识产权法涉及诸多思政元素，依据著作权法、商标法、专利法三分模式，可以将思政元素进行类型化划分。在沉浸式教学中，则需要建立在思政元素充分挖掘的基础上，选择适合沉浸式教学模式的特定元素。模拟法庭、职业模拟等课程互动环节虽能较好地激发学生的主动探索，但在思政精神传达、知识内容传授方面，具有间接性和延缓性，教师从主动教学的角色转变为配合教学，因此需要对思政元素进行准确选择，避免因选择不当而影响课堂效果。

沉浸式教学模式下，思政元素的选择往往需要结合实际场景或案例展开。因此，教师可以事先对涉及课程知识点的事件进行剖析与联想，剖析事件背后可能涉及的思政结合点，如"商标囤积"行为背后是对"城市信用原则"的漠视；同时展开思政要素与案件事实之间的联想，以小见大，深入浅出，如通过"迈克尔·乔丹诉乔丹体育"商标权纠纷案，可以从法律、社会、国家三个维度进行启发。法律层面，可突出强调生产经营活动与主张权利的前提是尊重他人已经存在的合法权利，不得侵犯他人合法权利；社会层面，可结合诚实信用原则进行价值观的培养与解读，并从消费者权益保护、维护市场经营秩序的视角研究对市场主体采取的约束；国家层面，可探索从"中国制造"到"中国创造"的未来发展路径，将"四个自信"融入课堂，加强学生对社会主义核心价值观的理解与认同。

在课后，本课程将为学生提供案例、专著、访谈、论文等思政教育阅读素材或视频解说，以供学生自学时使用。选取的拓展内容将以近年来体现中国国情的社会经济发展、文化历史背景以及法律工作者应遵循的职业道德伦理与法治理念等真实素材为基础，相比课堂内容，这些内容更具有发散性和综合性，贴合社会实际，启发学生思考。

（二）沉浸式教学对教学形式的多样需求

首先，课程思政建设将与模拟法庭、商务谈判、职业模拟等沉浸式教学形式相结合，具有创新性，突破传统的教学模式，让学生通过角色扮演、分组模拟演练、案件审理、汇报点评等环节，充分激发学生的潜力，实现学生之间的分工与合作；同时也能够促进师生之间的交流与沟通，从而开展从法学理论学习到法律实践应用的教学过渡，实现教学理念和教育方法的革新。沉浸式课程思政教学能够将思想教育化为无形，使学生受到潜移默化的影响，也会对学生今后从事法律行业发挥重要的指引作用。

其次，运用新媒体、新技术特点，增强课堂思政教育的灵活性和应用性。推动思想政治教育与现代信息技术的高度融合，将课程思政内容联网上线，在课后也能够为学生提供学习和交流、讨论的平台，增强时代感和吸引力。采取翻转课堂形式，教师作为课程的组织管理者和学生学习的辅助者与协同者，学生根据自己的学习目标自主规划学习进度，进行团队合作，完成个性化学习。同时，教师也会主动引导学生自主树立起正确的社会主义核心价值观，进行"法律知识传授"与"法律价值引领"，实现"德法兼修"。

通过寓教于乐、深入浅出地讲解现实法律职业过程中的法律知识、法律现象和法律问题，使学生理解法律、思政与现实生活、社会工作之间的密切关系，从而激发学生学习法律和思政的积极性，提高解决法律纠纷的能力。结合法律实务进行课程思政教育，对学生毕业之后步入社会从事法律职业工作也将产生长远影响，为培养合格的社会主义法治人才奠定坚实的思想政治基础。

（三）沉浸式教学中教学内容的复杂体系

知识产权法方向与其他法律方向的重要区别，在于学科内容的复杂性与交叉性。除法律内容外，还涉及经济、文化、历史、科技等诸多领域。例如专利法中，"开放许可"制度的提出就在于促进专利实施转化，促进资源有效配置；专利强制许可制度则体现对权利人个人私利与社会公共利益的平衡。这充分说明专利制度的设置与安排蕴含着特定国家或地区的政策考量，法治发展植根于特定时期或地域内的社会环境。

思政内容的安排也应考量特定学科或课程的交叉性与综合性，沉浸式教学的环节设置可以更加多元和灵活，从教学开展准备工作、沉浸式教学互动环节、教学完成后课程反思等阶段入手，融入课程思政元素。例如，在涉及中美贸易战中知识产权争议纠纷的课程设置中，可从"课前—课中—课后"三阶段作为课程思政切入点：①课前通过中美贸易战中知识产权争议纠纷的典型案例入手，尤其是"337调查""贸易制裁"等相关事例，揭示中美知识产权纠纷引发的贸易冲突①，启发学生思考中国应对目前国际局势时的态度与立场；②课中可以通过模拟谈判活动，厘清中美贸易战的争议焦点，以此为突破口，引导学生思考中美贸易摩擦的原因，尤其是知识产权制度差异背后的社会背景，启发学生从中国现阶段社会发展的现实需要出发，思考应对国际复杂局势的价值选择与坚定立场；③课后可以通过提供选择性的阅读材料、思政视频等，促进学生进行延伸思考，重申"四个自信"，探索知识产权战略如何强基固本，内外兼修。

因此，在纷繁复杂、体系庞大的思想政治内容中，能够寻找到其与课堂教学的结合点至关重要。专业课程中的思政元素具有一定分散性，需要围绕专业授课脉络循序渐进地展开，从"课前—课中—课后"三个时间节点，准确定位合适的思想政治教育内容，从"法律–社会–国家"三个层面不断深入与拔高，由浅入深，从点到面，使学生能够不断地领悟与学习知识产权领域的思政内容，并融入自身的学习、工作与未来的实践当中，将专业知识与思政精神相结合。

四、知识产权课程思政建设中沉浸式教学的优化路径

培养"德法兼备"的社会主义法治人才是当下法学教育的重中之重。思政教

---

① 易继明.中美关系背景下的国家知识产权战略［J］.知识产权，2020（9）：4.

育与法学专业教育如鸟之两翼,两翼并举,才能高翔远翥[1]。将思政元素融入专业课程,全方位、全过程地进行课程思政建设,需要结合专业知识学习与讲授的特点展开。课程思政本身就意味着教育结构的变化,即实现知识传授、价值塑造和能力培养的多元统一[2]。为充分实现知识产权课程思政内容的建设,需要从教师能力、教学内容、教学方式上展开探索与优化,在沉浸式教学中融入思政元素。

(一)厘清沉浸式课程思政建设中的指导思想

习近平总书记在"用新时代中国特色社会主义思想铸魂育人 贯彻党的教育方针落实立德树人根本任务"的主题讲话中指出,牢记立德树人使命,发挥积极性、主动性、创造性,推动思想政治理论课改革创新。在推进沉浸式课程思政教学的过程中,需要结合时代需求,厘清其指导思想,认真学习贯彻习近平总书记重要讲话精神,全面贯彻党的教育方针。

首先,坚持理论性和实践性相统一。沉浸式课程思政建设应强调用科学理论培养人,同时重视课程思政的实践性。模拟法庭、模拟谈判等法律职业能力训练的目的明确、指标可量化、任务可分解,其程序化、顺序衔接的特点,有助于实现法律专业课程教学的理论性和实践性相统一。

其次,坚持统一性和多样性相统一。沉浸式课程思政建设应既能够落实教学目标、课程设置、教材使用、教学管理等方面的统一要求,又能够因时制宜、因材施教。将法律职业道德与社会主义法治理念融入课堂教学的内容中,可培育学生遵纪守法、诚实守信、公平公正的价值理念,通过沉浸式课程环境,对学生思想产生潜移默化而又长远深刻的影响。

最后,坚持灌输性和启发性相统一。沉浸式课程思政建设应挖掘知识产权法等部门法中蕴含的思想政治教育资源,实现全员、全方位、全过程育人。通过沉浸式教学,激发学生的学习动力和自主探索能力。在学生扮演不同法律职业角色的过程中,将职业本身肩负的社会责任在课程中进行渗透,开展思政教育。

(二)实现沉浸式教学中教师角色的转变

习近平总书记指出,办好思想政治理论课关键在教师,关键在发挥教师的积极性、主动性、创造性[3]。在传统的课程讲授方式下,高校学生往往是被动接受教育与进行灌输式学习,这样虽然能够较为高效、准确地传授专业知识,但是会

---

[1] 苏宇.立德树人,德法兼修,探索法硕人才培养路径[J].中国法学教育研究,2017(4):15.
[2] 王学俭,石岩.新时代课程思政的内涵、特点、难点及应对策略[J].新疆师范大学学报(哲学社会科学版),2020(2):50.
[3] 习近平.用新时代中国特色社会主义思想铸魂育人 贯彻党的教育方针落实立德树人根本任务[N].人民日报,2019-03-19(1).

导致学生缺乏思辨精神和批判思维。在传统的课程讲授中融入课程思政元素，也将存在类似的问题和弊端。

与学习课程专业内容相区别，思政精神的领悟并不单纯强调学生"学会"或"能够"完成某项学习指标，而在于学生"认同"并"接受"某种思想价值精神。因此，高校教师要突破传统课程讲授模式的禁锢，转而选择沉浸式教学等更加多元、灵活的教学方式，从内容主讲转变为启发思考，根据思政元素的不同来调整授课模式。通过沉浸式教学，使学生成为课堂的主宰者与推动者，积极探索专业内容与思政精神，不断深化对社会主义核心价值观的理解。

（三）完成沉浸式教学与其他教学方式的衔接

习近平总书记强调，思政教育建设应坚持显性教育和隐性教育相统一，挖掘其他课程和教学方式中蕴含的思想政治教育资源，实现全员全程全方位育人①。显性教育与隐性教育，是课程思政教育的两种不同模式，各自包含多样化的教学方式。其中，沉浸式教学强调为学生提供真实场景，能够深化学生的相关知识点的理解与记忆，也能够优化学生对思政精神的解读与领悟。沉浸式思政教学作用的充分发挥，需要与其他教学方式相衔接，互为补充，互相融合，共同构建成为完整、统一的思政教育体系。

在多元化教学方式之中，法学专业知识的理论课堂，是课程讲授的基础环节，通过传统的知识体系梳理、理论深入挖掘，能够为学生的专业学习与训练打下坚实的基础。在此过程中引入思政元素，能够在学生初次接触相关专业知识的时候建立较为深刻的印象，将思政精神与专业知识相结合，进行系统学习与梳理。基于传统的教学方式，现代高等教育过程中融入了新的元素，与多媒体技术相结合，构建"翻转课堂"或"线上线下"双重教学模式；通过案例分析实现理论知识与实践知识的融合，培养学生的实践应用能力；通过课堂探讨与研究，鼓励学生自主学习与探索，深入理解专业知识与思政精神。沉浸式教学中的模拟法庭、模拟谈判、模拟职业等方式方法，能够激发学生的学习热情，在理论知识学习、实践案例分析的基础上，围绕立德树人的根本任务建立人才创新培养机制。

---

① 习近平主持召开学校思想政治理论课教师座谈会［EB/OL］.［2021-07-30］.http://www.gov.cn/xinwen/2019-03/18/content_5374831.htm.

涉外法治人才培养中探索课程思政的路径与方法探究

张 建[*]

【摘要】 在认真学习贯彻习近平总书记在2016年全国高校思想政治工作会议上的讲话精神和落实教育部《高等学校课程思政建设指导纲要》要求的背景条件下，涉外法治人才培养与法学课程思政的建设目标具有高度契合性，已然成为课程建设与改革的根本要求。坚持以马克思主义为指导，把教学团队建设、课程体系重构、思政案例的嵌入、话语体系的确立、教学模式与方法的创新作为重点任务，有助于启发学生认知国家战略、法律法规和相关政策，指导学生深入社会实践、关注现实问题，养成学生乐于思考、勤于观察、德法兼修的职业素养。

【关键词】 课程思政　涉外法治　人才培养　路径与方法

一、问题的提出

世界正处于百年未有之大变局，我国日益走近世界舞台的中央，在应对大变局、参与全球治理的过程中，亟待加强涉外法治建设，培养一大批通晓国际法律规则、善于处理涉外法律事务的涉外法治专业人才，以保障和服务于高水平的对外开放[①]。2020年11月，习近平总书记在中央全面依法治国工作会议上发表重要讲话，对当前和今后一个时期推进全面依法治国要重点抓好的工作提出了十一个方面的要求，这些要求被统称为全面推进依法治国的"十一个坚持"。其中，第九项要求"坚持统筹推进国内法治和涉外法治"。具体来说，该项内容指出：法治是国家核心竞争力的重要内容。当前，世界百年未有之大变局加速演变，和平与发展仍然是时代主题，但国际环境不稳定性不确定性明显上升，新冠肺炎疫

---

[*] 张建，法学博士，首都经济贸易大学法学院讲师。
[①] 黄进.完善法学学科体系，创新涉外法治人才培养机制［J］.国际法研究，2020（3）：7.

情影响广泛深远。我国不断发展壮大，日益走近世界舞台中央。要加快涉外法治工作战略布局，协调推进国内治理和国际治理，更好地维护国家主权、安全、发展利益。要加快形成系统完备的法律法规体系，提升涉外执法司法效能。要引导企业、公民在走出去的过程中更加自觉地遵守当地法律法规和风俗习惯，运用法律和规则维护自身合法权益。要注重培养一批国际一流的仲裁机构、律师事务所，把涉外法治保障和服务工作做得更有成效。我们要坚定维护以联合国为核心的国际体系，坚定维护以国际法为基础的国际秩序，坚定维护以联合国宪章宗旨和原则为基础的国际法基本原则和国际关系基本准则。对不公正不合理、不符合国际格局演变大势的国际规则、国际机制，要提出改革方案，推动全球治理变革，推动构建人类命运共同体。

总体而言，第九项要求涵盖两个层面：第一，共建"一带一路"需要良好法治营商环境。中国坚持开放包容、互利互赢，愿同各方一道，积极开展国际法治合作，为建设开放型经济、促进世界经济复苏提供法治支持（2020年11月，习近平致信中国法治国际论坛中提出）。第二，要加快涉外法治工作战略布局，协调推进国内治理和国际治理，更好地维护国家主权、安全、发展利益。要强化法治思维，运用法治方式，有效应对挑战、防范风险，综合利用立法、执法、司法等手段开展斗争，坚决维护国家主权、尊严和核心利益。要推动全球治理变革，推动构建人类命运共同体（2020年11月，习近平在中央全面依法治国工作会议上强调）[1]。

二、推进涉外法治建设的内在意涵及其与课程思政的结合

（一）统筹推进国内法治与涉外法治的侧重点

就前述第九项要求所列明的问题和任务，我们应当保持合理的定位和认知。就其侧重点而言，尽管第九项要求以统筹推进国内法治和涉外法治为中心，但其强调的是推进涉外法治。长期以来，涉外法治建设被视为我国推进全面依法治国的"短板"，中国政府与中国企业的利益在海外受损后以法律途径成功寻求国际索赔的案例并不多见，而某些西方大国长期把控世界贸易组织、国际投资仲裁等争端解决机制的话语权，无益于我国深度参与全球治理。为此，推进涉外法治建设，是提升国家核心竞争力，推进全面依法治国的战略选择。只有国内法治与涉外法治彼此协调、同步推进，才能整体上提升法治化指数。当下，我国正处于新时代新征程新起点上，要实现第二个百年的奋斗目标、建设社会主义现代化强国，

---

[1] 王轶.坚持统筹推进国内法治和涉外法治[N].人民日报，2021-03-19（11）.

面临着一系列新使命、新任务和新担当。推进涉外法治建设,既是坚持国家总体安全观的需要,也是推动构建人类命运共同体的需要。现阶段,我国的国内法治建设已经达到了较高的水准,取得了相应的成就,而涉外法治则没有完全达到与国内法治齐头并进的水平,"统筹推进"事实上特别强调要推进涉外法治,从而更加从容、淡定地应对百年未有之大变局。

(二)推进涉外法治建设的着力点

任何法律体系的完善不可能一步到位,而必须循序渐进,涉外法治建设同样需要经历层层递进的过程,堪称一项庞大的系统性工程。基于党中央对我国当前现状的判断和对未来预期目标的擘画,当下涉外法治建设应坚持重点推进、分步实施,主要存在三方面问题点:一是进一步建构和完善中国的对外关系法体系;二是编纂一部与民法典相匹配并与新一轮对外开放相适应的国际私法典;三是贯彻课程思政的理念与宗旨,大力强化涉外法治人才培养。

首先,主权国家治国理政的对象既包括国内事务,也包括与国家主权及海外利益密切相关的国际事务,因此,"依法治国"中的法必须涵盖调整对外关系法(图1)。与此同时,在中国与国际社会日趋紧密的联系下,国际法规则与国内

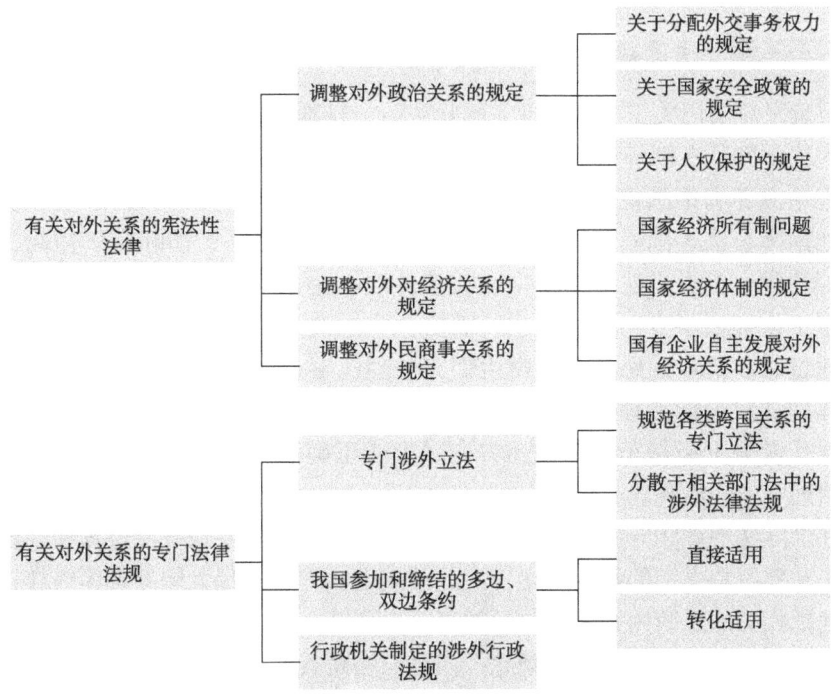

图1 有关对外关系的宪法性法律与专门法律体系

法规则彼此间的交互影响愈发明显,无论是从塑造和维护中国国际形象出发,还是从构建公正合理的国际秩序角度考虑,中国的对外关系法都应当纳入法治的轨道。所谓的对外关系法,特指那些由调整我国对外关系的各类法律法规所构成的有机联系的法律体系。在内涵方面,对外关系法目前仍然处于不断地丰富和发展过程中,其外延不仅应当囊括我国国内法中专门用以调整各类对外关系的法律法规,如外商投资法、对外贸易法、涉外民事关系法律适用法等,而且应当包括对中国具有拘束力的国际条约和国际习惯。

其次,建立在市场化基础上的经济全球化不单纯指向投资、贸易、金融、税收等交易活动,而是要求以国家的政策与法律变革作为先导,同时又进一步倒推国家政策与法律的变革。换言之,经济全球化的过程必然伴随市场"游戏规则"的法治化,即各国遵守共同的市场规则。在国际经济一体化的大势下,全球范围内的法律理念、法律价值观、执法标准与原则乃至法律和法治正向趋同的方向迈进。我国于2020年颁布了《中华人民共和国民法典》并施行,标志着中国民事立法踏入新的征程。但是,民法典并不能一劳永逸地解决所有民事法治建设问题,仍然有许多问题需要在实践当中检验探索,并通过司法解释、行政法规等方式不断地予以配套补充和细化。特别是,编纂一部与民法典相匹配并与新一轮改革开放相适应的国际私法典已成为亟待解决的迫切任务。

(三)涉外法治建设与课程思政的深度结合

习近平总书记关于全球治理、国际法治,特别是人类命运共同体的论述和思想,为法学教师在涉外法治人才培养和课堂教学中融入课程思政元素提供了深厚的理论滋养和中国视野。具体而言,在与涉外法治有关的课程思政建设过程中,如国际公法、国际私法、国际经济法、国际环境法、国际商事仲裁、国际商法等课程,习近平法治思想中有关涉外法治建设的论述,不仅为任课教师开展教学工作提供了方向性的指引,而且也为思政元素融入国际法教学奠立了基调。通过思政要素的融入,使学生们充分理解习近平总书记所倡导的人类命运共同体理念对全球治理和国际法治的时代内涵和历史意义,有助于学生在全球化的时代背景下坚持正确的政治方向,形成正确的世界观、人生观、价值观和全球治理中的法治观。

在国际法等课程开展思政教学的方法层面,教师先要在备课过程中系统学习并扎实掌握习总书记的重要论述。在此基础上,围绕课程大纲的具体内容,潜移默化地把相关的思政内容融入教学的每一个环节,使学生逐步理解"人类命运共同体"等重要理念不仅是一种理念,而且应当是具体规则和制度,使学生逐步懂得,在国际规则的制定、国际合作、国际争端的解决过程中,中国应坚定自己的立场和态度,提升中国在国际事务中的代表性和话语权。通过在国际法课程中融入思政内容，使学生逐步树立人类命运共同体理念，为未来践行人类命运共同体理念，为维护人类命运共同体而学习，从而提升学习的自主性，同时将课堂设计密切地与国家的方针、政策、路线联系在一起，提升课堂的时代性和前瞻性。总体来看，健全和完善对外关系法律体系的重点，恰恰是目前我国各高校法学院关于国际法教学的"软肋"和着力点。强化实证导向，增强中国话语权，从涉外立法、涉外司法、涉外执法三个维度提升教学的广度和深度，已成为课堂教学所不容回避的现实使命（图2）。

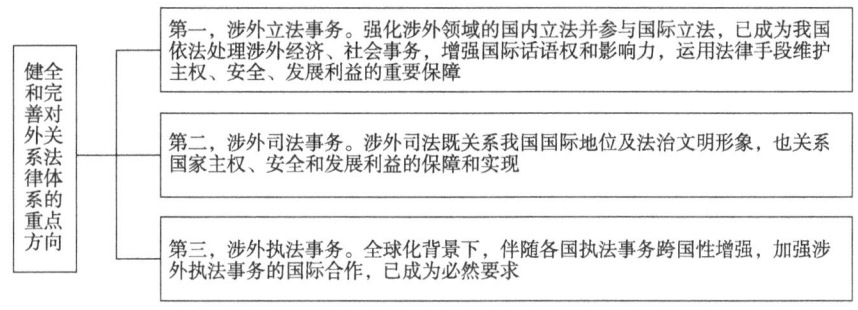

图 2　健全和完善对外关系法律体系的重点方向

三、从课程思政入手加强涉外法治人才培养的重要性与可行性

（一）涉外法治人才培养的重要性

加强涉外法治工作队伍建设，加强涉外法治人才培养是习近平法治思想的重要组成部分，同时也是全面推进依法治国，推进"一带一路"国际合作，推动构建人类命运共同体的重大战略举措（表1）。就其重要性而言，集中体现在三个层面：一是中国对外关系法体系的建立和健全，中国对外关系法律制度的实施，尤其是落实"全面推进依法治国"对"全面"的要求，需要培养高素质的涉外法治人才；二是承担大国责任，为全球提供更多的公共产品，维护以国际法为基础的国际秩序，推动构建人类命运共同体，需要一大批熟悉并善于运用国际法乃至制定国际规则的涉外法治人才；三是经济全球化是不可逆转的历史大势，立足当下，我国需要把涉外法治人才培养置于中华民族伟大复兴的战略全局和世界百年未有之大变局这两个历史进程中，充分认识涉外法治人才培养所具有的基础性、战略性、先导性地位及作用，充分认识涉外法治人才培养在中华民族伟大复兴中的高度重要意义[①]。

---

① 杜焕芳.涉外法治专业人才培养的顶层设计及实现路径[J].中国大学教学，2020（6）：22.

表 1　中央关于加强涉外法治人才培养的重要论述和决定

文件	要求
党的十八届四中全会决定	明确提到要建设通晓国际法律规则、善于处理国际法律事务的涉外法治人才队伍
中央全面依法治国委员会第二次会议	习近平总书记明确强调，要加强涉外法治人才培养，涉外法治专业人才培养要跟上
中央全面依法治国委员会第三次会议	习近平总书记进一步强调，要加强国际法治领域合作、加强我国法域外适用的法律体系建设、加强国际法研究和运用、提高涉外工作法治化水平
2020年中央全面依法治国工作会议	习近平总书记再次指出，要坚持统筹推进国内法治和涉外法治，加强我国涉外法治工作战略布局，协调推进国际治理和国内治理，更好地维护国家主权、安全、发展利益，坚持建设德才兼备的高素质法治工作队伍

然而，现实情况却是，相比中国涉外法治建设对涉外法治人才的需要，我国现有的涉外法治人才却呈现匮乏态势，国际法学在法学教育课程体系中的地位非但没有加强反而有被弱化的趋向。据悉，1997年，我国在进行学科专业调整之际，取消国际法学本科专业，取消国际公法、国际私法、国际经济法三个法学二级学科。2018年，《法学类专业教学质量国家标准》调整了法学专业核心课程体系，在法学专业核心课程上采取"10+X"分类设置模式，将国际私法、国际经济法从必修课降低为可选课程，学分、学时等也相应地予以缩减，这对涉外法治人才培养和人才储备建设产生了消极影响。由于重视程度不足，尽管中国国际法的教学与研究从改革开放至今业已40多年，但涉外法治人才匮乏的状况仍然未能得到根本性改观，特别是能够独立从事国际法实务的人才仍然是凤毛麟角。

有鉴于此，有学者提出，应当尽快将涉外法治人才培养工作提升为紧迫的国家战略，将国际法学提升为一级学科①。同时，在完善法学教育和课程体系的前提下，要在现行国际政治、经济秩序框架内通过参与国际规则的制定，努力推动国际秩序和全球治理体系向更加公正合理的方向改变，必然要求我国国际法学界教育并培养出更多能够参与国际规则制定的高端法律人才②。具体而言，这就要求我国相关高校与涉外仲裁机构、司法实务部门等通力合作，共同致力于在国际贸易法、国际投资法、国际能源法、国际金融法、国际环境法、国际海洋法、国际文化法等领域培养和储备卓越的涉外法律人才。除此之外，仅有理论知识体系还不足以应付实践的需求，故而还必须重视涉外法律工作队伍的建设，即通过实务部门的长期训练，打造既通晓国际法理论，又具有丰富涉外法律工作实践经验

---

① 柳华文.论进一步加强国际法研究和运用[J].国际法研究，2020（1）：3.
② 袁泉.文明交流互鉴语境下重塑国际法学学科体系之思考[J].国际法与比较法论丛，2020（1）：3.

的高水平涉外人才队伍。如果将高校法学院系通过国际法课程、竞赛、研究所积淀的理论知识和塑造的学术素养作为一个方面，那么通过在涉外法律实践部门进行实习、工作、挂职锻炼所积累的实战经验和实务技能则属于另一个不可或缺的关键方面，二者如同"一体两翼"的关系，不可或缺。

（二）涉外法治人才培养中融入课程思政的必要性

良好的思想品德和正确的价值观不仅事关法学专业学生在未来走向法律实务岗位的政治素养，而且事关中国的法治建设和社会的公平正义理念的推进。在涉外法治人才培养中，国际法、国际私法、国际经济法等作为法学专业的学科基础课和核心课程，在塑造学生的法律人格、法律思维和法治观念中发挥着重要的基础性作用，同时担负着对国家主流价值观的引领和爱国主义精神塑造的重要功能，有助于在全球化的时代背景下引领学生坚持正确的政治方向，确立正确的世界观[①]。作为任课教师，做好教学设计，将国际法的知识与思政元素进行高度结合并实际融合，"守好一段渠、种好责任田"，是落实思政目标、提升育人效果的重要举措。自2016年以来，在高等教育中注重立德树人，在专业授课中引入并强化课程思政，已成为现代化教学改革的方向和趋势（表2）。

表2 中央关于加强课程思政建设的重要论述和决定

文件	要求
2016年习近平总书记在全国高校思想政治工作会议上的重要讲话	习近平总书记强调，高等教育肩负着培养德智体美全面发展的社会主义事业建设者和接班人的重大任务，必须坚持正确的政治方向。高校立身之本在于立德树人。要把思想政治工作贯穿教育教学全过程，开创我国高等教育事业发展新局面
2017年习近平总书记在中国政法大学考察时的讲话	习近平总书记强调，法学学科是实践性很强的学科，法学专业教师要坚定理想信念，带头践行社会主义核心价值观，促进理论与实践相结合，多用正能量鼓舞激励学生
2019年习近平总书记在全国高校思政教师座谈会上的讲话	习近平总书记强调，要以显性与隐性相结合的形式开展思政教育，巧妙地将思政教育与其他课程教学融为一体，深入挖掘教育资源，构建起立体化、全方位的育人体系，有效解决学科耦合中的问题
2019年中共中央办公厅、国务院印发《关于深化新时代学校思想政治理论课改革创新的若干意见》	首次提出整体推进高校课程思政，并指出各类课程同思政课建设的协同效应有待增强

---

① 崔晓.浅析国际法学课程思政目标设计和案例设计[J].决策探索，2021（1）：41.

续表

文件	要求
2019年党的十九届四中全会决定	决定指出，加强和改进学校思想政治教育，建立全员、全程、全方位育人体制机制
2020年教育部印发《高等学校课程思政建设指导纲要》	要求全面推进高校课程思政建设，在法学类专业课程教学中坚持以马克思主义为指导，加快构建中国特色哲学社会科学学科体系、学术体系、话语体系。要帮助学生了解相关专业和行业领域的国家战略、法律法规和相关政策，引导学生深入社会实践，关注现实问题，培育学生德法兼修的职业素养
2021年教育部办公厅《关于开展课程思政示范项目建设工作的通知》	要求全面推进不同类型学校的课程思政建设理论研究和教学实践，探索创新课程思政建设方法路径，构建全面覆盖、类型丰富、层次递进、相互支撑的课程思政体系，加快形成"校校有精品、门门有思政、课课有特色、人人重育人"的良好局面

（三）在涉外法治人才培养中加强课程思政建设的目标与路径

加强涉外法治人才培养、强化课程思政的体系化建设，均为当前高校法学院教学改革的重要趋势，二者是相辅相成的关系。如何在涉外法治人才培养过程中更加有效地贯彻和实施课程思政的要求，需要就有关路径和方法展开探讨。

国际法是我国应对外部挑战和风险的有力工具，涉外法治人才培养在法治建设中具有基础性、战略性、先导性的地位和作用。高等学校法学院系是培养涉外法治人才的主渠道，培养怎样的涉外法治人才、怎样培养涉外法治人才、为谁培养涉外法治人才是涉外法治人才培养中的根本问题。落实到方案与路径上，课程思政不仅应当体现为政策性引领、方向性引导，更要注重能力的塑造和品质的培育。具体而言，优秀的涉外法治人才应当具备解决涉外民商事争议的能力、妥当参与国际事务的能力。作为人才培养的目标，在课程思政的设计与实施上，应针对涉外民商事审判、涉外商事仲裁的特殊性，探索如何培养准确理解和正确适用国际条约与国际惯例，熟悉中外法律和国际通行规则、掌握国际司法动态的法律人才。在参与国际事务的能力培养上，存在三个方面的重点：①如何在现行的国际政治、经济、民商事秩序框架内，通过参与国际规则的制定和完善，努力推进全球治理体系和治理能力现代化，使国际秩序朝着更加公正合理的方向转变；②在中国参与全球及区域事务中的角色及作用日渐凸显的背景下，如何更有效地为国际关系的法治化提供中国方案；③为解决我国与其他国家的国际经贸争议及国际民商事争议，培育掌握扎实法律知识和正确政治方向的优质人才。

为实现这些目标，亟待从专业整合、课程设置、平台构造等方面进行逐项突破。首先，在落实具体培养教育环节中，在填补和凝练国际法专业的同时，尤其要注重和探索国际法与相关学科或专业的交叉整合，例如法学与外语类专业（如英语、法语、西班牙语、德语)、政治类专业(如国际政治、国际关系)、经济类专业(如国际贸易、国际金融、国际投资)、跨文化交际等专业进行合作,合理打破学科藩篱,实现人才的贯通培养。其次,对相关课程及教材体系进行有针对性的改良,培养学生的问题意识、思辨意识和解决实务问题的能力,引进国际争议解决的优质案例教学资源,以传授国际法前沿动态和实践技能、开拓国际视野和涉外法治思维、强化外文专业文献阅读及写作等能力的全方位提升作为重中之重。最后,高等学校、科研机构等理论研究阵地要与人民法院、仲裁机构、调解机构、司法行政部门等实务机关通力协作,搭建互动平台,形成全方位的涉外法治人才培养体系。这不仅要求法院等机构通过行使司法权实现跨国司法治理的功能,而且要借助深度合作,在一定程度上实现涉外人才实务能力培养的使命。

四、涉外法治人才培养中强化课程思政的具体路径分析

(一)提炼习近平法治思想中与涉外法治相关的国际法治意涵

统筹推进国内法治与涉外法治是全面推进依法治国的基本内涵,其贯彻与落实的一个方面是增进国内法治与国际法治的互动。习近平法治思想中的国内法治与国际法治互动理念主要包括统筹推进国内法治和涉外法治,完善涉外法律法规体系,强化涉外法律服务,加强国际法治合作,运用法治思维和方式处理国际事务,加快推进我国法域外适用的法律体系建设[①]。习近平法治思想关于国际法治的系列重要论述博大精深、兼收并蓄,具有强烈的时代特征和实践指向,其实践逻辑是:世界正处于百年未有之大变局,中国外交已进入构建人类命运共同体的新时代,两期叠加,应运而生;这其中的历史逻辑是中国特色国际法治理论与实践与时俱进之传承发展,既有高度的连续性、稳定性、权威性,又有鲜明的时代性、先进性、创新性;其理论逻辑是根植于中华优秀传统文化沃土,广泛汲取东西法治文明精华,打造马克思主义法治理论中国化在国际法治领域的最新成果,为国际关系民主化法治化提供中国方案[②]。

(二)梳理中国共产党百年党史发展征程中提出的国际法治思想

中国共产党的百年实践和发展表明,中国共产党是一个与时俱进、勇于创新的政党。中国共产党的国际法治贡献颇多,对国际法治的影响深远[③]。譬如,和

---

① 黄进,鲁洋.习近平法治思想的国际法治意涵[J].政法论坛,2021(3):3.
② 黄惠康.论习近平法治思想关于国际法治系列重要论述的实践逻辑、历史逻辑和理论逻辑[J].2021(1):3.
③ 何志鹏.中国共产党的国际法治贡献[J].法商研究,2021(3):12.

平共处五项原则、三个世界理论、和谐世界理念、构建人类命运共同体理念等一系列国际法治原则、理论和理念。1949年中华人民共和国成立后，中国共产党从高举意识形态旗帜逐渐走向推进友好合作，与广大发展中国家团结一致，追求建立国际政治经济新秩序以面对逆全球化的环境，强调国际法治的崇高地位。中国共产党的"和平发展"国际法思想是中华人民共和国成立后，在美国和苏联争夺世界霸权、资本主义阵营封锁打压社会主义阵营的时代背景下形成的。该思想以构建国际政治经济新秩序为目的，以"和平共处五项原则"和"反对霸权主义原则"为主要内容①。从国际主义到国际法治，意味着中国共产党对国际秩序和全球格局的认知日益清晰。这也对中国共产党的治理能力、治理观念提出了一系列的新要求②。

人类命运共同体思想中深刻蕴含着中华民族优秀传统法治文化③。尤其是共同的合作利益观、国际社会本位理念等，被视为人类命运共同体思想中的重要组成部分，对此类元素的深度挖掘，可以在一定程度上声援多边主义、合作主义，从而有力回击零和博弈法则④、地缘政治思维以及因单边主义和霸权主义诱发的战略竞争和政治摩擦⑤。

（三）总结中国法院审理涉及"一带一路"案件的司法裁判经验

通过对涉及"一带一路"案件的审理和裁判，中国法院成为参与全球治理的重要力量。由于中国法院参与全球治理是一个长期实践过程，所以有必要构建由资源供给、能力提升、法治互动、利益协调与多元保障等构成的可持续实践创新体系，以及由参与实践、身份转型与国际法治等关联要素组成的互构性理论支撑模式⑥。

2012年党的十八大报告指出："坚定维护国家利益和我国公民、法人在海外的合法权益，加强同世界各国交流合作，推动全球治理机制变革，积极促进世

---

① 刘仁山，梁帅.中国共产党"和平发展"国际法思想探析[J].湖北警官学院学报，2011（2）：20.
② 何志鹏.从国际主义到国际法治：中国共产党全球秩序理念的百年演进[J].吉林大学社会科学学报，2021（1）：5.
③ 李栗燕.人类命运共同体思想的中华法文化意蕴[J].法律科学（西北政法大学学报），2021（3）：16.
④ 零和博弈（zero-sum game），又称零和游戏，与非零和博弈相对，是博弈论的一个概念，属非合作博弈。它是指参与博弈的各方，在严格竞争下，一方的收益必然意味着另一方的损失，博弈各方的收益和损失相加总和永远为"零"，双方不存在合作的可能。现代博弈理论由匈牙利大数学家冯·诺伊曼于20世纪20年代创立。与"零和"对应，"双赢"的基本理论就是"利己"不"损人"，通过谈判、合作达到皆大欢喜的结果。参见杜喆，周新辉.从先秦道家"和"文化传统看习近平"拒绝零和博弈"外交话语[J].社科纵横，2016（2）：88.
⑤ 张乃根.国际法上的多边主义及其当代涵义[J].国际法研究，2021（3）：3.
⑥ 吴卡.中国法院参与全球治理的实践路径与可持续策略[J].国际法研究，2021（2）：81.

界和平发展,在国际事务中的代表性和话语权进一步增强,为改革发展争取了有利国际环境。"这表达了当前时期执政党对维护中国国家利益与我国公民、法人在海外合法权益的决心。但是,国家利益的属性是什么,包括哪些具体内容,是一个困扰各个国家的决策层与中外学者的难解之题。尤其是对和平崛起的中国来说,国家利益更是处于一个复杂变动的状态之中,这也彰显出对其属性与具体内容进行准确定位的难度。无疑,在和平崛起的大背景下,对国家利益的属性与内容进行准确定位,对于作为大国的中国的外交战略与策略,包括国际法上的战略与策略,有着重要的理论与现实意义①。

五、结语

当今世界,开放包容、多元互鉴是主基调,相互联系、相互依存是大潮流,和平、发展、合作、共赢是主旋律②。但是,国际争端无处不在,对抗、矛盾、冲突仍然此起彼伏,经贸摩擦也从未消弭。作为以解决跨国争议为己任的国际法和以调整及解决涉外纠纷为使命的涉外法,二者是相辅相成的关系。课程思政的引入为涉外法治人才培养提供了契机,同时也提出了挑战。当务之急,应当重视我国高等学校法学教育中的涉外法治课程体系,优化人才培养方案,完善教学内容,提炼教学素材,通过对争端解决理念、思维与方法的培育,合理地促进涉外法治人才培养与课程思政教学改革的对接与融合。

---

① 刘志云.新形势下中国国家利益再定位与国际法上的转变[J].国际关系与国际法学刊,2014(1):96.
② 黄进.习近平全球治理与国际法治思想研究[J].中国法学,2017(5):5.

第三章 课程实践

合同法课程思政建设的初步探索

米新丽[*]

合同法课程是法学专业核心课程民法学的重要组成部分。2020年5月28日通过的《中华人民共和国民法典》中,"合同编"的条文占比超过40%,凸显了其重要地位。故合同法对法律人才培养尤其是对法科生基本法学素养的养成、基本知识的掌握和运用等具有尤为重要的意义。同时,合同法中所体现的公平正义、诚实守信、公序良俗等元素与社会主义核心价值观高度契合,是以人民为中心思想的重要体现,因此,合同法的教学不仅是对我国合同法学理论和合同法律制度的传授过程,而且是社会主义核心价值观、社会主义道德观的教育过程。

因此,在教学过程中应发挥合同法课程的优势,将价值塑造、能力培养、知识传授三位一体的育人理念贯彻始终,为培养"德法兼修"的高素质卓越法治人才贡献力量。为了达成这一目标,我们在提取思政元素,选取合适的案例,观察教学效果等方面进行了探索。

一、提取思政元素

因循合同法教学内容的展开,我们在各章节合适的知识点提取思政元素,举例如下。

(一)通过讲授合同法立法历程,增强学生的"四个自信"

改革开放以来,我国合同法立法经历了从无到有、内容不断丰富、规则不断完善的历程。即从民法通则、经济合同法、合同法等,到民法总则,再到民法典合同编,形成了完整合同法律体系。合同法的立法历程,体现了我国法律制度的

---

[*] 米新丽,法学博士,首都经济贸易大学法学院党委书记、教授、硕士生导师。

科学性和中国特色社会主义法律制度独特优势，以此增强学生的"四个自信"。

（二）通过讲授合同的法律特征，激发学生的民族自豪感

合同法是规范市场交易的法律，与我国改革开放和经济发展紧密相连。没有改革开放和市场经济，就没有合同法。同时，合同法为市场经济有序发展，尤其为规范财产流转关系，提供了重要法制保障。通过讲授和学习合同的法律特征，带领学生体会我国改革开放40多年来取得的伟大成就，激发学生的民族自豪感，培养爱党、爱国情怀，鼓励学生认真学习，乐于奉献，为国家奉献自己的力量。

（三）通过讲授合同法基本原则，培育和践行社会主义核心价值观

合同法的基本原则如平等、公平、诚实守信等与社会主义核心价值观的内容高度契合。以公平原则为例，当事人订立合同时必须符合公平原则，否则将会影响合同的效力。因此，将合同法中的公平原则与社会主义核心价值观相融合，引导学生在生活及工作中坚持公平、公正，树立正确的人生观和价值观。

（四）通过讲授合同不得损害国家利益，培植学生的爱国情怀

爱国有很多种具体表现，一方面要勤奋工作，为国家富强、民族复兴贡献自己的力量。另一方面，不得损害国家利益。具体到合同法之中，如果签订的合同损害国家利益，该合同不但无效，而且将会受到法律制裁。通过合同法中关于损害国家利益的合同无效的法律知识与爱国教育相融合，培植学生的爱国情怀，教育学生要时刻维护国家利益，一切以国家利益为重，成长为担当民族复兴大任的社会主义建设者和接班人。

（五）通过讲授合同不得违反法律、行政法规的强制性规定，培养和增强学生的守法意识、法治意识和规则意识

遵纪守法是每个公民的基本义务，法科学生更要成为遵纪守法的典范。根据合同法规定，违反法律行政法规强制性规定的合同无效。通过这一知识点，培养和增强学生的守法意识、法治意识和规则意识。

（六）通过讲授合同不得违背公序良俗，培养学生遵守社会公德的意识

公序良俗是公共秩序与善良风俗，本质上是一个国家、一个民族在历史长河中，经过社会实践积淀下来的道德准则，是保证社会和谐稳定的最起码的道德要求。当事人在订立、履行合同过程中，不得违背公序良俗。将合同法中这一内容结合案例进行讲解，培养学生遵守社会公共秩序、尊重善良风俗的意识。

（七）通过讲授违约责任承担，引导强化学生诚实守信的意识

违约责任是指违反合同义务所应承担的不利后果。通过违约责任承担，使学生认识到不诚实守信应承担的不利后果，从而让学生全面理解和体会诚实守信的重要性。

二、选取合适的案例

在讲授合同法理论和法律条文的同时，我们注重选取适合的案例与专业教学知识点的无缝对接。既让学生通过案例掌握合同法知识，理解合同法规定，又让学生从中汲取思政营养。以下试举几例加以说明。

（一）"酒店'集赞'促销又反悔遭 400 名政法大学学生维权"案

2018 年 11 月 15 日，中南财经政法大学附近一家酒店发布集赞换代金券免费吃大餐活动，集满 80 个赞就能领取价值 168 元的自助晚餐券一张。但当学生们前来兑换时，酒店却反悔了，表示不予兑换。故 400 名大学生积极维权，要求酒店兑现承诺。最终在有关机关的调解下酒店履行了承诺，给集满 80 个赞的学生兑换了自助晚餐券。

思政元素：诚实守信。诚实守信是中国千百年传承下来的道德传统，诚信原则在民法中被奉为"帝王规则"。该案中酒店"反悔"的行为有违诚信原则，不符合社会主义核心价值观的要求，不能得到支持。

（二）新疆丰盛投资有限公司与新疆亚鑫国际经贸股份有限公司合同纠纷案

裁判要旨：按照《中华人民共和国货物进出口管理条例》的规定，禁止买卖货物进出口配额证明。本案双方当事人一方以人脉关系搞配额，另一方利用自己的进出口资质名义上申请配额，而搞配额的一方欲最终自己使用配额，出让配额的一方则取得一定的（代理）费用，双方显然系违规跑配额。双方签订的《补充协议》与《合作协议》均违反了国家法律、法规的禁止性规定，合同无效。

思政元素：自觉守法。民事主体在进行民事活动时，应当自觉遵守国家法律法规，知法守法是每个公民应尽的义务。否则将会承担不利后果。我们在日常生活中要不断培养自己的法治观念和法律意识，自觉养成依法办事的习惯。

（三）林春英诉韦菊芬、李生德赠与合同纠纷

裁判要旨：夫妻一方在与他人无任何基于身份关系及其衍生法律关系的前提

下,大额和持续赠予异性现金或其他财物的,可推定双方存在不正当关系。基于双方之间不正当关系的赠予行为违反了社会基本道德准则,因违反公序良俗而被认定为无效。

思政元素:公序良俗。民事主体在进行民事活动时,不得违反社会的公共秩序或善良风俗,公共秩序要求民事主体要有大局意识和集体观念,善良风俗要求民事主体遵守道德规范。坚持公序良俗原则,有利于引导人们树立正确的道德观念,建立社会主义文明风尚,使人们和谐相处、生活安定有序。

(四)岳荣波与蒙阳服务合同纠纷案

裁判要旨:消费者以预付式消费模式在经营者处接受美容服务,以皮肤过敏等理由主张解除合同,虽然消费者已对格式条款签字确认,但该格式条款明显加重消费者的责任,排除消费者的消费选择权。这种消费者一旦预付了服务期内的所有费用,即使对服务效果不满意也不能终止的约定显失公平。并且,美容合同具有很强的人身依附性质,服务对象应自愿接受服务,不能强制消费,消费者停止消费后,商家占用相对于后续商品或服务的大部分资金,无须提供后续商品或服务的对价,却仍然将这些资金全部占为己有,也不符合合同对价、公平的原则,且消费者因皮肤过敏致使不能履行美容合同,综上所述,法院判决解除双方合同。

思政元素:公平正义。公平是法所追求的基本价值之一,有了公平,才能为人们的发展提供平等的权利和机会,每个社会成员的生存和发展才有保障。公平正义是衡量社会文明进步的重要尺度,也是社会主义核心价值观的重要内容。

(五)成都鹏伟实业有限公司与江西省永修县人民政府、永修县鄱阳湖采砂办采矿权纠纷案

裁判要点:最高人民法院经审理认定,鹏伟公司在履行本案《采砂权出让合同》过程中遭遇鄱阳湖36年未遇的罕见低水位,导致采砂船不能在采砂区域作业,采砂提前结束,未能达到《采砂权出让合同》约定的合同目的,形成巨额亏损。这一客观情况是鹏伟公司和采砂办在签订合同时不可能预见到的,鹏伟公司的损失也非商业风险所致。在此情况下,仍旧依照合同的约定履行,必然导致采砂办取得全部合同收益,因此,鹏伟公司承担全部投资损失,对鹏伟公司而言是不公平的,有悖合同法的基本原则。鹏伟公司要求采砂办退还部分合同价款,实际是要求对《采砂权出让合同》的部分条款进行变更,符合法律规定,本院予以支持。

思政元素:利益平衡。情势变更是公平原则和诚实信用原则在合同关系中的具体运用,其目的在于救济因情势变更导致的显失公平结果,平衡、协调合同当事人之间的利益关系,维护社会公平和经济流转秩序,体现了我国合同法在特定情形下的利益平衡作用。

三、观察教学效果

合同法课程思政建设对学生的影响是长期的、隐性的，短期效果不容易显现，也无法让学生对思政教育效果做出量化评价。但短期内可以通过学生的参与积极性、讨论反馈等观察实施效果。我们在教学过程中，通过案例引入的方式，引领学生在运用专业知识进行思考回答的同时，实现思政元素的无痕融入。学生们参与讨论的积极性很高，限于篇幅以下试举两例。

例1：在学习"合同订立"时，将前述"酒店'集赞'促销又反悔 遭400名政法大学学生维权"案发送至超星平台讨论区，引导学生就合同是否成立进行讨论。学生们讨论非常积极。以下是三位学生的讨论回复。

学生A：合同的成立是指订约当事人就合同的主要条款达成合意。本案中，酒店方推送表明的"集赞换券"，上面写明了集赞数量和所对应的券，没有名额限制、有时间限制，是以订立换券合同为目的的意思表示。符合要约的构成要件，要约成立。由于该推送已经发出，为人所知，并且学生们已经集赞，所以酒店方也不能撤回或撤销要约。要约一经生效就对要约人和受要约人产生法律约束力。学生按照推送上的要求集赞并去酒店换券是承诺。至此，该合同已经成立。合同成立且生效，当事人负有履行合同的义务。酒店不能兑现换券属于违约行为，学生有权要求酒店履行合同。

学生B：合同订立，即缔约，是指具备民事权利能力和民事行为能力的当事人为设立、变更、终止民事权利义务关系而进行协商达成协议的过程。本案中，酒店和维权同学均满足订立合同主体的条件。故：当酒店在微信平台发布点赞活动时，已有明确希望和他人订立合同的意思表示，要约产生。中南财大学生在微信平台转达广告并按酒店要求集满赞的行为，符合承诺的构成要件。至此，酒店与学生双方形成了合同。因此，酒店之后不兑现承诺系违约行为，中南财大学生有权要求酒店履行合同约定。

学生C：合同订立，即缔约，是指具备民事权利能力和民事行为能力的当事人为设立、变更、终止民事权利义务关系而进行协商达成协议的过程。本案中，酒店和维权学生均满足订立合同主体的条件。故：当酒店在微信平台发布点赞活动时，已有明确希望和他人订立合同的意思表示，要约产生。中南财大学生在微信平台转达广告并按酒店要求集满赞的行为，符合承诺的构成要件。至此，酒店与学生双方形成了合同。因此，酒店之后不兑现承诺系违约行为，中南财大学生有权要求酒店履行合同约定。

例2：在讲授可撤销合同时，选取了"卖脐橙4 500克错写成4 500斤，怎么办？"一案。在该案中，"果小云旗舰店"错将"26元4 500克"的脐橙价格写成"26元4 500斤"，B站的一位up主"路人A-"发现后迅速带领上万粉丝下单抢购，一夜之间该网店被下单700多万元。卖家欲哭无泪，合同履行困难。将本案发送至超星平台，让学生讨论两个问题：一是该合同是否成立？效力如何？二是对up主"路人A-"的行为进行评价。以下是两名学生的讨论回复。

学生A：①已下单购买脐橙的买家与果小云旗舰店形成合同关系，卖家通过互联网等信息网络发布的商品或者服务信息符合要约条件，而买家选择该商品或者服务并提交订单成功时合同成立。所以，已下单的买家与云小果旗舰店达成合同关系。此案中，商家因操作失误，把26元4 500克的脐橙设为了4 500斤，其意思表示存在瑕疵，其行为属于重大误解，根据民法典第147条基于重大误解实施的民事法律行为，行为人有权请求人民法院或者仲裁机构予以撤销。②up主"路人A-薅羊毛的购买行为并不违法，但是有悖于民法典中的诚实信用原则，他煽动粉丝利用商家价格漏洞获利的行为，造成了恶劣的社会影响，应受到谴责。

学生B：①已下单购买脐橙的与果小云旗舰店形成合同关系。淘宝网上，商家发布的商品规格、价格等信息为要约，卖家对购买商品进行在线付款为承诺。买家一旦付款双方即形成合同关系。但是该合同应属于因重大误解而产生的合同，本案中，果小云旗舰店因操作失误，将26元4 500克的脐橙设置为了4 500斤，以一般人的角度判断，这一行为是极度不合理的，所以我们应当相信该合同为果小云旗舰店因重大误解而与买家订立的合同，这个合同应该被撤销。②对于B站up主"路人A"-的行为，先要明确，他的行为并未违法，但是作为一个粉丝众多的B站up主，公然号召自己的粉丝去"薅羊毛"显然不妥，特别是这种将会对商家利益严重受损的"薅羊毛"。无疑违背了人们对善的判断，违背了善良风俗。尽管我们没有理由在法律上对其加以制裁，但是也应当在道德上对其进行谴责。

从以上学生们的回答可以看出，通过引导其对案例进行思考、分析、讨论，他们在对专业知识学习和掌握的同时，对于诚实信用、公序良俗等有了进一步的理解。这在一定程度上反映了课程思政的阶段性效果，也是助力其成长为德法兼修的高素质法治人才的重要环节。

两点体会：通过推进合同法课程思政建设过程，我们收获了很多，在此分享两点：一是选取合适的案例。案例选取的适当性是"课程思政"开展的关键要素。前述案例的选取也都秉承适当性原则，案例选取合适，思政元素的融入才会自然。

例如在讲授可撤销合同内容时，选取了前述"卖脐橙 4 500 克错写成 4 500 斤，怎么办？"一案。该案就专业知识点来讲，是诠释"重大误解""显失公平"的很好案例，很容易激发学生的兴趣，又能较好地回答有违公平的后果。同时还涉及对 up 主行为评价。真正使专业课程承担起思政教育的功能，使学生很自然地接受价值观的熏陶，做到与思政课同向同行。二是运用适合的方法。在选取了合适的案例后，运用合适的方法同样重要。我们在对选取的案例进行使用的过程中，有些是通过让学生课前阅读思考的方式介入，有些是通过授课过程中教师讲解的方式融入，有些是通过课后作业的方式让学生深度思考，从而贯穿合同法教学的全过程。在这些方法的使用中，让学生课前阅读的方式效果更为明显。这也是一种启发式教学方法的具体运用。事先将案例发给学生，设计专业问题和思政问题，让学生充分思考，在学习了相关专业知识后予以回答，教师予以点评。通过这种方式，让学生有了思考的过程，记忆会更加深刻，理解也会更加到位。例如，在学习"合同订立"这一内容时，我们运用超星平台，提前将"酒店'集赞'促销又反悔　遭 400 名政法大学学生维权"案发送至平台讨论区，在学习"合同效力"时，将"卖脐橙 4 500 克错写成 4 500 斤，怎么办？"一案发送至平台讨论区，引导学生在讨论区进行讨论。学生讨论热烈，既学习了合同法知识，又增强了契约意识，强化了价值观塑造。

国际法课程思政案例设计

谢海霞[*]

一、课程简介

国际公法学课程是面向法学院本科生开设的专业基础课程,该课程主要讲授国际公法的基础理论和基本法律制度。通过本课程的学习,学生能够熟悉并掌握国际公法的基本原理和制度,掌握国际公法的特点和体系框架,了解当前国际公法的最新实践,逐步学习运用国际法理论和知识分析问题,并提出解决问题的建议。该课程注重理论结合实践,关注中国问题,关注中国实践,通过开展课程学习和讨论,逐步深化学生运用国际法分析问题、解决问题的能力。通过引导学生认识全球治理变革,加强学生对坚持统筹推进国内法治和涉外法治的理解和认识,帮助学生理解和认识构建人类命运共同体的责任,培养学生学习运用法治手段维护国家利益的能力。该课程曾获评北京市优质课程、校级精品课程、校级双语课程。任课教师曾获评北京市教学名师。

建设国际公法学课程是落实习近平法治思想,坚持统筹推进国内法治和涉外法治的需要,也是培养涉外法律人才的需要。习近平总书记在中央全面依法治国工作会议上强调,要坚持统筹推进国内法治和涉外法治;要加快涉外法治工作战略布局,协调推进国内治理和国际治理,更好地维护国家主权、安全、发展利益;要强化法治思维,运用法治方式,有效应对挑战,防范风险,综合利用立法、执法、司法等手段开展斗争,坚决维护国家主权、尊严和核心利益;要推动全球治理变革,推动构建人类命运共同体。十九届四中全会《中共中央关于坚持和完善中国特色社会主义制度 推进国家治理体系和治理能力现代化若干重大问题的决定》指出,要加强涉外法治工作,建立涉外工作法务制度,加强国际法研究和运用,提高涉外工作法治化水平。中共中央《法治中国建设规划(2020—2025年)》提出"加大涉外法治人才培养力度,创新涉外法治人才培养模式"。

---

[*] 谢海霞,法学博士,首都经济贸易大学国际合作交流处处长、教授、硕士生导师

培养涉外法治人才是维护国家主权、安全和国家利益的需要。国际公法学课程在涉外法治人才培养中发挥着重要作用，是涉外法治人才培养的基础，因此，做好该课程的教学，是落实培养政治立场坚定、专业素质过硬、跨学科跨领域、善于破解实践难题的涉外法治人才的重要内容。该课程教学中突出培养学生的法治思维，既要注重国际法传统理论和制度的供给，也要凸显当前国际实践中的问题，培养学生问题分析能力，解决问题能力；既要注重国际法，也要注重我国国内法，注重培养学生运用法治思维维护国家利益的能力，引导学生思考中国在全球治理方面话语权和影响力。该课程的授课教师具有多年的讲授经验，在教学中积极运用现代教学技术手段，采用案例教学、启发式教学等方式，理论联系实际，研究中国问题，寻找中国视角，贡献中国方案，将涉外法治人才培养落到实处。

二、课程蕴含的思政元素

（一）引导学生深刻认识坚持统筹推进国内法治和涉外法治的重要理论意义和现实价值

2020年11月，在中央全面依法治国工作会议上，习近平总书记对当前和今后一个时期推进全面依法治国提出了11个方面的要求，其中"坚持统筹推进国内法治和涉外法治"是习近平法治思想的核心要义之一，是习近平法治思想的重要组成部分。要坚持统筹推进国内法治和涉外法治，协调推进国内治理和国际治理，强化法治思维，运用法治方式，综合利用立法、执法、司法等手段开展斗争，坚决维护国家主权、尊严和核心利益。本课程注重培养学生学习理解国际法的基本原理和制度，以问题为导向，结合我国的实践，以我国国家利益维护为视角，培养学生学习运用国际法维护国家利益，积极参与全球治理。

（二）引导学生认识构建人类命运共同体的责任担当

2017年，习近平主席在联合国日内瓦总部的题为《共同构建人类命运共同体》演讲中指出，构建人类命运共同体是一个美好的目标，中国将推动构建人类命运共同体，实现共赢共享。2018年，我国将"推动人类命运共同体构建"写入宪法修正案。党的十九大报告中两次提到了人类命运共同体构建：一是倡导构建人类命运共同体，促进全球治理体系变革；二是统筹国内国际两个大局，始终不渝地走和平发展道路，推动构建人类命运共同体，始终做世界和平的建设者、全球发展的贡献者、国际秩序的维护者。在课程教学中，通过指导学生学习理解战后以联合国为核心的国际秩序，学习理解国际法的基本原则和制度，引导学生深刻理解我国统筹推进国内法治和涉外法治对国际社会的贡献。通过研究中国问题和中国实践，引导学生理解和深化法治国家建设对国际社会的贡献，理解国内法治为推动构建人类命运共同体所提供的中国智慧。

（三）强化法学专业学生在国家治理能力和治理体系现代化中肩负的历史使命和责任担当

党中央在《关于坚持和完善中国特色社会主义制度 推进国家治理体系和治理能力现代化若干重大问题的决定》中明确提出要加强涉外法治工作，建立涉外工作法务制度，加强国际法研究和运用，提高涉外工作法治化水平。法学专业学生作为法律共同体的一员，肩负着推进法治国家建设的历史使命。本课程通过引导学生对典型案例的分析，引导学生深刻认识和理解国际法对我国司法实践的影响，深化学生对国际法的解释和运用，指导学生总结推动形成和完善区域性及全球性商事法律规则，理解"法治"在国家治理水平和治理能力现代化中的意义，从而强化学生对法治国家的认知和历史使命的承担。

三、教案设计

（一）教学目标

本部分以国际法中的引渡制度课程为例加以详细介绍。该节课程的内容拟以案例教学为主要方法，结合我国的国内立法与实践，分析国际法中的引渡制度，包括引渡的意义、引渡的主体和对象、引渡的基本原则，以及实践中引渡的程序。本部分教学内容中包括国际法中的引渡制度，国际实践的新发展，我国的立法与实践，内容广泛、案例丰富，实践中还存在着新的挑战，因此教学准备要求充分，课上和课下学习要紧密结合，通过课后作业进一步深化。通过该节课程的学习，要求学生理解和掌握引渡制度的基本原则和制度，了解当前新的国际实践带来的新挑战，结合实践分析我国引渡立法与实践中的问题，并能提出独立的见解。该课程教学中注重对国际法的研究，同时引导学生将国内法治和涉外法治紧密相连，理解和认识如何通过法治手段打击犯罪，维护国家利益。

1. 知识目标

熟悉和掌握国际法中的引渡制度基本内容，包括引渡的意义和实现条件，引渡主体和对象，引渡遵守的原则，引渡的程序；了解当前引渡实践的新做法、新挑战，熟悉我国引渡法和双边引渡条约的内容；了解我国实践中面临的难题，能结合实践案例分析问题，提出解决问题的思路。

2. 能力目标

拓宽学生的研究视野,培养学生养成法治思维;以问题研究为导向,学习运用案例方法和比较方法等提出解决实践问题的路径和措施。

3. 情感目标

通过专业课教学,将培养学生的爱国情怀、民族复兴的责任落实到专业的学习中;落实统筹推进国内法治和涉外法治的要求,用法治思维和法治手段来维护国家主权、安全和利益,用法治的思维和做法投身推进全面依法治国的行动中。

4. 价值目标

课程教学中要始终结合中国案例、研究中国问题、提出中国方案,以培养学生的使命意识和责任担当为目的,将推动国家治理体系和治理能力现代化落实到法治国家的建设中。

(二)教学内容(课堂设计思路及教学重难点等)

1. 教学设计思路(表1)

表1 国际法课程中的引渡制度教学单元教学设计思路

授课内容	思政融入点	教学内容和教学方法运用
国际法中的引渡制度	1. 统筹推进国内法治和涉外法治。 2. 用法治思维和法治手段维护国家利益。 3. 参与全球治理,推动构建人类命运共同体	(一)教学内容 1. 案例导读 2. 我国的相关法律规定(知识梳理) 3. 引渡制度的基本内容(理论分析) 4. 我国引渡实践:现状与问题(中国问题分析) 5. 引渡国际实践带来的新挑战(前沿思考) (二)教学方法 1. 案例研究方法 (1)围绕我国的典型案例讨论我国在引渡实践中遵循的规则和面临的问题。 (2)围绕当前新的案例展开分析,拓展学生的研究视野和研究思路。 (3)结合全面依法治国的要求,从我国国家治理能力和治理体系现代化出发,引导学生思考我国"追逃追赃"的法治意义,强化学生法治思维。 (4)落实统筹推进国内法治和涉外法治,引导学生思考如何进一步完善国内立法,推进法治国家建设。 2. 研讨式教学 问题1:引渡实现的前置条件是什么?对我国的实践产生了哪些影响? 问题2:引渡的基本原则有哪些?在哪些方面呈现出新的发展?这些对我国的实践产生了哪些影响?

续表

授课内容	思政融入点	教学内容和教学方法运用
国际法中的引渡制度	1. 统筹推进国内法治和涉外法治。 2. 用法治思维和法治手段维护国家利益。 3. 参与全球治理，推动构建人类命运共同体。	问题3：结合典型案例，如黄海勇引渡案、孟晚舟案、比利时诉塞内加尔案等，讨论引渡实践中的问题与对国际法的挑战。 　　课程教学中，通过案例讨论、课程作业等方式，引导学生结合实践问题讨论引渡的制度和实践，将国际法的学习建立在真实世界中，将专业知识的运用落到实处。课程学习是为了维护国家利益，因此结合实践和新发展分析中国问题就具有了现实意义。 　　以上问题也是课程教学中的重点和难点，课本和课堂都是基础框架，关键是要引导学生阅读分析已有案例，拓展阅读视野，培养独立分析问题的能力。就教学组织而言，要提供前沿性、代表性教学案例和文献，指导学生阅读和分析，引导学生提出解决问题的方案。作为涉外法治人才的培养，以能力和素质培养为前提才能使之在将来胜任维护国家利益的职责和使命。 　　3. 线上、线下教学相结合，国际法和国内法相结合 　　充分利用现代技术，将教学延伸到课堂外，从阅读和讨论中发现现实问题；将研究案例落到现实世界，将国际法的教学紧密贴合国内实践，统筹国内法治和涉外法治，国际法教学是现实的，是对变动中的世界的真实分析，所提出的解决方法才是争取权益可用的方法

2. 教学重点和难点

国际法中的引渡制度是国际法本科教学中的重点内容，既包括引渡制度的主体、对象、引渡依据和原则，也包括引渡制度的新发展。在教学中，首先要坚持理论与实践相结合，既要关注当前国际实践的发展，也要研究我国的相关国内立法与相关实践，引导学生以问题研究为导向，学习理解和运用引渡制度。其次，在教学方法上要更加灵活多样，充分运用技术赋能，将课堂教学与学生自学、线下授课和线上数据库资源使用结合起来，将讲授和讨论结合起来，采用案例式、启发式教学法，通过案例组织课堂教学，引导学生分析问题，提出解决问题之道。

3. 教学过程的展开（表2）

表2　国际法课程中的引渡制度教学单元教学设计案例

国际法中的引渡制度（50分钟）		
教学设计	教学内容	教学要求
一、问题导入（3分钟）	以实践案例导入，提出问题，引导学生思考，梳理课程学习的基本思路。 首先，以电影《湄公河行动》中提到的糯康案入手，提出几个问题：第一，为什么中国警察能在湄公河执法？第二，我国昆明法院审理糯康的法律依据有哪些？我国如何建立并行使了刑事管辖权？	案例选择要通俗易懂，问题要有针对性

续表

国际法中的引渡制度（50分钟）		
教学设计	教学内容	教学要求
一、问题导入 （3分钟）	其次，结合"赖昌星案"，讨论遣返、引渡、移交等的区别，界定本节课内容	案例选择要通俗易懂，问题要有针对性
二、引渡的概念 （12分钟）	1.引导学生掌握引渡的概念和引渡的前提，理解引渡是指一国应外国的请求，将位于本国境内的被外国指控为犯罪或判刑的人，移交给请求国审判或处罚的一种国际司法协助行为。现代引渡制度是国际刑事司法协助制度的重要部分，是国家行使管辖权和惩治罪犯的重要保障（3分钟） 结合案例，进一步分析引渡原则上采取条约前置主义；有时基于对等原则，也可以特别约定，如张振海案中涉及的引渡（3分钟）	学科基础知识，要求学生理解并掌握
	2.引渡的主体——概念中的细节问题，需要展开（3分钟） 引渡的主体主要是国家。结合条约规定和国际实践，明确谁有权引渡，引渡给哪一国。 对比我国引渡法的规定，结合海牙刑庭引渡米洛舍维奇，国际刑事法院从刚果民主共和国［简称刚果（金）］引渡部族武装领导人托马斯·鲁邦加，引导学生结合实际案例来思考国际机构是否也具有引渡的权利	结合实践展开分析的内容，涉及国内法、条约规定等
	3.被引渡的对象。结合洛克比空难案、皮诺切特案、阿桑奇案、黄海勇案等讲述（3分钟）	理论与实践结合，注重问题解决
三、引渡的规则 （24分钟）	1.罪名相同原则。结合皮诺切特案分析，说明该原则的含义。即：第一，请求引渡国和被请求引渡国双方的法律都认为某种行为是犯罪行为，或者是引渡条约上所指定的罪行，任何一国的法律不认为是犯罪的，都不构成引渡的理由；第二，对所指控的行为的惩处要达到一定的严重程度，如果引渡是为了执行刑罚，则还要求尚未执行的刑罚在一定时间之上	应掌握的基本知识点
	2.罪行特定原则。以黄海勇案为讨论内容，该案具有特别重要的研究意义	应掌握的基本知识点
	3.政治犯不引渡原则 首先简单介绍该原则的发展变化，其次分析目前的发展趋势——排除法的运用，将国际刑事犯罪行为排除在政治犯罪范围之外。包括：①危害和平罪、战争罪、反人类罪的战争罪犯应当受到惩罚而不能被视为政治犯。②劫机罪、恐怖主义犯罪、贩卖奴隶、贩毒罪等。 经济犯罪不属于政治犯罪：《联合国国际反腐公约》第44条的规定	例外规定是讲授重点内容

续表

国际法中的引渡制度（50分钟）		
教学设计	教学内容	教学要求
三、引渡的规则 （24分钟）	4.死刑犯是否引渡？——我国的实践难点 　　这部分内容的讲授需要结合人权保护的发展，结合中国实践，其中要引入中国最近十年来引渡条约的变化和热点问题，注意本学科发展的一个新热点，并结合刑法和司法公正的内容进行深入的讨论。关注以下几个时间节点。 　　（1）以前的国际实践：对可处死刑的罪犯予以引渡。 　　（2）第二次世界大战以后的实践：由于各国相继废除死刑以及战后人权保护的发展，一些多边和双边的引渡条约中规定，对根据请求国的法律可判处死刑的罪犯，可以拒绝引渡。 　　（3）结合我国当前的缔约实践，包括2006年4月与西班牙订立的引渡条约；2007年3月与法国订立的引渡条约中都规定了死刑犯不引渡原则，分析我国目前的新发展，同时指出目前存在两种不同的观点争论	注重结合近十年来我国双边引渡条约的内容。 结合我国刑法适用的公平性展开分析。 结合我国引渡实践中的典型案例展开讨论
	5.引渡或起诉？前沿内容仅做基本介绍，不具体展开。以比利时诉塞内加尔案作为基础讨论资料，在后面的课程中将结合普遍管辖权章节再次讨论（2分钟）	本节课的难点。重在引导学生关注前沿问题，学会将知识融会贯通
四、引渡的程序 （6分钟）	结合我国法律规定和相关实践，了解和掌握我国开展引渡工作的程序，厘清引渡程序中的具体细节（6分钟）	掌握我国的具体规定
五、引渡的效果 （4分钟）	1.结合实践简要总结引渡的效果 2.布置课后作业 　　要求阅读我国的相关法律规定和签订的条约，并结合我国已有的实践，具体分析一个典型案例，分析我国的引渡实践，并提出我国在引渡实践中遭遇的难题和解决途径	结合实践，要求学生理解并掌握
六、小结 （1分钟）	1.总结本节课的主要内容 2.布置课后讨论题目 　　题目一：孟晚舟案件涉及哪些国际法问题？假设加拿大最终将孟晚舟引渡给美国，这种做法是否符合国际法？ 　　题目二：黄海勇案件中，引渡的程序有哪些，如何认识引渡中的程序要件？	通过阅读补充资料，完成课后作业，深化理解课程内容，培养学生独立分析问题和解决问题的能力

（三）思政元素引入点

1.深刻认识坚持统筹国内法治和涉外法治的意义

通过学习国际法中的引渡制度，并分析我国引渡立法与实践，尤其是我国的

"追逃追赃"实践,理解和掌握国际法中的引渡制度,深入认识统筹推进国内法治和涉外法治的意义,认识用法治思维和法治手段维护国家利益是现实选择。

2. 深入认识百年未有之大变局下国际法正在发生的变化

理解和讨论实践中的新问题、新做法对我国实践的影响和对国际法发展的影响并积极应对,为维护我国国家利益、主权和安全提供更多的智慧,为涉外法治提供更多的方案。

3. 深入分析和研讨中国案例

注重多学科的交叉,用开阔的视野来讨论问题,为涉外法治人才培养提供更开放的思路和做法。

(四)教学手段与方法(融入课程思政所采用的教学手段与方法)

该课程教学中注重案例教学方法的运用,尤其是结合我国实践,分析我国利益保护,提出我国统筹国内法治和涉外法治的建议。本节内容中将利用多媒体资源、线上教学平台,综合讨论和分析教学中涉及的案例,并利用线上平台拓展阅读资料、案例库资料和试题库资料,同时结合法治国家建设,开展完善我国引渡立法与实践的讨论。

该课程采用线上线下结合方式开展教学,教学中以启发式、讨论式作为组织教学的主要手段,通过引导学生围绕案例展开讨论,结合国际法、国内法的规定以及法律原则来展开分析,从而培养学生提出问题、分析问题和解决问题的能力。

(五)教学效果分析(阐述课程思政的完成效果)

1. 进一步落实习近平法治思想

将坚持统筹推进国内法治和涉外法治落实到人才培养实践中,将以法治思维和法治方式维护国家利益融入涉外法治人才培养的具体要求中。在本课程教学中,将国际法的原则和制度与中国实践紧密结合,通过分析讨论典型案例,引导学生分析如何将国际法的内容与国家利益的维护紧密结合,为学生学习和运用国际法维护我国国家利益提供充足的演练机会。

2. 为学生提供开展斗争维护国家利益的工具和手段

习近平总书记强调,要坚持统筹推进国内法治和涉外法治,要协调推进国内治理和国际治理,要强化法治思维,运用法治方式,有效应对挑战,防范风险,综合利用立法、执法、司法等手段开展斗争。引渡实践也是斗争的一部分,围绕国际法规则和我国实践,引导学生分析和研究当前引渡规则的变化,分析我国在开展引渡中面临的问题,提出完善的建议,这也是为完善国内法治贡献智慧。我国的引渡实践也在与他国的合作中找到解决问题的策略,共同推动了全球治理的某些方面,为共同体的建设贡献了中国智慧。

3.本课程内容设计具有交叉融合性

将国际法、国内法相结合,将理论与实践相结合,将经典案例与前沿发展紧密相结合,本课程内容体现出高阶性、现代性、综合性的特点。课程内容以党中央提出的加强国际法研究和运用,提高涉外工作法治化水平为目标,为培养高素质法律人才进行了有益的课程改革尝试。

民事诉讼法课程思政元素的抓取与法科生程序正义观的形塑

陈 磊[*]

一、民事诉讼法课程思政育人的建设思路

(一) 课程思政建设围绕的主线

公平正义是社会进步的标志,是社会稳定的保障。党的十六届六中全会通过的《中共中央关于构建社会主义和谐社会若干重大问题的决定》指出:"社会公平正义是社会和谐的基本条件。"党的十八大更是把公平正义提高到社会主义核心价值体系的高度进行建设。公平正义是我国社会主义核心价值观的最基本理念,已经成为我们党在制定各项路线方针政策时的基本价值取向。公正价值目标的建设,必将凝聚社会共识,为全面深化改革和中国特色社会主义建设提供价值引导。

为此,民事诉讼法课程思政建设围绕的主线界定为:社会公平正义与程序思维、规则意识及法律的程序正义。社会公正包含两个层面的含义,其中一个重要的方面就是程序上的公平正义,因为它可以为人们提供起点和程序的公平。在法律的部门分类中,民事诉讼法是为实现实体权利义务而制定的关于程序方面的法律,民事诉讼法是正确实施实体法的保障。法科生要贯彻思政教育,其中一个重要的突破点就是加强其程序正义观的教育,使其理解程序正义的基本内涵,并切实形成公平正义的价值观。综上,民事诉讼法课程思政建设过程中围绕两大主线展开,一是社会公平正义与程序思维;二是社会主义法治与规则意识。

(二) 课程思政建设的结合点与切入点

法学专业的课程思政应当着眼于将法学所体现出的严谨庄重、公平正义等专业魅力与学生成长成才相结合,即通过课程思政,使学生不仅将法学、法律作为

---

[*] 陈磊,法学博士,首都经济贸易大学法学院副教授、硕士生导师。本文系作者主持的首都经济贸易大学2021年教改项目"程序法课程思政建设的抓手与法科生程序正义观的形塑"的阶段性成果。

谋生的工作，而且将公平、正义作为工作、生活的价值追求，使学生具备政治素养、道德素养、人文素养，最终实现德法兼修；法学专业课程思政必须与人才培养目标相结合，将思政元素充分融入法学专业人才培养方案中，从课程聚焦到专业，法学专业的课程思政要辐射到教学的每一个环节，要实现全课程育人，必须在实践教学环节中寻找与德育知识体系的结合点。与法学专业联系较为紧密的思想政治理论至少应包含社会主义核心价值观、习近平新时代中国特色社会主义思想、党的十九大报告、中国特色社会主义法律体系、《中共中央关于全面推进依法治国若干重大问题的决定》等内容，这些内容无一例外地都涵括社会公正尤其是程序正义的理念。

作为法学专业核心课程的民事诉讼法，旨在保证权利和义务得以实施或职权和职责得以履行的有关程序为主的法律，必然关系社会公正的有效实现。因此，在法学专业教育中，对法科生融入程序正义观并适时形塑其价值观、职业观，是民事诉讼法课程思政建设的重要抓手。所以，民事诉讼法课程思政建设过程中，在教学时教师主要围绕两个结合点：第一，社会主义司法对公民财产权利和人身权利的保障与救济；第二，社会主义核心价值观在民事司法中的作用与体现。第一类结合点"社会主义司法对公民权利的保障与救济"主要涵括：①民事诉讼审判监督程序对当事人的救济；②民事诉讼立案登记制对诉权的保障；③民事诉讼中当事人执行难问题的解决；④民事诉讼中失信被执行人的惩戒机制。第二类结合点"社会主义司法与核心价值观中的自由、平等、公正、诚信"主要涵括：①自由与民事诉讼处分原则；②平等与民事诉讼平等原则；③公正与民事诉讼公开制度；④诚信与民事诉讼诚实信用原则。

（三）课程思政建设的八大核心板块

在民事诉讼法思政内容融入点的选取方面，授课教师有针对性地将社会主义公平正义、社会主义民主法治、"枫桥经验"、"马锡五审判方式"、社会主义国家对社会公益的维护、"把权力关进制度的笼子"、"让人民群众在每一个案件中都能感受到公平正义"、社会主义诚信建设等作为思政元素嵌入教学内容中。

同时，在教学内容上，教师主要围绕诉讼程序、人民陪审制度、调解制度、诉讼模式、公益诉讼、立案登记制、审判监督程序、失信被执行人名单制度等能够具体体现程序正义的教学内容展开课程设计。在上述八个核心板块中，授课教师将民事诉讼程序与社会主义公平正义、人民陪审制度与社会主义民主法治、民事调解制度与枫桥经验、民事诉讼模式与马锡五审判方式、民事公益诉讼与国家机关对社会公共利益的维护、立案登记制改革与"让人民群众在每一个案件中都能感受到公平正义"、审判监督程序与"把权力关进制度的笼子"、失信被执行人名单制度与社会主义诚信建设等思政主题进行有机衔接。

二、民事诉讼法课程思政建设的具体实施安排

（一）课程思政建设的实施路径

在民事诉讼法课程思政的具体实施安排上，主要通过教师讲授、学生讨论、案例教学等方法，把握民事诉讼法课程思政建设的主线，提炼民事诉讼法课程与思政建设的结合点，总结程序课程思政建设的实施路径。具体而言可以总结为"五步走"的路径。第一步，教师提出课程内容的总体框架；第二步，通过教师讲授、案例教学、学生讨论等方式，找到课程中的思政元素；第三步，通过讲述法律制度的形成、法律条文的制定背后的鲜活故事，结合这些背后的知识形成生动的课程思政；第四步，给学生传递社会主义核心价值观所倡导的"程序思维""规则意识"；第五步，通过思政元素的引入，使学生能够真正理解法治建设过程中，党和国家在推进立法、司法制度改革等方面起到的决定性、根本性作用，体会党和国家在保障纠纷当事人权利、化解社会矛盾、维持社会公平正义等方面的巨大努力。

（二）思政元素融入课程的方式方法

通过近两年的摸索和实践，授课教师探索通过立法故事、典型案例、司法人物、热点时事四种不同的方式方法使思政元素有机地融入课程教学。例如，在授课中，讲述民事虚假诉讼的立法过程、环境民事公益诉讼的立法过程等立法故事，"以故事言说价值"；分析南京彭宇案中的社会诚信、海南张家慧案中的权力监督、最高院发布弘扬社会主义核心价值观十大典型民事案例等，做到"以案弘道"；讲述邹碧华、马锡五等司法人物，分析要件审判与司法为民、公正司法的内在关系，诉讼模式与司法裁判依靠群众的历史传统；评析"董存瑞遭诋毁恶搞　检察机关提起首例英烈保护公益诉讼""硬闯防疫哨卡　伤人被判赔偿""见义勇为被砸伤　受益人被判合理补偿"等热点时事，提醒学生民事司法中的价值观取向。通过上述四种较为丰富的方式方法，有效地将价值、情怀、知识、能力有效融入课程教学。

（三）课程思政元素抓取的与时俱进

近年来，我国每年的民事司法改革都会有不同的重心，司法机关围绕不同的侧重点，完善司法制度、健全司法程序。与此同时，民事诉讼法在课程思政建设时，也要时刻关注民事司法改革的新动向，尤其是课程思政元素的抓取方面，要

不断更新,做到与时俱进。

授课教师结合自身的学术研究,将近三年的民事司法总结为三个不同的侧重点,并围绕不同的重心,设计不同的思政元素。例如,2019年,全国统一推行民事司法体制综合配套改革,加强提升司法公信力的诉讼制度体系建设,其重心是"司法公信",因此课程教学中,主要围绕独任制改革、司法确认程序、小额诉讼程序改革、司法救助制度改革等方面,融入"司法公信"的元素;2020年,全国加大以人民为中心的便民司法制度体系建设,旨在推进基层社会治理体系现代化,其重心是"司法为民",因此,授课教师主要围绕涉诉信访、巡回审判、智慧法院建设、综合治理执行难等问题,融入"司法为民"的元素;2021年,一场全面覆盖百万政法干警的政治淬炼——全国政法队伍教育整顿,正式拉开序幕,其重心是"司法责任",因此课程教学中,授课教师主要围绕申诉救济、法官责任、法官惩戒、民事检察监督等知识内容,有机融入"司法责任"的元素。

(四)课程思政典型教学案例的挖掘

授课教师在民事诉讼法课程思政建设时,已挖掘育人典型教学案例十个,主要讲述程序正义在司法案件中的重要价值,讨论案件背后的故事及启发。

第一,典型案件一——马锡五审判。通过播放评剧《刘巧儿》、秦腔《刘巧儿告状》以及荣获"全国法院第五届微电影微视频获奖""十佳微视频"等奖项且获得极高认可的网络视频资源《马锡五审判》,使学生更加生动、形象地了解马锡五对刘巧儿一案的审判场景。

思政蕴意:马锡五审判方式是以抗战时期陕甘宁边区从事司法审判工作的马锡五命名的,其主要特点是:"深入农村,调查研究,查明案情,就地审判""依靠群众,坚持原则,调解为主""不拘形式、程序简便、便于人民诉讼"。其核心精髓是便民,如果用社会主义法治理念来界定,即司法为民。社会主义法治理念包括依法治国、执法为民、公平正义、服务大局、党的领导五个方面内容,审判需要以社会主义法治理念作为指导,而马锡五审判方式正是在中国共产党领导下通过长期的审判工作逐步总结出来的民事审判经验的升华,充分体现了人民法院为人民的"人民性"。

第二,典型案件二——上海市浦东新区人民法院审理杨某恶意诉讼、虚假诉讼案。通过该案讲述社会主义诚实信用核心价值理念和民事诉讼中诚信原则的适用。

思政蕴意:民事司法作为经济社会生活的重要一环,应当充分发挥其教育、评价、指引、规范的功能,助力我国社会诚信体系的完善。通过构建违信惩戒和追责机制,落实民事诉讼诚实信用基本原则,可以实现在民事诉讼中弘扬社会主义诚实守信核心价值观的目标。诚实信用作为基本原则之一被引入民事诉讼法,为判断当事人诉讼行为的主观意图是否善意提供标准与尺度,这对在民事审判工作中培育和弘扬社会主义诚实守信核心价值观具有重要意义。但诚实信用基本原则是伦理性和抽象性规则,在缺乏具体制度规定的情况下仅具有一定的教化和宣示作用。因此,为实现在司法实践中正确适用该原则,需要着力构建具体的违信惩戒和追责机制,增加当事人的违信成本。

第三,典型案件三——海南省高级人民法院副院长张家慧受贿案件。通过该案讲述"把权力关进制度的笼子"、司法监督原则。

思政蕴意:把权力关进制度的笼子里,首先要建好笼子,建立健全各项制度。要贯彻协调推进"四个全面"战略布局的要求,加大反腐倡廉法规制度建设力度,把中央要求、群众期盼、实际需要、新鲜经验结合起来,本着于法周延、于事有效的原则制定新的法规制度、完善已有的法规制度、废止不适应的法规制度,努力形成系统完备的反腐倡廉法规制度体系。其次要关紧笼子,加强监督检查和追责问责,把各项制度落到实处。要严格执行民主集中制,实行科学决策、民主决策;在容易产生滥用权力的领域、环节和部位,建立有针对性的权力制约机制,防范腐败发展蔓延;提高权力运行的透明度,让权力在阳光下运行;依靠法治制约权力,使国家机构和工作人员按照法定权限和程序行使权力,确保权力在"刚性"的制度笼子里运行,有效防止腐败。

第四,典型案件四——山东省烟台市人民检察院诉王振殿、马群凯环境民事公益诉讼案,郑州铁路运输中级法院开庭审理首例黄河流域环境民事公益诉讼案。通过该案讲述社会主义国家对社会公益的维护。

思政蕴意:生态文明作为先进的文明形态,需要全体社会成员共同践行,需要以社会治理体系和治理能力现代化作为支撑。作为国家治理体系的重要组成部分,检察机关应立足检察职能,将生态文明理念融入公益诉讼之中,切实依法维护社会公共利益,实现环境正义,提高司法公信力,实现"办理一案、教育一片、治理一方",达成双赢多赢共赢的良好效果。这也是法治国家治理环境问题的主要路径。

第五,典型案件五——河南省辉县市人民法院审理的张某与河南某食品工业有限公司买卖合同纠纷执行案。通过该案讲述社会主义诚信建设、"让人民群众在每一个案件中都能感受到公平正义"。

思政蕴意:全国政法机关要顺应人民群众对公共安全、司法公正、权益保障的新期待,全力推进平安中国、法治中国、过硬队伍建设,深化司法体制机制改革,坚持从严治警,坚决反对执法不公、司法腐败,进一步提高执法能力,进一步增强人民群众的安全感和满意度,进一步提高政法工作的亲和力和公信力,努力让人民群众在每一个司法案件中都能感受到公平正义,保证中国特色社会主义事业在和谐稳定的社会环境中顺利推进。

第六,典型案件六——枫桥钟瑛村农民骆某"破缸而逃"案件。通过讲述《枫桥经验之人民调解案例故事》一书中所介绍的典型事迹，将其中所蕴含的调解贯穿的法治思想、主要理念、主要原则、重要制度以及调解的方法和技巧等，以通俗易懂的形式，深入浅出地为学生讲述"枫桥经验"，使学生从案例故事中了解枫桥调解与基层社会治理和基层民主法治建设之间的内在联系，品味"枫桥经验"的本质和精髓，为基层民事调解机制的完善提供有益的启发。

思政蕴意：坚定不移地走中国特色社会主义社会治理之路，坚持创新发展新时代"枫桥经验"，加快推进基层社会治理现代化，努力建设更高水平的平安中国，不断增强人民群众的获得感、幸福感、安全感。把加强党的领导作为贯穿基层社会治理的主线，健全基层社会治理体制，努力形成共建共治共享的现代社会治理新格局。要坚持以人民为中心，创造性地贯彻落实好党的群众路线，更好地了解民情、集中民智、维护民利、凝聚民心。要以自治为基础、法治为保障、德治为先导，加强智能化建设，推动"枫桥经验"向城镇社区治理延伸，筑牢社会和谐稳定的根基。

第七，典型案件七——北京法院人民陪审员参审典型系列案例。该系列案例讲述了北京市第四中级人民法院审理的检察机关诉多彩公司大气污染责任纠纷环境民事公益诉讼案，这是人民陪审员法实施后全国法院适用"3+4"七人合议庭审理的首案；北京市房山区人民法院审理的任甲、任乙故意伤害、寻衅滋事案，是该院在开展"扫黑除恶"专项斗争中审理的首例涉黑涉恶案件；北京市第二中级人民法院审理的新兴公司诉网管中心等建设工程施工合同纠纷案，涉诉标的为1.6亿元的公益性基建项目，涉及建设工程方面共计9类27个事实和法律焦点问题，案情复杂；北京市昌平区人民法院审理的韩某某诉某村委会相邻关系纠纷案，当事人矛盾激烈，不确定因素多。人民陪审员参与以上案件的审理，将大众智慧融入司法实践，将老百姓朴素的正义感融入案件审理之中，体现了社会主义民主法治，为类似案件的解决提供了可借鉴的思路，也为裁判规则的完善提供了参考。

思政蕴意：准确把握人民陪审员制度功能价值，通过人民陪审员的实质参审，努力弥合司法逻辑与生活经验之间的隔阂，弥补法律理性的不足，从而更好地实现司法的公平正义。

第八，典型案件八——郑州电梯劝阻吸烟猝死案。该案是体现社会主义公平正义的真实司法案例，劝阻是正义行为，目的是维护法律秩序和公共利益，反劝阻者是违法行为人，损害了法律秩序和公共利益。郑州市中级人民法院二审做出改判，坚持维护社会秩序和公共利益，支持正义，是特别值得称道的。

思政蕴意：保护生态环境、维护社会公共利益和公序良俗是民法的基本原则，弘扬社会主义核心价值观是民法的立法宗旨，司法裁判对保护生态环境、维护社会公共利益的行为应当依法予以支持和鼓励，以弘扬社会主义核心价值观。本案要告诉大家的是，遵守法律法规和社会公序良俗，是每个公民的义务；维护社会公共秩序和社会公共利益,是每个公民的责任。对合法正当行为,人民法院都会依法予以支持和保护,司法审判永远是社会正能量的守护者。正像一位网友在新浪微博中对本案评价的那样:"法律要勇敢地保护善良和正当。"

第九,典型案件九——杭州互联网法院网上开庭审理的涉及侵害作品信息网络传播权的纠纷案件。推行立案登记制改革,即有案必立,有诉必理,这是党的十八届四中全会提出的重要举措。自 2015 年 5 月 1 日起,全国法院全面实行立案登记制改革以来,广东法院的立案数量总体呈现逐年上升的趋势,不仅立案效率明显提升,诉讼服务水平也迈上了新台阶。

思政蕴意:为充分保障当事人诉权,切实解决人民群众反映的"立案难"问题,改革法院案件受理制度,变立案审查制为立案登记制,改革后最大的变化不仅是多样化、智能化的立案方式,还有法院立案观念的转变,真正做到了司法为民。坚持党的群众路线,坚持司法为民、公正司法,通过立案登记制改革,推动加快建设公正高效权威的社会主义司法制度。坚持以宪法和法律为依据,依法保障当事人行使诉讼权利,方便当事人诉讼,做到公开、透明、高效。坚持有案必立、有诉必理。对符合法律规定条件的案件,法院必须依法受理,任何单位和个人不得以任何借口阻挠法院受理案件。

第十,典型案件十一——再审申请人河南省修武县郇封镇郇封村村民委员会与被申请人薛海金承包合同纠纷案。公开审判是现代法治国家司法的一项基本原则。一般认为,公开审判是指在民事诉讼中,一切审判活动除了依法不公开的以外,都要公开进行,最大限度地向当事人和社会公开,从而实现诉讼透明化,避免"暗箱操作"的一项原则。

思政蕴意:公开审判制度的意义在于公开审判是社会主义民主在诉讼中的体现。公开审判使广大人民群众有机会了解案件的审理活动,并且对案件的审理活动进行监督,使案件的审理活动依法有序进行,体现社会主义民主。公开审判有利于促进司法公正。实行公开审判制度,使法院的审判活动被置于当事人和社会监督的"阳光"之下,增强了审判活动的透明度,从而有助于审判人员增强责任感,正确行使审判权,提高办案质量,防止司法专横,杜绝司法腐败,实现司法公正。

三、民事诉讼法课程思政项目建设的评价与反思

(一)课程思政建设解决的两大关键问题

民事诉讼法作为与社会公平正义的实现最直接、最契合的部门法学,在对法科生思政教育方面具有天然的优势。在民事诉讼法课程思政项目建设中,已经基本解决了两大关键问题:其一,以社会公平正义、程序思维与规则意识作为主

线，引导学生思考民事诉讼程序对社会公平与正义的作用；其二，结合法律条文制定背后的鲜活故事、司法判决形成隐含的价值观等，形成较为生动的课程思政元素。

（二）课程思政建设取得的主要成效

首先，通过寻求民事诉讼法课程思政建设的抓手，将社会主义程序正义融入课程教学中，对法科生开展程序正义观的专业教育和思政教育，适时形塑其价值观、职业观。具体而言，使学生理解民事诉讼法对促进社会主义公平正义的重要性；使学生理解社会主义司法民主和普通民众对司法的监督机制；使学生理解党和国家如何贯彻群众路线，实行审判与调解相结合的办案方法。

其次，使学生理解党和国家如何运用法治思维和法治方式解决涉及群众切身利益的矛盾和问题；使学生理解党和国家在推进公益诉讼法治进程中的积极影响；通过讲述黄松有、奚晓明等司法腐败案，使学生理解如何把司法权力关进制度的笼子；使学生理解党在推进立案登记制、保障公民诉讼权利方面的不懈努力；使学生理解法治对社会主义诚信建设的推动作用。

（三）课程思政建设的主要创新点

民事诉讼法课程思政项目建设的主要创新点有两个：一是利用案例教学，通过播放网络视频资源（主要包括庭审现场的精彩片段、各地法院制作的微视频等），讲述中国司法进程中的经典案例的审判场景，契合"诉讼活动－程序正义"这一授课主题，提升学生的学习兴趣，引发学生的自主思考。二是通过讲解中国审判制度、诉讼程序的历史由来、主要特征、现实意义，突出程序价值这一育人中心思想，将诉讼法学专业课程教学与思政课程有机融合。

（四）课程思政建设的心得体会

对授课教师而言，民事诉讼法课程思政项目建设的实施过程也是一个教学相长的过程，授课教师在平时的备课授课过程中，需要更为深入地研究民事诉讼法立法背后的故事，学生们也能通过思政教育，更加全面、深刻地理解党和国家如何贯彻群众路线，实现纠纷解决的快速有效。

此外，在课程思政建设中，教师需要不断反思四个方面的内容：其一，法学教育的本质在于培养党和国家法治社会建设进程中所需要的卓越法律人才；其二，开展课程思政建设是法学教师的天然责任，不是运动，更不是形式，而是教育教学的应有之义，不应将其视为一项额外任务；其三，授课教师在教学的过程中应当自始至终贯彻立德树人理念的育人意识；其四，课程思政育人的效果不应是机械的、急于求成的评价，甚至对其进行量化等不符合教育基本规律的评价，"立德树人在校内、开花结果在校外"。课程思政育人同其他教育教学模式一样,乃"百年大计",不可一蹴而就,不是一朝一夕可以实现的。

(五)课程思政建设的未来展望

第一,授课教师需要进一步挖掘司法实践、审判实务中的大量案例,使学生深入理解"把权力关进制度的笼子""让人民群众在每一个案件中都能感受到公平正义"等话语的制度内涵。

第二,授课教师需要继续以元素融入、立法故事、案例讲述为实施基础,实现专业教育与思政教育的融合渗透,推动法学人才培养机制创新与育人成果转化。

第三,在挖掘专业课程自身蕴含的思想政治教育元素并有机融入教学方面,授课教师还需要再琢磨如何"润物细无声",使学生从内心深处理解民事诉讼法对促进社会主义公平正义的重要性,以及社会主义司法民主和普通民众对司法的监督机制。

行政法与行政诉讼法课程思政教学设计

兰燕卓[*]

一、课程教学设计

(一)课程简介

在现代法治理念下,行政法是最重要的部门法之一。只有深刻体会行政法的基础理念与精神,把握行政法的实质,才能正确把握现代法治的精髓。行政法与行政诉讼法是全面讲解行政法基本理论与基本制度的课程,也是法学专业主干课程之一。

行政法与行政诉讼法是法学专业的核心课程,授课对象为法学专业大二的学生。通过本课程的学习,掌握行政法与行政诉讼法的基础理论和重点法条,学会书写行政诉讼的起诉状和重要文书,熟悉行政诉讼案例的分析方法及思考角度。通过案例、法条、理论的结合,更好地帮助学生们学习。学习时可以以理论与法条为主线,阅读教材,学习最高人民法院公布的指导性案例和典型性案例,结合案例进行思考。行政法与行政诉讼法是理论与实践相结合的学科,不但需要理论支持,而且要了解前沿的实践发展。本课程将主要以课堂讲授为主,同时根据需要适当安排课堂案例分析与讨论、专题研讨等。

行政法与行政诉讼法课程的内容主要包括五大部分:第一部分为绪论,包括行政法学的基本概念、行政法的法源、行政法的基本原则;第二部分为行政法主体,包括行政法主体、行政主体、行政相对人和行政法制监督主体;第三部分为行政行为,包括具体行政行为、抽象行政行为、行政处理、行政主体实施的其他行为和行政程序等;第四部分为行政复议,包括行政复议的主体、范围和程序等;第五部分为行政诉讼,包括行政诉讼的受案范围、管辖、参加人、证据、程序、法律适用、判决、裁定与决定等内容。

---

[*] 兰燕卓,法学博士,首都经济贸易大学法学院副教授,硕士生导师。

（二）授课内容

本部分主要以"行政处罚的程序"为例，具体教学目标如下。

1. 知识层面

了解我国行政法和行政诉讼的法治实践，并具备从事行政诉讼的实际能力和法律素质。同时，使学生逐渐习惯用行政法的思维、逻辑和方法去考察、分析、理解社会现实问题，能够初步解答和回应社会现实中的行政法问题。通过案例导入等方式帮助学生熟练掌握行政处罚程序的基本原理和重点法条，其中程序正当是行政法的基本原则和要求。

2. 能力层面

培养学生独立分析行政处罚的典型案例的能力。通过讲解行政处罚法新增的法条，使得学生能够学会判断行政行为的合法性，提高学生理论与实务相结合的能力，为今后从事实务工作奠定基础。锻炼学生的表达和沟通能力，提升其在团队合作和小组交流中的能力。

3. 思维层次

引导学生们进行学术探索，进行独立思考。通过立法沿革、立法背景的梳理，帮助学生了解立法背后的缘由，结合该制度在实践中的实施情况，进行实证研究，进而对现有法律进行反思和创造性思考。培养学生的系统思维方式，使学生们跳出单一问题，全面思考其背后的知识点和逻辑。

4. 课程思政建设

大学课程应当将价值塑造、知识传授、能力培养三者融为一体，思想政治教育要以"润物细无声"的方式自然地融入课堂，使学生易于接受。因此，在进行教学设计上应当反复琢磨，加强引导。

（三）课程思政理念与实施

课程思政是以构建"全员、全程、全课程育人格局"的形式将各类课程与思想政治理论课同向同行，形成协同效应，把"立德树人"作为教育的根本任务的一种综合教育理念。习近平总书记在全国高校思想政治工作会议上强调，要用好课堂教学这个主渠道，各类课程都要与思想政治理论课同向同行，形成协同效应。

第一，法学专业"课程思政"改革要深挖法学专业课堂的"思政基因"。法学专业课程的讲授，不能仅仅停留在对法学概念、法律条文的解读，而是要将知识传授放到全面实现依法治国整体战略中来思考，要充分发掘法学知识背后的人性考量、价值关怀与制度定位。在进行中外立法制度比较的时候，要客观、全面地分析不同国家、地域因文化传统、经济体制等原因而造成的立法差别，让学生充分了解社会主义法律制度形成的"本土资源",树立文化自信与制度自信,从国家情怀和法治中国整体发展的角度来审视和解决问题。法学专业"课程思政"改革必须与法学专业人才培养目标相结合。法学专业所有课程的设计都是围绕着法学专业人才培养目标而展开的,从课程聚焦到专业,将"德法兼修"的育人理念贯通法学专业建设的整体规划。

第二,思维方法方面,培养和提升法治思维能力。使学生总体掌握行政法与行政诉讼法基本理论,对其在我国法律体系中的地位和作用有清晰的认识。了解我国行政法和行政诉讼的法治实践,并具备从事行政诉讼的实际能力和法律素质。同时,让学生逐渐习惯用行政法的思维、逻辑和方法去考察、分析、理解社会现实问题,能够初步解答和回应社会现实中的行政法问题。

第三,知识方面,使学生了解行政法法条的理解和释义,知晓其背后的法律原理。采用多样化的教学方法,通过对经典案例的了解研习,以引导学生积极参与课堂讨论。同时,使学生产生对法律人才的认同感和荣誉感;结合线下线上混合课程,进一步有效激发学生的学习热情,帮助学生更加高效地进行学习。

二、教学展示设计

本部分以"行政处罚的程序"为题,展示一个教学时段的教学设计。

（一）教材选择

授课课程为行政法与行政诉讼法。教材选择为姜明安教授主编的《行政法与行政诉讼法》,为普通高等教育"十一五"规划教材。

（二）课程目标

课程思政要求在学科课程的教学中发挥"化理论为方法,化理论为德性"的价值功能,将学科内蕴的情感、态度、价值观嵌入理论知识的教授中,引领学生成长,使学生学以致用、学以立德,实现价值塑造、知识传授和能力培养三位一体的目标。

（三）教学展示

教学展示见表1。

表1 "行政处罚的程序"单元课程思政的教学与设计

1. 上节课内容回顾与本节课程导入（5分钟）		
教学要求	教学内容	课程思政融入方式
回顾上节课内容，并通过一个典型案例的引入，引发学生思考	（1）上节课内容回顾。简要回顾上节课的内容，即行政处罚的定义、特征及实施主体。 （2）典型案例导入本节课主题。2005年5月23日，杜宝良偶然查询得知，自己于2004年7月20日至2005年5月23日驾驶小货车运菜时，在每天必经的北京市西城区真武庙头条西口被"电子眼"拍下闯禁行105次，被罚款10500元。此前，从未有交管部门告知他有违法行为。 （3）引发思考。 【问题设计】有媒体评论称，该案有以罚代管、缺乏人性关怀之嫌。同学们，你们对此持何种观点？	·启发式讨论：案例引入。 ·学生互动：课堂主动举手作答
2. 知识体系的建构：电子监控设备设置的程序（15分钟）		
引入课程的主体内容，对核心法条进行展开讲解，强化对教学重点的认知	（1）引发思考。 【问题设计】电子监控设备地点是否要向社会公布？ （2）学生讨论环节，鼓励学生们大胆提出自己的想法。 （3）重要知识点引入。 【核心法条】2021年7月15日实施的新行政处罚法第41条规定：行政机关依照法律、行政法规规定利用电子技术监控设备收集、固定违法事实的，应当经过法制和技术审核，确保电子技术监控设备符合标准、设置合理、标志明显，设置地点应当向社会公布。 电子技术监控设备记录违法事实应当真实、清晰、完整、准确。行政机关应当审核记录内容是否符合要求；未经审核或者经审核不符合要求的，不得作为行政处罚的证据。 行政机关应当及时告知当事人违法事实，并采取信息化手段或者其他措施，为当事人查询、陈述和申辩提供便利。不得限制或者变相限制当事人享有的陈述权、申辩权。 【要件分析】 第一，电子监控设备的设置需要经过法制和技术审核，行政机关不能随意设置。 第二，电子监控设备的设置应当"合理""明显"，不能隐蔽。 第三，电子监控设备设置的地点应当向社会公布	·学生互动：学习通作答。 ·通过行政处罚法新法与旧法的对比，体现依法行政、依法治国的重大理念
3. 知识体系的拓展：行政处罚程序的修改（15分钟）		
进入课程的难点问题，要求学生主动思考新旧法的不同	通过前面的理论学习，学生已经对行程处罚法的程序及修改有了基本的认识，且经过20分钟的学习，已有个别学生注意力不能集中，所以此时采用较为活泼的分小组讨论方式进行学习。	通过小组讨论的形式，启发学生比较新旧法的不同

续表

教学要求	3.知识体系的拓展：行政处罚程序的修改（15分钟）	课程思政融入方式
	教学内容	
进入课程的难点问题，要求学生主动思考新旧法的不同	环节1：要求学生们分组进行讨论：行政处罚法新法在程序上还有哪些重要变化？全班分为四组，答出数量最多的为获胜组。 第一，加强对非现场执法的规范。 第二，明确行政处罚委托从严把握。 第三，明确行政处罚机关事先告知的内容，包括拟作出的行政处罚内容。 第四，完善听证制度。 第五，增加电子送达方式。 环节2：教师进行总结。 环节3：案例分析。 案由：2016年12月12日，上诉人张某驾驶白色丰田轿车未停放在合肥路规定的停放地点，因驾驶员不在现场，被该市公安局交通警察支队经济技术开发区大队民警张贴违法停车告知单，告知其于15日内持本告知单，到市公安局交通警察支队经济技术开发区大队接受处理。2017年1月13日，上诉人张某持违法停车告知单到交警大队利用便民服务机自行打印出200元罚款的处理决定单。 结论：行政机关败诉，因为未告知当事人陈述、申辩的权利，行政程序违法	通过小组讨论的形式，启发学生比较新旧法的不同
	4.课程思政的提升：行政处罚法修改的宗旨（10分钟）	
启发学生思考制度变迁的原因	【问题设计】为什么行政处罚法要在实施25年后大修？修改的宗旨是什么？ 【课程思政】为推进国家治理体系和治理能力现代化，加强法治政府建设，完善行政处罚制度，解决执法实践中遇到的突出问题，进行了行政处罚法的修改	学生互动：课下继续思考修改宗旨
	5.知识体系总结与预习（5分钟）	
总结知识框架，引导学生预习下节课内容	（1）对知识体系进行总结，并布置下节课的预习任务。 【思考题】 行政处罚法还有哪些值得关注的修改之处？给了你哪些启发？ 【预习任务】 安排学生预习下一节课内容，并通过本节课"行政处罚程序"的案例，使学生进一步思考行政行为程序的重要性。学生在预习中遇到的问题，可以直接发送在学习通中的"讨论板块"，这样授课教师在课前就可以知道学生在学习中遇到的问题和困难，并在授课中有意识地重点展开讲解和讨论	提示学生做好课下阅读和预习任务

续表

5.知识体系总结与预习（5分钟）		
教学要求	教学内容	课程思政融入方式
总结知识框架，引导学生预习下节课内容	（2）阅读文献及典型案例已经上传至学习通，学生可以在课下直接学习。 【阅读内容】 （1）熊樟林.论《行政处罚法》修改的基本立场［J］.当代法学.2019（1）：101~111. （2）张步洪.行政处罚程序违法的实体化处理与法律责任［J］.国家检察官学院学报.2020（5）：49~63.	提示学生做好课下阅读和预习任务

三、参考文献

（一）课程教材

1.本书编写组.行政法与行政诉讼法学［M］.2版.北京：高等教育出版社，2018.

2.姜明安.行政法与行政诉讼法［M］.7版.北京：北京大学出版社，高等教育出版社，2019.

（二）慕课课程

在学校及学院的支持下，笔者录制了慕课课程——行政诉讼法原理与实务，已经在"中国大学MOOC（慕课）网"成功开设了三轮，累计有上千人进行选课和学习，取得了良好的宣传和授课效果。同时，这一课程可以作为本门课程的在线课程资源，同学们可以同步进行学习。

（三）网络资源

1.中国裁判文书网 https：//wenshu.court.gov.cn.

2.中国法院网 https：//www.chinacourt.org/index.shtml.

3.北大法律信息网 http：//www.chinalawinfo.com.

劳动与社会保障法课程思政教学设计

孙天承*

一、教学背景

构建和谐劳动关系，实现高质量就业，促进民生改善，是以习近平同志为核心的党中央密切关注的重大战略问题。党的十九大报告中指出，要"完善政府、工会、企业共同参与的协商协调机制，构建和谐劳动关系"[①]。和谐劳动关系既是高质量就业的前提，也是民生得以改善的根本性保障，和谐劳动关系的建立对全面建成小康社会乃至全面建设社会主义现代化国家，实现人们对美好生活的向往，其重要意义不言而喻。2020年以来，新冠疫情肆虐全球，欧美国家在部分经济、科技领域与中国脱钩，使我国面临着巨大的发展压力，党和政府提出"双循环"战略予以应对。在"双循环"战略下，一方面企业锐意创新、务实求变，开辟出新的产品技术及商业模式，造就了大量新的就业岗位和发展机遇，吸纳并培养了一定规模的高水平劳动力；另一方面就业人员迎难而上、敢于挑战，在企业的组织下，积极参与用人单位的生产、经营、研发活动，与企业共同成长，这种于现实中孕育和成长的"和谐劳动关系"已然成为驱动"双循环"战略暨经济整体发展的重要引擎。

然而，和谐劳动关系仅依靠市场、社会自发的意识和力量是难以长期维系的，市场的自发性及市场主体的任意性，需要劳动法治予以约束和规制，方可形成良好的雇佣劳动秩序。例如，我们看到的"996福报""就业者过劳死""网约工边缘化"等就是市场自发调节不足产生的乱象。这些乱象如若没有具体、明确且具备执行力的法律制度，仅仅依靠劳资或市场伦理加以引导，是很难杜绝的，尤其是在新时代和新的劳动力市场结构中，新型雇工的权利、利益往往游离于立法、执法者的视线之外，而遭到雇主的盘剥与侵害。这些权益侵害问题，若放任自流，则必然乱象丛生，社会和谐劳动关系将很难在全社会范围内普遍实现。因此，在

---

* 孙天承，法学博士，首都经济贸易大学法学院讲师，硕士生导师。
① 习近平.决胜全面建成小康社会　夺取新时代中国特色社会主义伟大胜[J].新华月报，2017（22）：24.

实践需求和时代呼唤下，我们不仅应当精细地研究，学习既有的劳动与社会保障法制，知其结构、悉其内容，更应带着新眼光、新问题来审视既有制度的不足，尝试以法治思维为弥合制度与实践的缝隙，为相关立法、执法、司法者解决新时代的雇佣劳动秩序问题提供合理可行的法律对策。

首都经济贸易大学法学院一贯重视劳动与社会保障法的教学与研究工作。在2020年的"人才培养方案"中已明确将"劳动与社会保障法"列入专业核心课程。在以"立德树人"为目标的课程思政项目推动下，笔者努力将有关思政元素充分、有机地融入课程教学方案中，引领学生认知并研习劳动与社会保障法制度的限制、不足与出路；将整个教学过程置于宏观的时代背景、中观的政策氛围以及微观的学科环境中，将具体的规则、原则做贴合学理与现实的讲解，最后的目标是回归法治实践，从而使学生以"和谐劳动关系"理念、架构为指导，凭借务实的态度，完备的知识，解决劳动与社会保障法立法、执法、司法问题①，成为新时代的劳动法治人才。

二、课程教学设计

（一）课程简介

本课程是法学专业的一门专业核心课程，修读对象为法学专业本科生。主要内容由三部分组成：劳动法基础理论、劳动合同法与社会保障法。本课程的主要功能是使学生系统掌握劳动与社会保障法理论和制度的主要内容，并能运用所学知识理解劳资关系的结构，明确劳动者权益的保护路径，解决劳资纠纷中的常见法律问题。同时，通过带动学生对新型劳动关系与灵活就业领域法律问题的学习与研究，加深对经济法、社会法基本理论知识的理解和把握，培养学生观察和分析具体法律问题的技能。

通过本课程的学习，学生能够比较全面深入地领会劳动与社会保障法的基本理论，系统掌握劳动关系理论，初步了解劳动法、劳动合同法、社会保险法等法律的重要制度和规则，形成对劳动者权益体系的正确理解，并能运用所学知识分析、解决实际问题。

（二）课程目标

第一，学生熟悉、掌握劳动者、劳动权、劳动者权、劳动者义务以及和社会主义和谐劳动关系等基本概念的内涵和外延。利用"从属性"理论，结合工业2.0/3.0/4.0的时代背景，分析、界定基于工厂雇佣的典型劳动关系与基于互联网

---

① 李晓安、周序中.对法学人才培养目标与培养模式的认识[J].中国法学教育研究，2008（3）：15.

平台用工的非典型劳动关系①。

第二,学生掌握、运用劳动合同订立理论与制度,深刻体会、省思"自由""平等""诚信""友善"等社会主义核心价值观在劳动合同订立中的重要意义。

第三,学生掌握、运用劳动合同履行理论与制度,对正常履行的劳动合同和非正常履行的劳动合同(变更、中止)进行分别研习和消化。挖掘、体会劳动合同履行过程中劳资双方需要践行的"企业家精神"和"劳模精神+工匠精神",反思现行劳动法律制度在激发、弘扬、引导践行这两种精神上的不足,深刻认识劳动合同履行背后的社会主义核心价值观——诚信、敬业。

第四,学生掌握、运用劳动合同终止理论与制度,重点记背劳动合同解除的三大类和十四小类情形,分析劳动合同解除制度与违约责任竞合的特点,感悟劳动合同解除制度蕴含的"人本主义"精神和"责权利"相结合的实质公平原则②。由此,充分认识劳动合同的解除制度是构建社会主义和谐劳动关系的有效保障。

第五,学生熟悉、了解我国社会保障制度的基础理论,重点掌握社会保险法律关系的结构、内容。通过社会保险法律关系洞悉其"共治共享"的本质特征。此外,了解社会保险在劳资之间的纽带作用,即将劳资双方整合为互利共荣的利益共同体,使劳资双方建立共进退、共荣辱的利益关系。

(三)思政理念

本课程将要引入的思政内容是"社会主义和谐劳动关系"。习近平总书记在党的十九大报告中指出,要"完善政府、工会、企业共同参与的协商协调机制,构建和谐劳动关系"。劳动关系是否和谐事关广大劳动者的幸福感与获得感,事关社会和谐与稳定,事关我国社会主义国家性质与发展要求。和谐劳动关系建设是一项牵涉多方面的系统工程,需要我们既要注重维护劳动关系双方尤其是劳动者合法权益,也要建立健全劳动关系协调协商机制,更要充分利用我国政治体制与社会文化自身特点与优势,建立起党领导下的社会共治体系。习近平总书记特别重视完善劳动法律法规、加强企业党组织建设与民主管理工作,强调这些工作对和谐劳动关系建设的重要性。在熟知"社会主义和谐劳动关系"内容、价值的基础上,学习劳动与社会保障法,劳动(社会保障)法律法规的完善及其实施能够有效地保障劳资双方的合法权益,合理调节劳动关系主体双方的利益分配,清楚界定劳资双方的权利义务范围,"定分止争"地解决劳资之间的争议与纠纷③。

---

① 田思路.工业4.0时代的从属劳动论[J].法学评论,2019(1):78.
② 史际春.经济法[M].3版.北京:中国人民大学出版社,2015:35.
③ 秦国荣.以十九大精神指引新时代和谐劳动关系法治建设[J].南京审计大学学报,2017(6):11.

社会主义和谐劳动关系理论拥有广阔的外延和深刻的内涵,一方面,它是社会主义核心价值观在劳动关系和劳动法治领域的体现和要求,另一方面,它是劳动与社会保障法的归宿,对劳动与社会法律制度的完善、实施具有很强的引领作用,也是劳动与社会保障法课程的纲领性内容,其涵摄范围足以覆盖此课程的所有课程目标与教学内容,也足以决定该课程的教学方法与考核评价方式的选择和使用。

在课程目标方面,上述五项课程目标无一不是围绕"社会主义和谐劳动关系的法律内涵"以及"构建社会主义和谐劳动关系的法治路径"的教学目的来设置的。基础理论部分提出的"劳动者""劳动权""劳动者权益""劳动者义务""用人单位"五个概念是和谐劳动关系的构成要素,劳动者权的范围与实现情况,劳动者义务的范围与履行情况,决定劳动关系是否和谐。与此同时,"和谐"二字赋予了劳动关系新的丰富内涵,这就是劳动者权益与义务需要蕴含和彰显习近平总书记所指出的"企业家精神"和"工匠精神、劳模精神"。劳动合同订立、履行、终止以及社会保障法部分设置的课程目标,旨在向学生阐释两类精神如何体现在现行的以及即将完善的劳动与社会保障法制中。这就是说,整个劳动与社会保障法律制度都在教化劳动者与用人单位如何践行、贯彻两类精神,如何共同构建好、维护好、治理好劳动关系,使其始终保持在"和谐"的状态。

在教学内容方面,主要向学生阐释在劳动关系缔结、存续以及终结的各个阶段,法律如何实现在维护劳动者主人翁地位的基础上,平衡地协调好劳资双方的利益关系。在讲授劳动合同订立论、履行论、终止论以及社会保障法之前,笔者会带领学生们认真研读《中共中央关于经济体制改革的决定》《中共中央关于全面深化改革若干重大问题的决定》以及习近平总书记在党的十九大上所作的《决胜全面建设小康社会 夺取新时代中国特色社会主义伟大胜利》的报告和习近平总书记在全国劳动模范和先进工作者表彰大会上所作的《光荣属于劳动者,幸福属于劳动者》重要讲话。这四份重要文献朴实而客观地表达了党中央和习近平总书记对劳动者权益保护的关心,对劳动者在劳动关系、生产协作关系中之"主人翁"地位的强调以及对劳动者通过提升自我,诚实劳动、创新劳动实现人生价值、获取幸福生活的期许。这些关键性表达,是专业课教学内容的精神内核和方向指南,完全可以和以下教学内容并行不悖地、相互交融式地传授于学生。这些教学内容是:①劳动合同订立中的平等就业权、自由交易权、平等协商权;②约定条款中的专业技术培训条款、补充保险条款、竞业限制条款;③必备条款中的工资报酬、社会保险、休息休假条款;④工会、职代会代表第三方参与或介入劳动合同订立、变更的机制;⑤劳动合同的亲自履行、真实履行原则以及劳动合同履行中劳动者需要承担的主动创新、能动创新的职责;⑥劳动合同变更中的集体谈判制度以及劳动合同履行中止的法定与约定情形;⑦劳动合同解除中的经济补偿制度、赔偿制度、"不应解除劳动合同"的制度以及"经济性裁员"中"优先照顾"原则的适用情形；⑧社会保障制度的社会主义特色，社会保障制度践行的"劳资互助共荣"的道德伦理以及社会保险关系中资方的担当和劳方的义务；⑨"劳动模范""劳模精神"的法律解释、学理诠释以及通过"无固定期限"劳动合同、"浮动式企业年金"等制度激励劳模群体的必要性、可行性等。

在教学方法方面，思政元素对教学方法的改变将会很显著，有课程思政的专业课课堂，必然要突破"教师讲、学生听"的窠臼，更不能延续"照本宣科"式的老一套方法。笔者计划针对性地进行如下教学方法的革新，以更好地完成课程思政改革。一是文献诵读法，利用课堂时间，请学生分组诵读由笔者搜集的基础文献中的关联篇章，供全教学班聆听。二是知识竞赛法，要求学生自主挖掘中华人民共和国成立后到十九届五中全会以来党的重要纲领、思想路线、方针政策及历任领导人关于劳动群众权益保护的讲话和论断，从中提炼出劳动法治元素，借助平时成绩激励在完成此项任务中表现突出的学生。三是视听教学法，放映工人运动题材电影，生动展示国际、国内工人阶级为谋求合法权益，追求劳动法治做出的重大牺牲；放映弘扬企业家精神的纪录片，展现劳资互爱、彼此协作所释放的巨大生产力，突出工人阶级在我国产业经济尤其是制造产业中的主力军的角色。四是案例教学方法，一类是反映劳动模范、大国工匠在劳动义务履行方面的示范价值，批判在工作中违背诚信、不思进取、丧失担当的不称职劳动者；另一类是澄清劳动者维权难的时代问题，通过此类案件，加深法科生对劳动者的理性同情，强化法科生探索劳动者如何在具体情形下寻找权利救济的路径渠道。五是社会调查法，如带领学生参观劳动文化主题的红色景点，以助推学生们观察、寻觅党和国家在劳动法治、劳动政策中蕴藉的红色基因，进一步理解厚植于劳动法治中的马列主义思想和马克思主义中国化的思想理论成果，目前拟选实践地点是北京劳动人民文化宫。

在考核评价方面，一是设置课程思政学习激励分，在平时成绩中占50%的权重，对积极参与、配合课程思政教学的学生给予课程思政学习的加分；二是期中作业以实践调查的心得为主题，即学生的期中作业是基于对红色景点参观学习，形成心得后再完成的，以杜绝空洞不实的论述；三是期末考试的试题中将安排不少于30%分值的有课程思政元素的原创试题，其答题和得分要求中明确指出要有思政理论的表述。

三、教学展示设计

（一）说课演示案例

本部分以劳动与社会保障法课程第1章第2节的社会主义和谐劳动关系为例，

加以详细介绍。

本节课是本学期的第二次课,我们将介绍一个总揽全局,统率全部课程内容的核心概念——社会主义和谐劳动关系。社会主义和谐劳动关系既是一个思政色彩较强的政治概念,又是劳动法治和劳动法学科的关键词汇。社会主义和谐劳动关系是习近平总书记在党的十九大报告中明确提出的一个关于劳资关系建设和发展的目标,这与既往尤其是党的十八大以前的关于劳资关系的论述相比,具有很显著的创新。以往的认识是在劳资对立的前提下,强调对处于弱势地位的劳动者的倾斜性保护;而当前的表述强化的是劳资关系的和谐性、同向性、互利性和共荣性,这就要求在新时代,劳动者和用人单位需要共同努力,协同共创和谐稳固的劳资关系,劳资关系的有效维护和良性运行,绝对不是一方的事情,而是双方相互尊重、互相尽责的结果。习近平总书记的论断,对我们学习劳动法的理念与制度,具有很强的指引性,我们学习劳动法固然要将劳动者权益的保护放在重要位置,但这种权益保护不是当下的劳动法治的终极目标,终极目标应当定位为构建和谐的劳动关系,因此劳资双方的权益、义务,均是我们需要学习的重点。

在第一次课上,我们已经学习了劳动者、用人单位、劳动权、劳动者权、劳动义务这些基础概念,这些概念不是抽象空洞的,也不应是孤立、杂陈的,我们不能机械地记忆和理解它们的内涵,而应该将它们置于"构建社会主义和谐劳动关系"的整体语境中加以理解,这个整体语境也是我们进一步阐释上述概念的工具和指南,它在劳动法基础概念和劳动法具体制度之间充当着关键纽带的作用。我们今天的课,将结合党中央和习近平总书记在劳动关系领域的系列路线、方针、政策和重要指示,详谈社会主义和谐劳动关系的内涵、构成因素、运行机制和保障机制等重要内容。

我们知道,所谓法律关系是由法律所规范、整合、调整的社会关系,法律是一切和谐关系的促进和保障机制,社会主义和谐劳动关系也一定是由法律所调节的社会关系,它的主体是劳动者与用人单位,内容是劳动者和用人单位的权益、义务。与传统劳动法律关系不同的是,社会主义和谐劳动关系赋予了劳资双方更为丰富、更为灵活、更具有时代特征的权益和义务范围。那么在这个逻辑前提下,劳资双方的权益、义务到底有哪些,具体内容到底有多丰富,我将在本次课集中为大家讲述。

(二)教学展示

1.教学目的和要求

(1)了解社会主义和谐劳动关系的提出背景与内涵、特征。和谐劳动关系的三重内涵:从属性的劳务给付与对待给付关系[①]、互利共赢的合作关系、共建

---

① 谢增毅.民法典编纂与雇佣劳动合同规则[J].中国法学,2016(4):95.

共治共享的利益关系。

（2）认识社会主义和谐劳动关系的双重属性，它既是一个符合新时代社会发展和经济运行需要的政治目标，又是一个具有法律特性的关键性和总括性概念，是对新时代劳动关系的准确定位。

（3）熟悉新时代，劳资双方权益行使、义务履行的总体原则，即资方应当践行的"企业家精神"和劳动者需要发扬的"劳动精神"。

（4）明晓"企业家精神"与"劳动精神"与劳动和社会保障制度的对应关系，明晰这两个核心词汇的法律含义，体会这两种精神在劳资双方构建和维持和谐劳动关系过程中的行为指引价值。

（5）了解企业工会和地方工会组织，在监督劳资双方义务履行的职责以及在维护劳资双方共治共享关系中的整合作用、纽带作用。

（6）掌握社会主义和谐劳动关系的保障机制。道德保障，即社会主义核心价值观；法律保障，即违约金条款和劳动合同单方解除制度。

2. 教学重、难点

重点：①社会主义和谐劳动关系的内涵与双重属性；②企业家精神与劳动精神在具体法律制度中的体现；③社会主义和谐劳动关系的保障机制。

难点：企业家精神与劳动精神的法学阐释，这两个概念较为抽象，需要教师利用劳动法理论结合丰富的实践经验加以生动地讲授，才能让学生明晓它们的要义及其对构建和谐劳动关系的意义。

3. 授课方法和教学手段

一是文献诵读法，利用课堂时间，请学生分组诵读由笔者搜集的基础文献中的关联篇章；二是分组竞赛法，要求学生自主挖掘中华人民共和国成立后到十九届五中全会以来党的重要纲领、思想路线、方针政策及历任领导人关于劳动群众权益保护的讲话和论断，从中提炼出劳动法治与和谐劳资关系的关联片段；三是视听教学法，放映弘扬企业家精神的纪录片，展现劳资互爱、彼此协作所释放的巨大生产力，突出工人阶级在我国产业经济尤其是制造产业中的主力军的角色；四是案例教学法，一类是反映劳动模范、大国工匠在劳动义务履行方面的示范价值，批判在工作中违背诚信、不思进取、丧失担当的不称职劳动者；另一类是澄清劳动者维权难的时代问题，通过此类案件，加深法科生对劳动者的理性同情，强化法科生探索劳动者如何在具体情形下寻找权利救济的路径渠道。五是互动教学法，请学生主动发言，陈述身边发生的劳资双方良性互动，彼此受益的现实事例。

4. 教学过程

（1）回顾前课，包括劳动者与用人单位的内涵和范围；劳动权与劳动者权的区别和联系；劳动者义务在维系劳资合作生产关系中的根本性作用等。

（2）引入新课，指出和谐意味着社会主体有机整合，意味着关系双方尽到应尽职责,做好分内之事,这样的和谐关系才能长久维持,并产生效益。在新时代,劳资双方需要承担的义务更多,彼此贡献给对方的价值也更大,彼此更接近于共生依赖、相互实现、相互成就。在构建和谐劳动关系的背景下,劳动法上的权利义务应当被赋予新的内涵,也应当有新的拓展与延伸。2020年11月,习近平总书记在全国劳动模范和先进工作者表彰大会上所作的《光荣属于劳动者,幸福属于劳动者》重要讲话对此有新的诠释。

（3）组织教学。

第一步：讲授构建和谐劳动关系与劳动法治的逻辑联系。社会主义和谐劳动关系是在社会主义市场经济体制下,在社会主义核心价值观的指引下,劳资双方建立的平等、互利、协商、共治、共享、共荣的新型劳动关系。基于全面依法治国的战略举措,和谐劳动关系建设应当纳入"良法之治"的法治轨道,同时要建构良好有序运行的劳动行政执法、司法机制,以及化解与处理劳动争议与纠纷的多元和解调解机制。劳动关系作为现代市场经济中最重要的社会关系之一,劳动立法应当站在公正理性的角度,保护劳动关系当事人的正当合法权益。

第二步：介绍构建和谐劳动关系的价值指引和精神依托。习近平总书记特别强调要尊重劳动和创造,注重实干,尊重每一个普通劳动者,在十九大报告中,又明确提出"激发与保护企业家精神"和"弘扬劳模精神与工匠精神"要求,这两种精神来源于社会主义核心价值观。"企业家精神"有着极为丰富的价值内涵,既包括创新创业、开拓进取的勇气与胆识,又蕴含社会责任感、事业心和文化情怀等基本要求,更体现了当代中国精神、拥护党的领导、热爱社会主义、担当民族复兴大任的使命等胸怀。对外注重社会责任与开拓创新,对内注重科学管理与人文关怀,切实保障员工主人翁地位,注重培育企业形象、文化与德性。与此同时,十九大报告对新时代劳动者又提出了"技能与伦理"的双重要求,我们不仅需要"建设知识型、技能型、创新型劳动者大军",而且需要"弘扬劳模精神和工匠精神",在社会主义市场经济条件下,对每一个劳动者而言,同样需要恪守职业伦理规范,以勤勉忠实、敬业协作、遵纪守法等作为自己的行为指引,提升素质与技能,以适应市场和时代的需要。

第三步：结合劳动与社会保障法制度谈论"企业家精神"与"劳模精神"如何实现。习近平总书记《光荣属于劳动者,幸福属于劳动者》重要讲话,具体而明确地引用了大量劳动法律制度来阐释劳动关系双方的权益、义务要求。比如,劳动群众要适应新一轮科技革命和产业革命的需要,勤学苦练、深入钻研,不断提高技术技能水平,这是劳动合同培训与服务期条款关于双方权益、义务安排的呈现;又如,各单位广泛深入开展劳动和技能竞赛,这是对用人单位针对劳动者技能、业绩考核与劳动者勤勉、真实履行劳动义务的生动再现。再如,总书记要求把稳就业工作摆在更加突出的位置,不断提高劳动者的收入水平,构建多层次社会保障体系,改善劳动安全卫生条件,使广大劳动者的共建共享改革发展成果①。这是对"企业家精神"暨劳动与社会保障法中有关用人单位义务、劳动者权益以及劳动合同必备条款强有力的申明。在当前的互联网时代,网络平台开创了全新的商业模式,与广大的网络用工之间建立了区别于传统劳动关系的网络雇佣关系。这种雇佣关系的显著特点是"从属性""控制性"减弱,而"灵活性""松散性"增强。具体表现为:①许多平台用工享有较强的自主性,包括是否提供服务、提供多少服务、何时何地提供服务等,而传统劳动者不能自由决定是否工作以及工作的数量、时间和地点。②在很多情况下,工人自己提供设备和工具,包括车辆等进行服务,而传统劳动者一般由雇主提供设备与工具。③很多平台用工实行计件工资而不是计时工资,而且工资支付几乎是实时支付。传统劳动者一般都是计时工资,且工资按一定周期支付。④平台工人的报酬一般来自和平台按比例分成,而传统劳动者工资一般是固定的,与雇主的营业收入并不直接挂钩。⑤平台对服务提供者的监督一般借助于顾客,通过顾客的评级制度等方式,实现对平台工人的监督;而在传统劳动关系中,雇主对雇员的管理和监督一般都由雇主完成。⑥从业人员准入门槛较低,进入退出自由。平台工人加入平台的程序较为简单,往往通过在线操作和有关证书的审核即可完成,而传统劳动关系中,雇主对雇员的招聘程序较为严格②。目前,这种新型雇佣关系不仅在立法上没有得到准确的定性和有力的保护,而且在大量的司法实践中,也被保守地界定为民事劳务关系,如此一来,数以千万计的网络用工的劳动者权益无从保障。那么,今后劳动立法与司法更应当强化平台企业的社会责任,明确要求各大平台不能一味地从节约劳务成本的目的出发,追求"去劳动关系"化的用人模式,而应当视不同类型的网络用工的"经济现实",予以不同力度或程度的权利保障和利益给付。

第四步:结合"共建共享""社会共治"理论,讲述和谐劳动关系的监督与保障体系。对改革创新与共建共享促进和谐劳动关系建设的问题,习近平总书记在出席全国构建和谐劳动关系先进表彰会上讲话时指出,"构建和谐劳动关系,要坚持以人为本,把解决广大职工最关心最直接最现实的利益问题,切实维护他们的经济权益、政治权益、文化权益、社会权益,作为根本出发点和落脚点;要坚持促进企业发展和维护职工权益相统一,同时调动劳动关系双方的积极性、主动性,推动企业与职工群众协商共事、机制共建、效益共创、利益共享"。随后,中共中央、国务院颁布、实施《关于构建和谐劳动关系的意见》(以下简称《意见》),要求创新中国特色劳动关系工作的理论、体制、制度、机制和方法。这种机制方法的要旨,是构建一种劳资双方在关系平等基础上相互监督各自的义务、

---

① 秦国荣.以十九大精神指引新时代和谐劳动关系法治建设[J].南京审计大学学报,2017(6):12.
② 谢增毅.互联网平台用工劳动关系认定[J].中外法学,2018(6):1559.

职责的履行，在劳动者这一边需要建立健全工会组织，共建企业党组织，来代表各个分散的劳动者集中发生，对企业维护劳动者权益的工作进行监督、批评、评价、矫正，这种共建共享的理论是劳动者民主管理权的实现机制，也是现存比较可靠、可行的企业内劳动者权益保护的监督机制。此外，《意见》还规定和谐劳动关系建设关键在于加强构建和谐劳动关系的法治保障。进一步完善劳动法、劳动合同法、劳动争议调解仲裁法、社会保险法、职业病防治法等法律的配套法规、规章和政策，加快完善基本劳动标准、集体协商和集体合同、企业工资、劳动保障监察等方面的制度，逐步健全劳动保障法律法规体系。由此可见，从党中央到立法部门再到劳动行政执法部门，都在认真考虑、筹备建立和谐劳动关系的保障体系，最终形成集当事人自治、国家和第三方实施他律的法治型劳动关系。在互联网时代的零工经济、灵活就业的前提下，为了成立和谐化的网络雇佣劳动关系，"共建共享"机制也必须做出与时俱进的发展和调整，比如工会组织的运作范围不应当仅限于特定企业内，而应当涵盖整个互联网行业，也就是要在制度保障下，成立有完整治理结构的互联网行业工会组织，借助行业工会组织将"散兵游勇"化的网络劳务提供者团结、整合起来，集中表达该群体的利益诉求和权利主张，增强其集体谈判能力[①]，以"从属性强弱"为基准，对多元化的网络用工进行分类，厘定与各类网络用工从业风险、劳动负担相适配的"劳动者权利"和社会保障清单，代表各类劳动者与强势的平台企业等进行博弈、沟通。

（4）启发思维。主要是指启迪学生的课程思政元素对专业课内容学习有不可或缺的功能和作用。课程思政内容实际上能够通俗化抽象空洞的专业理论和学术概念，课程思政元素也让学生领略到专业知识的政治、经济、社会、文化价值。同时，课程思政元素也升华了教学内容，使教学内容立意更高、视野更宽、落脚更实。由此，学生可以在随处可见的课程思政元素中寻找零星的专业知识点，并在专业理论与核心思政理论的双重指引下完成对知识的统合，以便整体把握。

5. 讨论、思考题、作业

和谐劳动关系为什么是法治型劳动关系？又为什么是一种新型的劳资权利义务关系？

6. 阅读资料

（1）习近平.习近平谈治国理政：第三卷［M］.北京：外文出版社，2020.

（2）林嘉.劳动和社会保障法论丛：第5卷［M］.北京：首都经济贸易大学出版社，2020.

（3）林嘉.劳动法和社会保障法［M］.4版.北京：中国人民大学出版社，2016.

---

① 王全兴，刘琦.我国新经济下灵活用工的特点、挑战和法律规制［J］.法学评论，2019（4）：93.

（4）董保华.中国劳动法案例精读［M］.4版.北京：商务印书馆，2016.

（5）秦国荣.以十九大精神指引新时代和谐劳动关系法治建设［J］.南京审计大学学报，2017（6）.

（三）教学总结与反思

本课程思政教学效果总体是达到预期的，学生反馈很多，绝大多数是好评，学生认为课程思政元素与专业课知识结合得恰到好处，听起来也不枯燥，有了课程思政元素的引领，更能体会到自己所学知识的价值所在，更能清晰地理解那些原本抽象的概念。笔者的感受是思政元素丰富了教师的知识，提升了课堂的政治站位，使自己的授课内容更有前瞻性和实践性，不空洞、不盲目。值得反思的地方，是对习近平总书记的讲话还没有学全学透，对习近平总书记的法治思想尚缺少整体把握，教学的时候依然运用了不少的传统法治理论来链接思政元素和课业内容，这有待今后将习近平法治思想更有机、巧妙地嵌入教案之中。

国际投资争端解决课程思政教学设计

张金矜[*]

一、课程简介

国际投资争端解决是一门拟为首都经济贸易大学法学院三年级本科生开设的国际素养类专业提升课。本课程作为国际经济法的重要分支，拟结合外国投资者与东道国之间的投资争端解决案例，系统讲授投资的定义、投资者的定义、投资准入、投资实体待遇、投资争端解决方法、仲裁裁决的承认与执行等知识点。自党的十八大以来，习近平总书记在讲话中多次强调要加强涉外法治专业人才队伍的建设。当前，中国以资本输入国和资本资本输出国双重身份日益走近世界投资舞台中心。随着国内市场对外开放的持续扩大及"一带一路"经贸合作的稳步推进，可以预见未来中国海外投资者与中国政府会被卷入越来越多的投资纠纷，亟待培养通晓国际投资法律规则、善于处理涉外投资法律事务、政治立场坚定、具有家国情怀的涉外法治人才。

二、设计思路阐释

国际投资争端解决课程思政教学的设计可围绕如下两个思路展开。一是对接涉外投资法治人才的国家战略需求。许多法律专业本科生可能会觉得与国内法相比，国际法"不接地气"、在国内的实践性不强，因此容易忽视国际法的重要性。从国家对涉外法治人才的现实需求出发，本课程应重点结合中国的涉外投资立法实践、涉华投资争端解决案例，以及中国磋商、缔结的国际投资条约，帮助学生了解中国参与国际投资立法和投资争端解决实践的最新进展，掌握解决国际投资争端的实体与程序规则，理解具体规则背后的道德与法治理念，引导学生关注国际投资法领域的现实问题，增强学生的专业自豪感。通过小组专题报告、模拟仲

---

[*] 张金矜，法学博士，首都经济贸易大学法学院讲师，硕士生导师。

裁等教学手段，培养学生适用、解释国际投资规则的实务技能，提高学生的英文阅读与表达能力，增强学生成为涉外投资法治人才的信心。二是挖掘课程本身蕴含的思政元素。国际投资法以平衡投资者私人利益与东道国公共利益为宗旨，本身蕴含着大量思政元素，有助于落实立德树人的根本任务，培养德法兼修的涉外法治人才。例如课程内容涉及的自然资源永久主权原则、可持续发展原则、环境保护、国家安全、公共健康、公共利益等许多知识点都可以与课程思政相结合，相关的投资争端解决案例提供了丰富的课程思政素材，有助于培养、增强学生的国家主权、国家安全、国家利益和环境保护意识，等等。

三、思政元素融入点概述

高素质涉外法治人才的培养，不仅要夯实学生的法学功底和外语基础，而且要引导学生厚植爱国主义情怀、坚定政治立场、树立公平正义的价值观、加强品德修养。根据国际投资争端解决课程特点挖掘的思政元素及知识融入点包括但不限于如下内容，见表1。

表1 国际投资争端解决课程思政元素与知识融入

序号	思政元素	知识融入点	说明
1	国家主权意识	国家对自然资源永久主权原则；征收、国有化；东道国的规制权	中国共产党长期以来始终坚持独立自主的国家主权观念。国家主权不仅体现在各国主权和领土完整不容侵犯、内政不容干涉，而且体现在各国推动经济社会发展、改善人民生活的实践应当受到尊重。在国际投资法领域，国家主权原则主要表现为国家对自然资源永久主权原则，据此东道国有权依法管理和规制外资活动，将外国财产所有权收归国有、征收或转移的同时，给予外国投资者适当赔偿。课程拟结合历史上发达国家与发展中国家之间的不平等投资关系，帮助学生认识国家主权原则在国际投资法中的基石性作用
2	国家安全意识	外资安全审查制度、国家安全例外条款	以华为、中兴等企业在海外5G投资屡遭封杀案件为例，分析欧美等国家的外资安全审查制度，以及中外投资协定中的国家安全例外条款。在强调国家安全重要性的同时，引导学生反思"国家安全"概念的泛化和滥用风险，探讨我国《外商投资安全审查办法》的未来完善路径
3	改革创新精神	投资者-国家间争端解决机制改革	从中国政府向投资者-国家间争端解决机制改革第三工作组提交的意见书切入，揭示当前争端解决机制面临的合法性危机，以及中国支持的改革方案。在强调专业知识在改革创新中的重要性的同时，引导学生在论文写作和学生工作中积极思考，有意识地锻炼自身的创新思维能力

续表

序号	思政元素	知识融入点	说明
4	可持续发展、公共利益	可持续发展原则、投资协定的序言条款、定义条款、环境条款、劳工条款、投资者责任条款等	以新加坡投资者因其在大熊猫保护区采矿许可证续期被拒，将中国政府诉诸投资仲裁为例，强调对外国投资者私人利益的保护，不得以损害东道国的公共利益为代价。结合联合国贸发会提出的可持续发展的投资政策框架，解析新一代国际投资协定中体现可持续发展理念的相关条款，增强学生的可持续发展观和维护社会公共利益的意识
5	制度自信	国有企业作为适格申请方	国有企业是国民经济发展的中坚力量。对国有企业要有制度自信。以北京城建集团诉也门政府案（Beijing Urban Construction v. Yemen）和黑龙江国际经济技术合作公司等诉蒙古国政府案（Heilongjiang v. Mongolia）为例，引导学生思考中国国有企业投资者的诉请资格问题和解决方案，帮助学生全面认识中国特色社会主义背景下的现代国有企业制度，增强学生的制度自信
6	"以和为贵"的处世原则	调解	"以和为贵"是儒家倡导的道德实践准则，调解这种争端解决方法与中国传统文化相符，与丝绸之路所承载的和平共处、开放包容、互学互鉴、互利共赢精神一脉相承。在知识点讲解过程中，强调调解是东方智慧的结晶，应充分发挥调解文化的优势，引导学生待人处世要保持和气，不要惹是生非
7	中国立场	中国缔结条约在特别行政区的适用问题	以中国澳门世能公司诉老挝政府案（Sanum v. Laos）、谢业深诉秘鲁政府案（Tza Yap Shum v. Peru）为例，引导学生思考中国缔结的投资协定能否适用于我国港、澳特别行政区及其居民。在授课过程中，结合中国外交部的意见，向学生阐释中国立场及其背后的法理依据，澄清"一国两制"方针下的条约缔结和适用纷争
8	反腐倡廉	投资仲裁员职业道德、政府官员的职业道德、仲裁裁决的撤销理由	以 Spentex 公司诉乌兹别克斯坦政府案（Spentex Netherlands B.V. v. Uzbekistan）和被巴黎上诉法院撤销的 Webcor 公司诉加蓬政府案（Webcor v. Gabon）为例，引导学生思考中国投资者在"一带一路"沿线国家投资可能面临的腐败风险，强调在工作中遵纪守法、反腐倡廉的重要性

四、教案设计

（一）教学目标

本课程的教案设计旨在实现知识传授、能力培养和价值塑造三个维度的目标。

1. 知识目标

就专业知识而言，本课程旨在使学生了解国际投资法的历史与发展进程，掌握国际投资争端解决中涉及的管辖权规则和实体待遇条款,理解国际投资法的基本原则和改革目标。

2. 能力目标

就技能培养而言,本课程将通过案例分析、专题研讨等教学手段训练学生的批判性思维;通过组织模拟仲裁,培养学生在投资争端解决实务中适用、解释投资规则的实践能力;在教学过程中培养学生检索、阅读英文资料及语言表达能力。

3. 价值目标

就价值塑造而言,本课程将"国家主权""改革创新""制度自信""可持续发展""国家安全"等思政元素融入专业知识之中,结合实践案例,培育学生的"国际视野"和"家国情怀",引导学生充分理解中国在国际投资领域的"双重身份"及政治立场,强化学生对社会主义核心价值观的理解及对职业道德底线的坚守。

(二)教学内容

1. 课堂设计思路

课程设计包括课前—课中—课后三个阶段,具体设计思路见表2。

表2 国际投资争端解决课程设计

阶段	形式	内容
课前准备	学情分析	通过制作、发放问卷,摸底选课学生的学习目标、专业基础、英文水平和思想基础。据此,对教学方案和阅读材料进行相应调整
	预习资料	通过微信平台为学生布置阅读书面材料、观看视频资料或者教师录制的微课,使学生在课前对知识点形成初步了解,带着问题进入课堂,提升学习效果
	时事追踪	要求学生定期关注时事新闻、中央政策文件、习近平总书记重要讲话中与国际投资法相关的信息,以及最新的国际投资立法和争端解决实践,并在课程微信群中分享,帮助学生养成关心国家大事的习惯,以及将专业知识对接国策需要的意识
课中组织	复习回顾	教师通过思维导图、知识点提问、回答上节课思考题等方式带领学生回顾之前的专业知识及其蕴含的价值理念,帮助学生梳理知识结构,强化德育效果
	导入新课	选取与新课相关的时事新闻、典型案例或最新统计数据等,例如"华为5G投资在海外被封杀"事件等,导入新课内容,充分调动学生的学习积极性
	讲授新课	知识传授:教师先结合国际投资条约文本为学生阐释课程的重点内容和基本概念,例如《解决国家与他国国民间投资争端公约》(ICSID公约)、投资的定义、最惠国待遇条款、国家安全例外条款、仲裁裁决的执行等,明确课程的重难点内容

续表

阶段	形式	内容
课中组织	讲授新课	案例教学：教师选取典型案例和事件，帮助学生全面理解课程重难点内容。例如，以阿根廷政府被诉系列案件为例，引导学生探索国家安全例外条款与国家责任条款草案第25条的适用关系与争端双方的立场，引导学生探讨仲裁裁决的公正性与合法性
		互动讨论：教师将专业知识与思政元素结合，设计相关问题和情境，引导学生思考、讨论、辩论。例如，请学生结合中国在国际投资活动中的双重角色，对中外投资协定纳入"国家安全例外条款"进行利弊分析，并思考未来中外投资协定中是否纳入该条款，以及如何设计条款更符合中国海外投资者和中国政府的利益
		模拟仲裁：教师以"华为5G投资在瑞典受阻"的事件为背景，设置模拟仲裁，由学生担任申请方、被申请方、仲裁员，培养学生的责任感、使命感和家国情怀，激发学生的专业自豪感及成为涉外法治人才的决心
	课程小结	教师利用思维导图总结课程知识点，强调课程重、难点内容，并结合案例重申思政要义，强化德育效果
课后提高	复习拓展	通过布置课后思考题、阅读文献等方式帮助学生复习课程内容，并通过微信和邮件等媒介为感兴趣的学生提供深入研究的资料和思路指导
	反馈评估	授课教师可邀请专家、领导莅临听课指导；并通过问卷星、邮件、微信、面对面交流等方式收集学生对于教学效果和学习效率的反馈及相关意见，其中包括学生对思政融入的整体感受和思政效果的意见反馈。教师结合专家、领导、学生的反馈意见进行教学评估，进一步优化教学方案

2. 教学重难点

（1）本课程的教学重点是使学生掌握国际投资协定中序言条款、定义条款、待遇条款和争端解决条款的适用与解释，深刻认识国家对涉外投法治人才的现实需要，提高学生的英文运用能力，培养具有国际视野、立场坚定、坚决维护国家主权、安全、发展利益的涉外法治人才。

（2）本课程的教学难点主要体现在思政内容与专业知识的融合、传递与效果。其一，"润物细无声"是课程思政的典型特征，这就对思政案例的选取和思政问题的设计提出了较高要求。鉴于涉华投资争端解决案件数量较为有限，授课教师需要结合热点事件及涉案可能，设计相关案例供学生讨论。其二，如何将中央国策文件、投资协定文本以生动的形式传递给学生，也是实现课程思政目标的关键。授课教师可以通过搜集图片、视频等素材，增强专业知识和思政内容的生动性和趣味性。其三，课程思政效果评估的方法、评价内容和评价指标尚处于探索过程中，主观性较强、难度较大。以从学生群体获取效果评价反馈为例，鉴于课程思政"润物细无声"的要求，直接询问学生对思政知识和"课程思政"的相关问题，可能使学生混淆专业课与思政课的关系，甚至可能引起学生的反感，因此教师应该注意反馈问卷中问题的设计技巧，不宜过于直白和突兀，防止学生产生抵触心理。同时教师在课前、课中、课后与学生的互动中密切关注学生的思想动态和行为举止。

（三）思政引入

本文以"国家安全例外条款"教学为例作出如下方案设计。

1. 知识点概括

国际投资协定中的"国家安全例外条款"是平衡投资者权利和东道国利益的重要条款。通过课程学习，学生应掌握"国家安全例外条款"的不同表述形式、范围、性质，理解该条款与习惯国际法的适用关系、与国内安全审查制度的联系。

2. 结合思政设计

（1）课程引入。本课程拟引入时事热点和典型案例，激发学生的学习兴趣。

示例一：教师播放与"国家安全"相关的中文或英文短视频。例如华为5G投资在瑞典遭封杀事件。提问并帮助学生梳理事件背景和重要信息：2020年10月20日，瑞典邮电局（PTS）以国家安全为由，禁止参与5G频谱拍卖的电信运营商安装华为或中兴的电信设备，如果既有网络中包含华为或中兴的5G设备，则必须在2025年前移除。中方外交部发言人赵立坚在记者会上指责瑞方在没有任何证据的情况下做此决定，公然打压中国电信企业，违反了国际经贸规则。华为瑞典公司于11月5日将瑞典邮电局的上述行政决定诉至瑞典国内法院，并致函瑞典首相，指出瑞典政府禁止华为参与瑞典5G网络铺设的决定，违反了1982年《中国－瑞典双边投资条约》，若其与瑞典政府国家代表谈判失败，将考虑将瑞典政府诉至投资仲裁。这并非华为首次在5G基础设施投资中遭受东道国的歧视性待遇，近些年，美国、加拿大、捷克、澳大利亚、新西兰等国也纷纷以国家安全为由阻止华为参与其国家的5G网络建设。

示例二：教师以20世纪初由阿根廷经济危机引发的系列仲裁案件为例，提炼"国家安全例外条款"适用的争议焦点。例如在CMS天然气公司诉阿根廷政府案（CMS Gas Transmission v. Argentina）和LG&E公司诉阿根廷政府案（LG&E v. Argentina）中，争端当事方关于《美国－阿根廷BIT》第11条重大安全例外条款的适用争议主要有三个：其一，经济危机是否属于重大安全例外条款中的相关情形；其二，第11条是不是自裁决（self-judging）条款；其三，阿根廷采取涉案措施的必要性。然而，两案仲裁庭对同一抗辩作出截然相反的解读。CMS

Gas Transmission v. Argentina 案仲裁庭主张阿根廷对投资者的赔偿责任不能免除；LG&E v. Argentina 案仲裁庭则认为阿根廷为应对经济危机的措施可以免责。

（2）设置问题。教师结合思政元素引导学生思考如下问题。

问题一：针对示例一，请学生假定自己是华为公司聘请的律师，针对华为 5G 投资在海外遭受的不公平待遇，华为能否将这些国家的相关措施诉诸投资仲裁？中国是否与这些国家缔结了投资协定，其中是否包含"国家安全例外条款"？即便中外投资协定中未纳入该条款，这些国家是否会援引其他条款进行抗辩？

问题二：结合示例二中两案件仲裁庭的裁决，从东道国立场讨论投资协定纳入"国家安全例外条款"时的注意事项并分析仲裁裁决的合理性。

问题三：对比示例一和示例二，请学生结合中国在国际投资领域的角色，分析未来中外投资协定中是否应纳入"国家安全例外条款"，如果纳入应该如何设计条款。

（3）讨论解析。

问题一：旨在帮助学生坚定政治立场、增强法治思维。华为、中兴等企业的海外投资受到多国以"国家安全"为由的"联手封杀"。学生利用课程学习的知识检索、梳理相关法律文件，为在海外遭受不公平打压的中国企业寻求救济提供法律对策，维护"走出去"企业的正当权益，有助于引导学生树立正确的政治立场，坚决反对外国政府通过泛化国家安全概念，无理打压中国特定企业。

问题二：旨在引导学生树立国家安全意识与公正处理争端的职业素养。示例二中阿根廷应对经济危机采取的措施被外国投资者诉至投资仲裁，由于其所缔结的投资协定中的"国家安全例外条款"规定较为模糊，导致该条款未能有效发挥出维护国家利益的"安全阀"作用。因此，从维护东道国利益角度出发，"国家安全例外条款"的内涵应更具包容性并纳入"自裁决"措辞。指导学生进一步检索 CMS Gas Transmission v. Argentina 案可知，阿根廷申请撤销仲裁裁决虽然失败，但是撤销委员会承认该案仲裁庭存在法律适用错误。借此启发学生结合投资者－国家仲裁受到的合法性质疑，思考仲裁员偏袒投资者利益行为的正当性问题。结合投资者－国家争端解决机制的改革进程，提请学生注意不公正的裁决不仅会使争端解决机制陷入危机，而且有可能影响仲裁员的声誉，从而强调良好职业素养和维护司法公正的重要性。

问题三：旨在培养学生的国际视野和辩证思维。示例一与示例二相结合表明，应采取辩证思维来认识、理解和适用"国家安全例外条款"。虽然该条款有利于维护东道国的利益，但是也存在被滥用的风险，导致投资者的利益受到损害。随着中国经济实力的增强与国际地位的提高，中国已经从传统上单一的资本输入国身份，转变为资本输入和资本输出双重身份。因此，于中国而言，为平衡投资者与东道国的权利义务，应审慎设计"国家安全例外条款"的措辞，在保护东道国利益的同时，防止该条款被概念泛化或滥用。

3. 总结与回顾

利用思维导图，帮助学生总结回顾专业知识点，结合相关知识点梳理思政元素。要求学生在课后针对本次课程撰写一篇500字的感想，鼓励学生结合国家政策需要，思考如何将本次课程所学习的知识运用于实践，服务于国家发展。

（四）教学手段与方法

1. 启发式教学法

本课程融入课程思政采用的教学方法之一是"以学生为主体，教师为主导"的启发式教学法。一方面，教师会选取包含思政元素的时政新闻和典型案例激发学生的学习热情与学习兴趣。另一方面，教师也会在授课过程中设置相关问题，启发学生积极思考，组织学生开展小组讨论、各抒己见，发挥学生认识发现"思政元素"的主观能动性，提高学生的专业自豪感。

2. 案例教学法

本课程融入课程思政采用的教学方法之二是案例教学法，具体表现为教师选取案例、学生分享案例和学生模拟案例三种形式。其一，教师会收集并选取包含思政育人元素的投资争端解决案例，例如环境保护、可持续发展、国家安全等，通过案例教学，在提高学生思考、分析和解决问题能力的过程中，自然地起到课程思政应有的育人作用。其二，教师要求学生定期结合时事新闻分享关注的案例，通过学生分享的案例了解学生的价值观，并加以引导。其三，教师可以设计案例安排学生开展模拟仲裁庭，并将模拟仲裁过程中学生表现的优缺点，作为案例进行分析与总结。

3. 翻转课堂教学法

本课程融入课程思政采用的教学方法之三是翻转课堂教学法。在信息化背景下，教师尝试在课前通过录制微课的方式对学生进行知识传授，在课堂上针对学生课前自主学习存在的疑问、渴望进一步学习的知识点组织课堂讨论和深入讲解，然后教师在对课程内容进行梳理的过程中融入思政元素，强化育人效果。

（五）教学效果评估

本课程结合国际投资争端解决课程中的专业知识点，将家国情怀、时代责任、可持续发展等丰富且广泛的育人元素融入专业教育并潜移默化地根植于学生心中，增强专业教育对学生的吸引力和感染力，提高学生的职业道德素养。关于思政教学的实施效果可采取如下三种评估方式。

第一，同行、专家、领导评估。教师通过在教研室或学院教师范围内试讲或邀请专家、领导莅临课堂指导等途径，获取第三方反馈意见和建议。

第二,教师自我评估。教师密切观察学生的思想动态。教师通过与学生互动交流,包括学生分享的时事案例、课堂提问与回答、讨论中的观点表达、课后作业中传递的思想以及课下交流等,聆听、观察并记录学生的思想状况和思想变化。例如,教师可以统计学生参与思政案例讨论及课后思政作业完成情况,并根据数据进行分析。

第三,学生反馈评估。教师在课后通过问卷调查等方式收集学生对课程思政效果的感受与反馈。

综上,教师结合第三方意见、切身观察和学生反馈,与国际法专业教研室其他教师就课程设计方案和落实效果进行交流,不断优化课程思政设计方案,全面推进习近平新时代中国特色社会主义思想进课堂、入脑入心。